两千五百年来的变迁

雅理译丛

编委会

（按汉语拼音排序）

雅理译丛

田雷　主编

雅理

其理正，其言雅

理正言雅

即将至正之理以至雅之言所表达

是谓　雅理译丛

A SHORT HISTORY
OF EUROPEAN LAW

The Last Two And A Half Millennia

Tamar Herzog

欧洲法律简史

两千五百年来的变迁

〔美〕塔玛尔·赫尔佐格—著

高仰光—译

中国政法大学出版社

2019·北京

A SHORT HISTORY OF EUROPEAN LAW: The Last Two and a Half Millennia
by Tamar Herzog
Copyright © 2018 by Tamar Herzog
Published by arrangement with Harvard University Press through Bardon-Chinese Media Agency
Simplified Chinese translation copyright © 2019 by China University of Political Science and Law Press Co., Ltd.
ALL RIGHTS RESERVED
版权登记号：图字 01-2018-3023 号

图书在版编目（ＣＩＰ）数据

欧洲法律简史：两千五百年来的变迁/（美）塔玛尔·赫尔佐格著；高仰光译
北京：中国政法大学出版社，2019.4
　　ISBN 978-7-5620-8818-9

Ⅰ.①欧… Ⅱ.①塔… ②高… Ⅲ.①法制史－欧洲 Ⅳ.①D950.9

中国版本图书馆CIP数据核字（2019）第054875号

出　版　者　　中国政法大学出版社
地　　　址　　北京市海淀区西土城路 25 号
邮寄地址　　　北京 100088 信箱 8034 分箱　邮编 100088
网　　　址　　http://www.cuplpress.com（网络实名：中国政法大学出版社）
电　　　话　　010-58908524（编辑部）58908334（邮购部）
承　　　印　　北京中科印刷有限公司
开　　　本　　880mm×1230mm　1/32
印　　　张　　14.25
字　　　数　　290 千字
版　　　次　　2019 年 4 月第 1 版
印　　　次　　2019 年 4 月第 1 次印刷
定　　　价　　69.00 元

译者序
作为一个故事的欧洲法

人之所以区别于动物，在于人必须生活在故事之中。不论在哪一个时代，人们对于故事的解释力和体系性都有着很高的要求，但是，人们似乎并不在乎故事本身的真假。对于今天的历史学家来说，这算不上什么新鲜的观点。可以说，这不过是对所谓"社会性"的另外一种表达。毕竟，从词源上来看，历史（history）和故事（story）原本就是同一事物。正如马克斯·韦伯所说，人是悬挂在自我编织的意义之网上的动物。长久以来，历史学家的任务就是编造故事，以便使人们能够把他们对于世界的看法、对于他人的看法，以及对于自己的看法，建立在一个权威的、固定的、公共的语境之中。

然而，时至今日，历史学家的任务似乎发生了一百八十度的转变，他们正在从编造故事的人渐渐变成了戳穿故事的人。一定程度上，这可以归因于物质和技术条件的飞跃发展。哪怕仅仅在十数年之前，人们都还无法想象，今天的历史学家可以在他们的视野之中同时看到如此丰富而又多元的历史材料，而且可以在他们的研究过程中如此广泛地运用社会科学乃至自然科学的分析方法。这意味着，今天的历史学家有着远比前辈学

I

者更加犀利的目光、更加凌厉的手段，无需大费周章，他们便能从各种陈旧的故事之中将虚构的成分一层一层地剥离下来。本书作者赫尔佐格教授以十分轻松的语气叙述了中世纪早期教会法文献大量掺假的情况，但是当她谈到《大宪章》的时候，很显然就轻松不起来了。这是因为，被视为"现代性"重要象征之一的《大宪章》仍然在很大程度上左右着今天人们对于法律的认识，尤其在适用普通法的地区，《大宪章》仍然被当作主流法律史叙事的一块基石。如果故事从一开始就改变了方向，那么后续的情节又该如何推进呢？

对于大多数人来说，理解一个故事，首先意味着了解这个故事的内容和意义，而不是了解这个故事的形成过程。人们自然而然地认为，每一个故事只有一张固定的面孔，并且只呈现出唯一的意义，因此，若想理解一个故事，只需与大多数人的理解保持一致就可以了。然而，在历史学家看来，事情远没有这么简单。首先，我们每一个人都不在故事之外，而是置身其中。事实上，每一个时代的人都非常熟练地通过塑造故事的方式来塑造自身，并且试图借此为后人指引前进的方向。其次，能够穿过时间隧道来到我们面前的每一个故事都有着异常复杂的身世，因此只要我们沿着时间隧道向上看去，就不难发现暂留于隧道各处的重重魅影。历经了沧海桑田的变迁，一个故事可以幻化出无数种可能性，如果我们只知道其中一种，却不知道为什么会是这一种，那么就根本谈不上"理解"二字。

我们可以从本书中看到许多精彩的故事。例如，在科克法官与詹姆士一世国王之间爆发的激烈对抗中，一度被视为因循守旧的普通法悄然转换了原先所在的阵营，从王权扩张的重要象征变成了束缚国王手脚的一条绳索；在北美殖民地与英国之间爆发的激烈对抗中，一度被视为代表着宗主国利益的普通法再次化险为夷，通过征服当地的律师和法官阶层而成功地扎根于美国联邦和各州的司法实践；然而，在路易斯安那同样征服了律师和法官阶层的西班牙法却没能存续下来，最终在法国法的排挤之下失去了立足之地；同样在路易斯安那，普通法反而在民法领域之外获得了无限生机。通过这些隐秘地关联在一起的法律故事，赫尔佐格教授试图告诉我们，每一个故事的行进轨迹总是出人预料的。我们通常站在"结果"的一端，并且自信地认为，我们可以找到导致唯一"结果"发生的所有"原因"。如果是这样，那么我们自然就拥有准确预见未来的能力，然而事与愿违，我们对于未来的预测通常大错特错。17年前的今天，纽约世贸中心"双子星"在世人错愕的目光中轰然解体。这一事实表明，历史并未终结。因为，纵使我们猜中了故事的开始，却一定无法猜中故事的结局。

这形成了一种与常识严重不符的认识。对于大多数习惯于"活在当下"的现代人来说，残留的历史影像不仅毫无意义，有的时候反而变成了一种不必要的干扰：时间维度的介入不仅削弱了既有知识的确定性，而且削弱了作为认知主体的人的重要性。然而，知识为什么必须具有确定性？人的主体性又从何而来？对于历史学家来说，"现代性"远远不只是一个静态的概念，而是一个需要沿着时间隧道不断向上窥探的庞大的、复杂的、不停地变换着形状的故事。赫尔佐格教授在前言之中已经明确地揭示了这样一种主张："本书不再视当下为理所当然，而是试图展现出法律这座大厦在落成竣工之前所经历的暴风骤雨。"某种意义上，今天散布于各地的历史学家已经自发地结成了一个颇具"反现代性"意味的思想阵营。换句话说，他们已经变成了当今世界上最擅于戳穿故事的一批人。

需看到，戳穿故事，这种行动本身就有着相当强烈的建构意义。毕竟，如果我们不能明确指出一个事物是什么，那么我们首先应当去做的就是明确指出这个事物不是什么。赫尔佐格教授在本书的各个章节之中几乎不停地借"历史学家"之口质疑主流的学术观点，却并不执着于认同批判性的学术观点，众多"历史学家"你一言我一语，向读者呈现出极为丰富的历史可能性。这一点让人印象非常深刻。我们看到，许多故事相互纠缠在一起，盘根错节；但与此同时，我们又能够嗅出，潜藏于这些故事背后的观念（结构）总是奇妙地散发着"一贯性"的气息。例如，通过了解权力与知识之间相互支配的关系，我们大致可以明白，很多故事在其发展过程中为什么向世人呈现出不真实的一面；与此同时，我们也可以感受到，知识本身，以及掌握知识的社会阶层，在何种程度上拥有超然于政治、经济和社会生活的独立性，以及在何种程度上拥有推动社会变革的重要力量。无形之中，潜在的"一贯性"已经为建构一个新故事设定了出发点。

其实，仅仅从书名为数不多的几个字当中，我们就可以清晰地察觉到本书的建构性意义，赫尔佐格教授试图建立这样一种信念，两千五百年来的欧洲法是一个故事（one single story），而不是由多个完全不同的故事强行拼接起来的大杂烩。毋庸置疑，这体现出一种相当"欧陆化"的法律史观，因为以"罗马法—基督教世界—共同法—法典化—欧盟法"为线索的叙事本来就是欧陆法律史学者最熟悉不过的一套话语。重大的区别在于，赫尔佐格教授努力地将普通法的变迁融入"欧洲法"整体演进的叙事，她使用了相当大的篇幅论述普通法在几个历史阶段经历的重大转折，并且把这些论述巧妙地安插到与欧陆共同法发展相同步的历史时段，以便读者在比较中展开阅读。我们发现，赫尔佐格教授在第六章中指出，普通法与古代的罗马法之间存在着惊人的相似之处；在很长的一段时间里，普通法与欧陆共同法（ius commune）并没有什么两样，甚至可以被视为由共同法衍生出来的一种变体。她在第八章中试图让读者相信，英格兰对于欧洲来说根本就不是一个例外，因为直到近代早期，出于某些政治上的原因，关于普通法的"例外论"才流行开来。在本书的第十三章，赫尔佐格教授对于普通法法典化的性质和程度进行了深度描绘；而在本书的尾声部分，她又指出，欧盟规范秩序的维护与发展在很大程度上依靠欧洲法院以及各成员国法院在审判过程之中的"造法"机制。到此为止，应该说赫尔佐格教授想要为"欧洲法"书写一个全新故事的意图已经很明显了。在这个故事之中，发源于英格兰的普通法仅仅是一个小传统，它将与欧陆的共同法熔冶于一炉，共同铸就"欧洲法"的大传统。当然，无论何种传统，正如赫尔佐格教授所说的那样，一般来说只能完整地保存在一代人的记忆当中。可是，如果有整整一代人能够相信，两大法系在历史上从未存在不可逾越的隔阂，那么，未来欧洲的规范秩序就一定会因此而发生改变。

然而，真实的历史再次向世人表明，我们唯一可以预料到的就是历史的不可预料性。2018年6月26日，英国女王伊丽莎白二世批准了英国的脱欧法案,标志着英国脱离欧盟的进程正式启动。对于赫尔佐格教授在本书中努力建构的全新故事来说,这算得上是一个正面的打击。我们可以明显地看到,强调英国法具有历史独特性的既有论调又呈现出不断上升的趋势。可是,如果说历史与故事之间还是存在着些许不同,那就在于,历史并不全然是主观的产物。纵然我们在认知历史的过程中不可避免地融入我们自己的情感和价值观,但是历史依然在某种程度上独立于我们的认知之外。历史学家既然可以为了"戳穿故事"搜集并列举出足够多的证据,当然也可以为了编写新的故事去做同样的事。从目前欧洲法律史学的发展趋势来看,想要捍卫英国法的独特性,就必须拿出更有力度的新证据;如果仍旧凭借那些陈旧的观念否定赫尔佐格教授的"新欧洲法"叙事,恐怕绝无可能。

赫尔佐格教授在本书中不止一次地提及"法律是什么"与"法律从何而来"这两个问题,她认为,这两个问题构成了法律认识论的基础。换言之,人们对于这两个问题的回答决定了他们置身其中的法律的基本走向。因此,普通法与大陆法之间的趋同并不是因为二者在具体制度和救济方式的层面上变得越来越相似,而是因为生活在两大法系之中的人们在法律观上越来越接近于共识。站在全球化的视角来看,这种趋势并不会因为英国脱欧而发生根本性的逆转。退一步而言,即使"新欧洲法"的图景依然存在反思和批判的余地,有价值的挑战也将来自于伊斯兰世界、拉丁美洲、印度和中国。

中国的法律史学既古老又年轻。说它古老,是因为史学在中国有着数千年的学术传承;说它年轻,是因为如果按照欧洲法的标准来衡量，中国法学的历史不过区区百年。尽管如此，中国的法律史学同样在不停地叩问"法律是什么"以及"法律从何而来"这两个基本问题，肩负着为中国法打造一个既普遍又独特的"故事"的重要使命。诚如赫尔佐格教授所言，唯有回溯过往，我们才能了解，欧洲法如何一步一步地将自身重塑为人类理性的缩影，又是如何一步一步地将自身打造为具有潜在普遍适用性的规范体系。同样的道理，如果大多数中国的律师、法官、法学教授只知道法律所包含的规则、原则、术语以及由此搭建起来的体系，或是只知道可以利用法律达到哪些现实的目的，却并不知道每一个中国人赖以安身立命的法律最初从哪里来，又是如何一步一个脚印地变成现在的样子，那么，中国法与"作为一门科学的法律"之间还存在着十万八千里的距离。

毕竟，没有故事的法律就没有未来。这就是我们今天研究法律史的意义。

高仰光
2018 年 9 月 11 日
明法楼·久聆庐

目　录

第一部分　古代

第二部分　中世纪早期

第三部分　中世纪后期

第四部分　近代早期

第五部分　现代

第六部分　十九世纪

前　言

欧洲法是怎样炼成的？

　　大约在几年前，有一位本科同学很兴奋地对我说，她在华 1
盛顿亲眼见到了《大宪章》（*Magna Carta*）——史上最伟大的自
由宣言。我不想迎面泼她一盆冷水，只好暗自忖度，如何才能
够向她把这一切解释清楚：她所看到的这一件法律文献产生于
封建时代，它本来的内容和它后来所象征的意义之间，其实根
本就没有多大关联。直到问世好几百年之后，《大宪章》的重
要性才建立起来，开始被赋予全新的内涵和意义。

　　所以，最为关键的问题在于，我们应当如何看待事实与意
义之间的错位？这究竟是不是一件重要的事情？譬如，身处
21 世纪的学生对于《大宪章》这种形成于 13 世纪早期的文献
产生误解，又会有怎样的影响？这位学生是否期望获得关于
《大宪章》的本来意义的理解呢？她又是否关心《大宪章》后
来为什么能够获得以及怎样获得了令人瞩目的地位呢？这种历
史相关性对于她当下的生活究竟有什么意义？打破神话与塑造
神话是否同等重要？过去究竟是流逝不再，还是一直都在向我
们传递着关于现在乃至未来的某些重要信息？

　　如果我们想要理解诞生于 13 世纪的《大宪章》，首先必须了解封建时代的大体状况：面对正在扩张的王权，各地强藩必须竭力保护尚且能够把控的财产特权和司法特权。而后，我们需要思考，社会状况是如何在这一时期发生转变的。具体来说，我们需要想一想，那些原本属于少数贵族的特权何以最终变成了所有英国人的权利，人们对于权利的诉求又如何在程序上限制了国王的行动自由。后来，当这种想象映射于美国，关于《大宪章》的叙事还演绎出一段全新的故事。那么，这些欧洲的观念在跨越大西洋之后为何发生了变异？如果要解释这些问题，我们需要从欧洲法律史的宏大视野出发，不断反思《大宪章》是如何登上神坛的；不仅如此，我们还要思考，那些与《大宪章》内容十分相似的、散见于各地的、数量巨大的其他封建宪章，为什么没有能够像《大宪章》一样登上神坛。

　　作为一位法律史学者，我深知，《大宪章》之于当代有着重要的意义，这般意义与其说是从《大宪章》的原始文本之中得出来的，毋宁说是从后人对它的感怀和追忆之中得出来的。如果这位同学了解这段历史，我想她必定能够更加妥当地理解过去，同时她也必定会找到那么一种方法，使她能够与众不同地构想自己的现在与将来。借此，她将学会质疑各种历史叙事，理解这些叙事得以形成的历史进程，进而洞察这些叙事将会把我们带向何方。

　　必须承认，有很多法律遗存都正在左右着我们对于现在和将来的看法,《大宪章》并不是唯一的一种。各种制度、惯例、文本从过去沿袭至今,数量巨大,它们无疑都在发挥着与《大宪章》相同的作用。它们既是已经消逝的那些时代的遗迹,同时也是今人日常生活中的重要因素;它们不仅界定了各种事物的内涵,同时提供了解决争议的办法,甚至还为我们分析和理解"现实"提供了方法论上的指导。譬如,"正当程序"(due process)原则要求法庭必须遵循特定的程序。事实上,我们中的很多人都认为,该原则与保障社会正义的目的相始终,是一个相当现代化的产物。然而,无论在名义上还是在实践中,"正当程序"原则都发源于距今十分遥远的中世纪的英格兰。而且,该原则在产生之初,并没有与保障某一个正当的结果紧密地联系在一起,而仅仅是普通法院的法官对于他们严格遵守程序规则的这样一种职业习惯的固守和坚持。程序规则在英国法中如此重要,它在漫长的时间里经历了若干次奇妙的变异,最终演化成为保护当事人权利的重要武器。唯有真正了解这一过程,我们才能较好地掌握它,才能知道为什么某些状况必须适用"正当程序",而其他状况则不必如此;也才能知道,为什么这一套规则只能在英格兰,而不是在其他什么地方被发明出来。

唯有回溯过往,我们才能了解,欧洲法如何一步一步地将自身重塑为人类理性的缩影,又如何一步一步地将自身打造为具有潜在普遍适用性的规范体系。时值今日,欧洲法的影响力波及全球。为了探寻个中缘由,我们固然可以从政治或经济的角度入手分析，不过，对于知识自身发展的考量也是不可或缺的。古罗马人已经开始用法律来规制社群成员（注：市民），使得罗马的政治霸权不断向外扩张。到了中世纪，法律与社会之间的关系发生了戏剧性的改变。新生的基督教裹挟着罗马法，迅速传播到包括欧、亚、非三个大洲的辽阔地域。殖民主义运动将欧洲法强加于非欧洲地区的民众，但是在这里，欧洲法开始获得全新的解释。同样的情况也发生在18世纪的大革命时代，以及19世纪民族国家构建的时代。最近有些学者对于当代国际法大加挞伐，他们追溯欧洲的历史，发现国际法只不过是欧洲人的国际法，而不是真正属于全人类的法律遗产。这意味着，人们希望更加清晰地了解欧洲法与非欧洲地区之间的关联性，而且这种需求正在变得越来越强烈。

在许多欧洲国家的大学，还有美国的大学（芝加哥大学、斯坦福大学，目前在哈佛大学），我以法学家和历史学家的双重身份讲授了二十多年的法律史。我时常感到，编写一部简明实用的欧洲法律史是多么重要，人们可以借此穿越时空，领略法律的变迁。我对于那些在琐细之处斤斤计较的长篇大论感到厌倦，那些著述往往疏于阐释，也无暇关注发展与变化之中的精彩。我也不喜欢那些无休止地重复古板论调的文章，特别是反复强调那些被误读的概念，或是反复强调那些出于一孔的执拗偏见。这真是令人愤懑。我撰写这本书，是为了给法学院和历史系的同学们和同事们阅览。他们可能需要了解，历史身为一位"最熟悉的陌生人"，究竟是怎么一回事？在一个充斥着民族主义者呼号声音的时代，人们需要刺穿什么样的面纱？怎样才能刺穿？如何才能把纷繁芜杂的欧洲法律故事整合成一个单一的历史叙事，使其既能照应到地方性的差异，又能反映出包括英格兰在内的欧洲的厚重统一性？如何才能把作为一种固有知识体系的欧陆法律史与建立在无数具体事例之上的另外一种类型的法律史有机地融贯起来（甚至建立起某种超越性的原则）？如何用一本小书周全地讲出那些已知的或未知的、可以确信的或不能确信的事情？如何在这本小书中一边谈论法律的变迁，一边分析变迁的理由？

　　本书试图用简明易懂的语言回答上面这些问题，读者可以借此掌握一种本领：一方面用现在理解过去，另一方面用过去理解现在。本书避免事无巨细地铺陈史实，而是追求准确与精炼，这使得我们可以反思自己的成见，洞察到这些观念在何时，又是以怎样的方式占据了我们的脑海与心田。本书不再视当下为理所当然，而是试图展现出法律这座大厦在落成竣工之前所经历的暴风骤雨。与此同时，我们亦不难看到，处于复杂演进之中的法律对于自己将来的面貌几乎毫无预期。今人有理由相信，法律是被制定出来的，因此也是可以被改变的。但是正如我在本书中所指出的那样，这种信念实际上在相当晚近的时代才产生并流行开来。千百年来，法律或是被理解为人类社会生活的基本需要，或是被理解为上帝下达的神圣旨意，甚至被当作一个无需解释的事实。在今人看来，如此朴拙的法观念已不足为训。今人深信不疑，法律总是由某人在某地制定出来

4

的，这种现代的法观念对于人们如何看待、阐释或遵守法律，以及为什么这样看待、阐释或遵守法律，发挥着决定性的作用。今人还相信，每个国家都有其自身的法律，这仍然只是最近才有的观念。长久以来，法律嵌入社会组织的方式都是基于成员互信共享，而非基于单纯的政治效忠。总的来说，唯有了解促使人们服从法律的诸多因素，并且知晓这些因素为什么如此重要，我们才能同时了解法律的历史性与现代性。

为了描述历史的复杂性，充分展现出历史与当下的关联，我在本书中跨越了将近两千五百年的时间，不停地追问着那些身处不同时空之中的欧洲人：你们如何构建起法律的系统，如何理解规范的起源？是谁允许你们制定、颁布和履行这些规范，这些规范又对你们产生了何种影响？我无意于对林林总总的法律制度与规则详加描述，但乐于对规范产生的全过程进行深度解密，以便说明这些身处特定历史语境之下的规范应当被如何阅读，又应当被如何理解。我同样乐于说明，对于历史的阅读和理解，可能正在指引着我们通向未来。

在本书之中，我运用了两种完全不同的法律史叙事模式。第一种叙事模式，就是将法律描绘成一种既定的知识。据此，叙事者必须对于特定社会问题的解决方案如何在时代之间发生变化保持着敏感的觉察，比如不同历史时期的法庭对于证据证明力分别有着怎样的判断，再比如不同历史时期的人们会如何订立合同，等等。通常情况下，这些洞察能够从侧面勾画出法律的轮廓。需看到，具体规则往往尾随着社会情势的改变而改变，然而法律在整体上充当着一个行动的场域，并且充当着一种知识和技能的储备，则是固定不变的。对于叙事者来说，法律仅仅意味着人们必须遵守的一系列规则。至于这些规则是从哪里来的，它们可能被如何理解，还有什么其他类型的规则与之同在，谁去实施这些规则，又如何去实施，等等，这些问题，都变得无关紧要。这种叙事模式似乎暗示着，无论法律是由公众所缔造（习惯法），还是由上帝所发明（教会法），或是由立法者或法官所发现，都没有什么本质的区别。由此变得无足轻重的问题还有很多，例如，法律究竟把社会推向变革的边缘，还是努力地维持社会现状；再例如，律师和法官究竟认为法律本来就需要通过进一步的诠释才能完善，还是相信法律代表着至高的真理，只是由于其表面晦暗不明，才需要得到人为的揭示。

　　正如前文提到的那样，在本书中，我以完全相反的另一种叙事模式对《大宪章》进行了处理。我把欧洲法的演进描绘为一种极为复杂的历史现象，其中不仅蕴涵着规则在不同竞争策略之间的抉择（大多数学者所建议的方案），而且蕴含着规则对于自身存在前提的基本假定。回到《大宪章》上来，我认为，要想理解它的内涵，仅仅知晓它规定了什么是不够的，还要知晓它一直运作于怎样的一种规范体系之中。不难发现，只有借助现代的法观念，特别是借助其中关于法律规则的制定、修订和强制执行方面的理论，我们才能真正理解《大宪章》的教益何在。这意味着，《大宪章》跨越时代的意义变迁

5

似乎与它在文本上的变化（尽管被不断地复制并且修改，但是《大宪章》仍旧惊人地维持了文本上的前后一致）并没有多大的关系，而是取决于它所身处的法律语境的不断转换。《大宪章》之所以能够在现代社会获得象征性的意义，质言之，就是因为隐藏在它身后的现代法律语境对它有着某种需求。揭示和重构那些在不同时代之间快速转换的法律语境，也是本书希求达到的目的之一。

《大宪章》还告诉我们，在追逐某个目标的时候，利益相关各方总是陷于连续性与变化性的迷阵。主张革故鼎新的一方往往对于历史与当下的连续性特别重视；反而是那些什么新事物都不愿接受的保守派，才总是把变化性挂在口头，天天鼓吹与历史划清界限。为了真正了解历史，我们不只需要了解过去发生了什么，而且尤其需要了解发生在过去的那些事情是如何被重构、被利用、被理解的。为此，我们需要重视亲身经历过那些事情的前人，同样需要认真对待并没有经历过那些事情的后人。因为无论前人还是后人，他们之所以会追溯那些事情，完全是基于自己时代的考虑。法律在历史的洪流中不停地上下翻滚，创制、再创制，然后从头再来，数不尽的来自于个人、社群以及各种机构的观念和愿望相互交织着，不停地重复着建构、再建构，应对、再应对的过程，规则由此锻造成型，并反过头来，约束着众人的行动。

在本书中，我把首要的目标设定为对第一种叙事模式的批判，因为这种叙事模式只关注各种法律策略的改变，而不在意其背后的法律框架（是谁设计出这些策略？又是谁使策略落实？策略背后的权威性何在？它们又是从哪里获得了权威？）。然而，我对于第二种叙事模式同样不满，因为它对于英国普通法和欧陆法（也被称为民法）的区分过于泾渭分明了。以我作为一名律师的经验来说，这两大法系的知识在法律实践领域同时发挥着巨大的作用。以我在欧洲和美国同时充任历史学者的经验来说，两大法系之间实际上并无如此显著的间隙。绝大多数法律史学者都不会只关注其中一个法系而忽略另一个法系，也不会只关注那些表明其中一个法系间或影响到另一个法系的某些特例。因此，我试图将一模一样的方法论同时适用于对这两大法系的观察和分析。

为此，当我描述从中世纪晚期到现代的法律发展历程的时候，我有意地在欧陆法和英国法之间切换穿插，意图使二者彼此对话。我希望向读者展示，两大法系共享着什么，什么又使它们相互区别于对方。事实上，二者尽管有着不尽相同的发展路径，但它们在很大程度上都面临着完全相同的时代需求，或者说，二者是在同一种社会发展的巨大压力之下锻造成型的产品。我甚至认为，二者所经历的不同发展路径，也可以诉诸某种共同的传统。这种共同传统不仅催生出一批亟待解决的问题，也为解决这些问题的所有可能性划定了一个大致的范围。

于是，我针对欧陆共同法（ius commune）和英国普通法的形成时期展开了回溯性的考察。首先，我关注二者如何回应来自现实的挑战，如何在近代早期发生了改变；进而比较二者在

18 世纪发生的种种突变；再进一步，我审视二者所经历的不一样的 19 世纪，分析二者在 20 世纪后半叶如何被吸纳进入欧盟的法律体系。我与许多法律史学者的观点是一致的，我们并不认为英国普通法与欧陆共同法彼此隔离。事实上，它们二者都是同一个欧洲法律传统的组成部分，反过来，它们二者也从这同一个传统中不断汲取养料，充实自我。因此，二者在实质上的相似性远比人们看到的更多。

　　我的探索从罗马法开始，因为在欧洲法演进的任何一幕，罗马法都不曾退场。时至今日，我们依然能够感受到罗马法强大的支配力。人们可以未经证明便拟制某一事物的存在，并创设相应的法律概念，这是罗马人的发明。至今，我们的法律仍然在很大程度上依赖于罗马人的这一发明。其实，罗马人教给我们的拟制并不仅仅是一种抽象的法律技术，有很多至今仍在运用的法律拟制都可以上溯至罗马时代。譬如，将已婚男女所生的孩子视为夫妻双方的自然后代。这一法律拟制允许父母在不必证明自己血统的前提下为子女登记。尽管现代科学已经能够轻易地证明子女的血统，但我们根本不需要这样去做，只要遵从法律拟制就可以了。此外，由于该法律拟制的效力一直延续至今，它还凑巧迎合了某些新时代的新需求。譬如，在今天的西班牙出现了与罗马时代完全不同的社会条件，然而，人们再次运用这一古老的法律拟制，允许一对缔结了合法婚姻的同性恋伴侣将他们养育的孩子视为自然后代，并以此在民政部门登记。

罗马法之所以被当作欧洲法律史的开端，不仅因为它是一份效力不曾间断的遗产，而且因为这份遗产已经被生活在不同时代的绝大部分（如果不是全部）欧洲人共享。先是伴随着罗马帝国的武力扩张，而后借助基督教崛起的精神力量，罗马法慢慢渗透到欧洲各地，尤其是当中世纪的知识分子们普遍接受了它之后，罗马法成为欧洲最基本的尺度，并迅速适应了当时的社会需要。必须指出，罗马法的适用范围和巨大影响力同样为英国普通法的最初发展奠定了基础。进入近代早期，学者们对罗马法进行了大刀阔斧的修剪，使其有能力满足现代性（modernity）的要求。罗马法穿越时空，无所不至。讽刺的是，即使是那些执拗地拒斥罗马法的人，也难以避免通过类比援引罗马法来论证他们自己的观点。

随着时代的更迭，世人对于罗马法的理解和利用也在不断地发生着变化。古典时代的罗马法与中世纪法学家所看到的罗马法并没有太密切的关联，同样，它与英国普通法律师眼中的罗马法，或是19世纪德国法学家眼中的罗马法，也不是同一个东西。尽管世人对于罗马法的理解和利用千差万别，然而罗马法仍旧保持着无可置疑的威望，这是因为，对于任何一个时代的人来说，罗马法的方法论以及最基本的原则都无比重要。由此可见，人们通过对过去的解释和再解释产生了一种创造性的参与，这不仅仅是对过去的解读，而且意味着对现在的构建和对未来的期许。

罗马法的生命力一方面来源于它的稳定性和普适性，另一方面来源于其充沛的活力和强大的应变能力，这恰好揭示出欧洲法律传统经久不衰的奥秘。毋庸置疑，罗马法为欧洲共同的法律传统提供了重要的支柱，然而它也是有缺陷的。例如，它一直难以解决地方与中央、个案与系统之间持续而紧张的关系。此种紧张关系一直潜藏于罗马法的内部，以至于后世的法律史学者一般将罗马法区分为中央的罗马法与行省的罗马法。事实上，这种分裂状态贯穿了整部欧洲法律史。11 世纪至 13 世纪的人们迫切地希望解决法律上的分裂，为此，欧洲大陆和英格兰的学者们分别在本地创造出普通法的体系（第五章和第六章）。欧陆的共同法被设计为一个外部统一、内部连贯的法律秩序，但是必须承认，它实际上容纳了成百上千种发源于不同地方的秩序安排。值得一提的是，意指欧陆共同法的 ius commune 一词，最初也被英国学者用于形容他们自己的普通法。我希望让读者们看到，这场旨在将地方规范和习俗整合成单一法律的运动最终在多大程度上取得了成功，也希望读者了解到，这场运动对于社群产生了怎样的影响。法律管辖原则从属人主义（适用法律取决于人与人之间的关系网络）向属地主义（将法律适用于居住在某一地区的所有人）的过渡，或是在难以抉择的情况下临时采纳某种介于二者之间的管辖原则，都反映出这样一个事实：社群结构开始随着成员的共同意志而发生改变。有的时候，家庭是普通法得以实施的重要理由。当然，与此同样重要的理由还有很多，例如，人们对同一种宗教的信仰，或是对同一位上司的服从，或是对同一片土地的分享，或是对相互之间贸易关系的维护，诸如此类，都充当着普通法背后的推手。

为了将人们拢在同一种法律之下，基督教会发挥了至关重要的作用。教会利用其宗教权威，将名为 ius commune 的法律一体适用于全体教众，这便是 ius commune 一词最初的来源。教会曾经大力推广罗马法（第二章至第四章），也曾通过其他途径深刻地影响到欧洲的规范性。罗马帝国皈依基督教之后，世俗与宗教之间的边界变得越来越模糊。这种趋势一直延续到古代后期和中世纪前期，不过，宗教对于欧洲法的影响要到之后的几个世纪才逐渐显现出来。这一时期，教会法在欧洲遍地开花，基督教伦理主导了人们的心灵与生活。有些欧洲学者甚至开始追寻一种全面转向内里、以自我解释为中心的规范系统，不再依赖外部权威或传统的力量。可以说，这是不言自明的真理的自我统治，在那里，规则之所以存在，并不是因为它们拥有一个权威性的基础，而仅仅是因为它们对于缔造它们的人有着不可替代的意义。此种观念一定程度上推动了现代性的发展，这意味着，我们所理解的现代性也并不一定就是世俗的。18 世纪至 19 世纪的欧洲知识分子中，有很多人秉持此种观念，他们认为，人类理性和自然法是由自然施加于人类的，这完全可以与人类对上帝的信仰相提并论。

现代性给人类社会带来了重大的转变。当然，至于现代性的到来是否配得上称为一场革命，以及其他与之有关的有趣话题，本书并无暇顾及。不过我知道，现代性对于法律的影响更多地体现在观念层面，而不是在实践领域。具体来说，现代性对于人类社会抱有相当积极的期望，它坚信人类有能力不断改善自身以及自身所处的社会。相应地，法律将会成为一个证明人性的标准范例——人们不断地放弃那种旨在维持现状（就像以前的情况一样）的行为模式，同时力求创新，以便创造一个看似更加美好的世界。

本书从罗马法讲起，终于欧盟的建立。于我而言，欧盟既是一个终点，也是一个起点。今天的欧洲在什么程度上可能再次拥有一个单一的普通法，又是谁，才能肩负起推动欧洲法律统一的使命？法律统一的进程仅仅适用于欧洲，还是说有可能拓展到全球？创生于18世纪晚期的民族国家究竟如何面对欧洲一体化和全球一体化的挑战？

为了回答这其中的一些问题，同时提出一些观点，本书的每一个章节都围绕某一个特定的主题展开，并着力描述其中的法律演变。为了使叙述更加清晰，我有时更多地关注我所描述的对象，而不那么在意时间的顺序。譬如，在第一章中，我讨论了罗马帝国皈依基督教之后颁布的罗马行省法典；在第二章中，我阐述了罗马帝国基督教化的过程；在第三章中，我依然述及同样的问题，只不过注意力更多地集中于中世纪的早期。另外，在第六章中，我主要讨论普通法的开创时期，但有时也会把时空切换到近代早期。

时间的顺序本来就是一个复杂的问题，对于我来说，欧洲的地缘政治状况可能更加难以理解。显然，就本书所涉及的时间范围而言，欧洲和它的定义都是虚构出来的，而且一直处于变化之中。事实上，我们与其说欧洲是一片大陆，还不如说欧洲只是一个想法，它不停地改变着自身的形式和形状，甚至穿越茫茫大海，将远在天边的殖民地也收入怀中。因此，欧洲法的外延无法界定，难以捉摸。在罗马时代，地中海和亚洲的部分地区受到了欧洲法的影响，后来，欧洲各国占据的海外领土也受到切实的影响。在18、19世纪和20世纪，欧洲逐渐掌握了世界的霸权，全球的精英们或主动地选择欧洲法，或被动地适应欧洲法，以此满足他们各自的欲望，我所描述的欧洲法律传统便是在这一时期扩张到极限的程度。因此，欧洲法的某些特别重要的特征反而是在欧洲大陆之外的地区发展出来的。例如，欧洲民族国家的法律在海外殖民地被转化成为当地的自然法；再例如，宪法创制的传统被引入北美之后形成了新的热潮。这些结果不应当被单纯地理解为欧洲法发展的产物，因为它们同时反过来，极大地影响到欧洲法对于自身的理解与修正。

　　我只想呈现出那些最深层的法律演进过程，而不是描述所 10 有欧洲国家的法律发展状况。事实上，我的解释也并不能够适用于所有的欧洲国家。本书所记述的故事之中，有些国家将以主人公的身份闪亮登场，而另外一些则有可能只是被一带而过，甚至完全不提。另外，我之所以提到某些时间和地点，有可能因为它们确实非常重要，但更多时候，只是因为它们对于我想要说明的问题比较有用而已。

第一部分

古　代

第一章
罗马法：在已见与未见之间

罗马城大概营建于公元前 7 世纪中叶。起初，罗马实行王政。大约在公元前 509 年，罗马变成了共和国，元老院（由年长者组成的会议）每年都会同时任命两名执政官（consuls）来管理国家。这样的政体一直延续着，直到公元前 27 年，元老院宣布奥古斯都是罗马皇帝。通过与邻邦之间的贸易和战争，罗马不断地扩大自己的实力，最初统一了意大利半岛，后来控制了地中海周围各地，并且将触手延伸到欧洲的中部和北部。公元 285 年，帝国被划分为西、东两部分。划疆分治原本是一项临时采取的措施，其目的在于解决帝国控制领域面积过大而产生的诸多问题，后来逐渐成为了政治常态。公元 476 年，日耳曼人的军队攻陷了罗马城，逼迫罗马皇帝退位，这就是被后人称为"罗马帝国衰落"的历史事件。不过，罗马帝国的政治霸权仅仅隐没于西方，定都于君士坦丁堡的东帝国（现在的伊斯坦布尔）一直存在着，直到 1453 年才亡于奥斯曼帝国之手。

罗马的遗产分布在很多领域，并且通过很多途径向后传承，经久不息。在这些遗产之中，最值得夸耀的一项便是古罗马对后世法律发展产生了巨大的影响。歌德曾经把罗马法比作一只潜水的鸭子：它时而在水面畅游，时而一个猛子扎到水底，无论你看得见它，或是看不见它，它都在那里。[1]这种"罗马法从未消失"的信念并非为歌德所独有，也并非为歌德所处的 19 世纪的人们所独有。时至今日，这一信念仍为绝大多数法律史学者所秉持，他们通常把罗马法说成是欧洲法律史的开端。当然，罗马人最早也并不是生活在一个规范体系之下的民族。事实上，与其他民族并无不同，罗马人也时常借鉴邻邦的制度，其中尤为重要的是对希腊世界的借鉴。毋庸置疑，罗马法在其演进过程中多次发生剧烈的变革，但又不绝如缕地继承着传统，不断适应新的社会情势。

学界通常认为，罗马法，尤其是从公元前 3 世纪到公元 3 世纪这 600 年之间的罗马法，实际上已经蕴含了现代欧洲法的绝大部分重要因素。这一时期的罗马法呈现出与往昔显著不同的特征：世俗法（宗教信徒们也会适用）的概念出现了，纠纷解决变成了法律的要务，私法的地位得以抬升，职业法学家如雨后春笋一般涌现出来。正如我接下来要讨论的，这些职业法学家以既有的规范体系为基础，开辟出一个前所未有的专业领域，在这里，人们只须遵循他们巧妙定制的法律程序，就一定能够获得正义。他们还精心炮制出一大批专用的概念和术语，将人们在日常生活中可能遇到的大事小情全都精准地翻译为法言法语。简言之，罗马法学家为世人提供了一套与规范打交道的新思路。从此以后，欧洲人便无时无刻不在运用着这一思路。由于所处时空和讨论对象的具体差别，后人在运用这一思路应对时下社会问题的时候，自然也会对方式方法做出些许调整。

古老的法庭和神圣的裁判

罗马法的研究者们通常把注意力集中于古罗马的宗谱、日期、某些术语的涵义，试图从中找到些许蛛丝马迹，来阐述和辩驳某些重要演进之所以会发生的必然原因。他们通常有着完全不同的观点。不过，绝大多数研究者承认，罗马法的演进是一个缓慢渐变的过程。具体来说，这一过程首先体现为法律的世俗化，新的救济方式由此产生；在此之后，法律变得越来越抽象难懂，这直接导致了法学训练的兴起，职业法学家的重要性得以提升；再向后发展，人们对于法律的理解、创制和适用便自然而然地步入了组织化和体系化的轨道。绝大多数研究者认为，罗马法在我们可以探究到的最古老的时代，大概是一种旨在调解个人之间利益冲突的规范体系，到了古风时代（公元前8世纪至公元前4世纪），罗马法才逐渐承担起维护公共秩序这一重要的社会责任。罗马人通过法庭审判这种预先设置好的社会机制来化解相互之间的敌意，以避免不必要的暴力流血。起初，罗马人并非万事诉诸法庭，而且只有在原、被告双方全都同意的前提之下，法庭才会受理案件。后来，法庭被注

15 入了强大的权力，它不仅可以强制当事人到庭听审，而且可以将所做的裁判强加于当事人。

伴随着司法机制一同兴起的规范体系被称为"市民法"（ius civile），这是一种具有公共属性的法律（专属于市民的法律）。在古风时代，无论是法律问题，还是超越法律的那些真正的冲突，都会被交付给一个贵族集议机构（college）公开讨论，参与者大都是祭司（pontifices）。这些贵族既是公共规范的守护者，也是主持宗教仪式的专家，他们决定了哪些行为符合社会期望，也决定了可以采取哪些措施向受害者提供救济。

我们大概能够知道，充任祭司的贵族通常是经由口述的方式，将那些不成文的习惯（mos）代代传习下去。而且，这些古老的习惯之中还根本不存在世俗与宗教的分界。从当事人的角度来看，祭司们的审判更像是一个叩问内心和揭示天机的过程，他们不需要借助任何外部证据，就能够作出毫无疑义的最终裁决。祭司们牢牢地把控着对于法律的最高解释权，这样他们才能一代一代地捍卫自己家族垄断知识的话语权。[2]

这一时期的法律极其严格，而且充满了形式主义的色彩。法律并不允许人们对于究竟发生了什么事情，以及为此需要采用怎样的救济等问题，进行自由的论辩。法律只是一个固定的关于诉因（legis actiones）的清单，人们必须按照清单上开列的理由才能向法庭提起诉讼。一旦起诉成功，就表明原告受到了伤害，因此应当在法庭的调查之后获得赔偿。不同的诉因将引发不同的诉讼程序，有些程序由一名承审员主持，而有些程序则允许原告立刻获得赔偿。决定以何种诉因起诉是成败的关键。这是因为，每一个诉因都明确规定了当事人双方希望达成的目的。因此，一个不恰当的诉因必然会导致诉讼程序的终止。

为了打一场官司，原告必须当着祭司的面进行仪式化的宣誓，讲出固定的套语，做出固定的动作，以便提出诉因。被告如要作出答辩，也得如法炮制一番。囿于原始宗教的苛刻，原被告必须极为准确地将仪式进行下去，谁要是不慎说错了一个词，或是做错了一个动作，就要承担败诉的后果。[3]主持仪式的祭司负责判断，原告是否恰当地提起了诉因，以及双方履行仪式的过程是否正确。

我们可以找到的最古老的成文法渊源就是公元前 5 世纪的《十二表法》（*Twelve Tables*）。尽管《十二表法》并未完整地流传下来，其颁行日期也难以考证，但后世的历史学家可以根据罗马法学者对于《十二表法》的引用和评论的情况重新勾勒出这部法典的大概样貌。时至今日，我们只能从这些由历史学家构建出来的版本中窥得端倪。事实上，我们永远也不可能知道，随着时间流逝，《十二表法》究竟逸失了多少内容，当然也不可能知道它一开始的样貌了。因此，对于那些据说是发源于《十二表法》的内容究竟是不是真的曾经存在于《十二表法》当中，我们也不得而知。

据说，《十二表法》列明了当事人在法庭上的义务，以及违背义务所应当承担的罚则。这样一来，法律变成了人所共知

16

的公器，祭司们对于知识的垄断也就不攻自破了。《十二表法》还罗列了各种程序性的规则、法律交易的形式，以及公共生活的一系列基本准则、家庭法和财产管理（如合同、侵权、继承、贷款、不动产、盗窃等）的诸多要素。出现时间稍晚的某些证据表明，尽管《十二表法》的制定过程显得粗糙随意，内容也不尽完整，但它依然当之无愧地被后人视为罗马法的第一块奠基石。《十二表法》的内容被孩子们记背和传诵，它的复制品则被雕刻在青铜、象牙或木板之上，陈列于公众场所。

在罗马法演进的历史上，《十二表法》被公之于众是一个具有划时代意义的重大事件，这一方面是因为原来由祭司集团垄断的秘密法变成了全民共享的公共规则，另一方面则是因为这标示着一种不再混同于宗教规范的"法"（lex）规范的出现。自然，祭司也就无力再掌控这种新型的规范了。法律不再是连接部族与神明之间的纽带，而变成了部族成员处理相互关系的尺度。这催生出一种全新的世俗性政治氛围，其实际掌控者不再是精通宗教仪式的祭司，而是一朝权在手的立法者。

不过，法律与宗教的彼此分离还要等到《十二表法》颁布之后很长一段时间才变得清晰起来。一开始，祭司依然把持着对于《十二表法》的解释权和适用权，因为他们依然被全社会视为最有能力解读和贯彻法律的人群。大概直到公元前4世纪末至公元前3世纪初，世俗化的官僚才全方位地取代了祭司原有的社会地位。这一时期，没有任何宗教专业背景的贵族阶层享有通过回答疑问（responsa）来诠释法律的特权。

民事诉讼的兴起

从公元前 367 年开始，罗马出现了一种叫作"裁判官"（最先被称为 praetor，后来被称为 praetor urbanus，即城市裁判官）的特殊官员，他们每年轮替一次，其职责在于化解市民之间的各种纠纷。[4]起初，裁判官严格遵循既定程序，保证当事人根据正确的诉因向法庭提起诉讼。不过，没过多久，裁判官的职能就发生了重大变革，他们开始按照我们今天熟悉的思维方式进行案件的裁判。至于这场变革究竟发生于何时，仍有待进一步考证。

历史学家们对于这一重大变革的发生时间存在着不小的争议。有人认为变革早在古风时代就已经发生了，那时的法律仍由祭司集团所垄断；还有人认为，变革发生在这之后，审判被划分为两个完全不同的阶段，其中第一个阶段只处理与法律有关的问题，而第二个阶段则只处理与事实有关的问题。[5]在第一个阶段之中，裁判官必须做出决定，是否真正受理某一个案件并为此启动诉讼的程序。放到我们今天，就相当于召开了一个初步的听证会，以决定是否把案件交付法庭审理，顺便讨论一下大概能够给予何种救济。鉴于裁判官在第一个阶段只关注案件的法律性质以及可资援用的救济手段，因此被称为"法律审"（in iure，字面意思为"法律内部"）。直到第二个阶段，也就是"事实审"（apud iudicem，字面意思为"在法官面前"）

25

的阶段，真正意义上的裁判才刚刚开始。第二个阶段由一位承审员（iudex）主持，为了查清案件事实，他需要听取双方当事人的陈述，并且根据他们所出示的证据作出判断。在搞清楚事实真相之后，承审员便适用裁判官早在第一个阶段就已经定下的基调来解决本案。

审判程序一分为二，前一部分只关注法律问题，后一部分则将法律上的主张与具体案情关联在一起。对于罗马法的发展而言，这是极为关键的一步。审判的阶段性分划渐渐形成了一种体制化的意识，这有助于罗马人把规范性秩序（规则）从纷繁复杂的日常生活中剥离出来。尽管每一个案件都是独一无二的，它们发生在特定的时间、空间，有着特定的当事人以及案情，但是审判的阶段性分划使得祭司或是后来的裁判官（取决于分划发生的具体时间）能够从中抽身，发展出一套可以适用于所有相似案件的一般性的法律规则。

对于罗马法而言，另一项变革可能与审判程序的分划具有同等重要的意义，就是在诉讼中引入新的诉因。大多数历史学家认为，这一变革大概发生在公元前3世纪。需指出，那些老掉牙的诉因通常与宗教仪式有着很深的渊源，是祭司时代的遗存。诉讼一旦可以接纳新的诉因，裁判官便不再受到旧时代和旧精神的约束，他们可以自由创制全新的法律解决方案，不仅可以决定法庭受理哪些新型的案件，而且可以决定法庭提供哪些新型的救济。

18　　诉因的变革是一个渐进的过程。最初，新的诉因只能在专门涉及外邦人的诉讼程序中出现，因为外邦人根本没有资格适用那些只能适用于罗马市民的法定诉讼。[6]然而，大概在公元前2世纪至公元前1世纪之间（具体时间不详），纯粹发生在罗马市民之间的纠纷也可以适用由裁判官创制出来的新的法定诉讼了。这些新的法定诉讼一般都包含一个篇幅很短的声明，标明本诉讼归属的具体类型，因而这种诉讼也被称为"程式诉讼"（formulas）。裁判官在听取双方当事人的诉求之后，大概弄清楚他们都希望获得什么利益，然后就签发一个类型化的程式，以此启动诉讼程序。程式诉讼能够针对特定的纠纷给出特定的解决方案，而且允许双方当事人进行调解。大多数程式诉讼还具备一些前所未有的新功能，例如，对于充任承审员（iudex）的人进行资格认证，对涉案争议进行归纳和总结，对支撑案件事实的证据加以确认，在案件事实得到证明之后指引诉讼继续向下进行，等等。举个例子，假如提图斯和阿格里帕两人就一匹马的所有权产生了争议，一个程式诉讼将首先从谁有资格充当承审员这个问题开始（假如市民马库斯成为了承审员）。而后，马库斯需要根据事实做出一个声明，称这匹争议中的马归提图斯所有。如果阿格里帕继续占有这匹马，并且拒绝按照马库斯的指示将马匹交还提图斯，他就必须向提图斯支付与马匹估价相应的价款。不过，从另一个方面来看，如果这匹马根本就不是提图斯的财产，那么阿格里帕则无需赔付这笔钱。程式诉讼同样赋予被告一方抗辩的理由，例如在这里，阿格里帕就可以辩解道，提图斯曾经向他承诺，不就此事将他诉至法庭。

当裁判官确定了争议问题的法律性质，并且准备好相应的诉讼程式，就会把当事人交给承审员（iudex），承审员将根据他对于案件事实的调查结果判断是否能够适用裁判官预先指定的法律规则。如前文所述，裁判官是一名任期为一年的国家官员，与此不同，承审员只不过是一些普通的个人，他们通常是由裁判官从一个固定的名单中随机抽出来的符合条件的罗马公民。承审员应当听取证人证言，并且调查其他证据。例如，在上文提到的案例中，承审员应当验证这匹马是否真的为提图斯所有，并且调查这匹马的市场价格。如果阿格里帕提出抗辩，承审员应当根据自己内心所确信的事实来决定是否免除阿格里帕的赔付义务。当事人对于承审员做出的判决不能提出上诉。

程式目录的发展

程式诉讼出现之后的最初几十年之间，由于程式大多是根据当事人特别在意的那些利害关系量身定制出来的，因而其较为真实地体现出罗马人当时的社会需求，也反映出罗马社会的变迁。然而，没过多久，裁判官就颁布了内容相对固定的标准程式，不再针对每一个案件中的特殊情况进行细致的考量。这种程式把某种常见的情况特定化，比如说，对于卖方拒绝向买方交付约定货物的情况，裁判官可以借助程式对其约束，除非卖方对此没有任何过错。

程式变得越来越抽象，自然也就不只适用于个别的案件，而是可以便利地推而广之。某些裁判官敏锐地察觉到了程式的潜在功能，于是开始把他们在将来可能用到的诸多程式汇总起来，并且编排在一起，形成随时备查的程式目录。后来，罗马城内的裁判官将他们编排的程式目录张贴于诸如罗马广场（Forum Romanum）这样的大型公共场所，以便所有人都能知晓。程式目录具体列举出裁判官认为可以进入法庭诉讼的各种情形，不过，程式在目录中的排列顺序似乎是随机的。让我们再来看一下提图斯和阿格里帕的纠纷，如果本案发生在这一时期，他们二人很有可能看到这样的目录，其中包括了化身为某一个程式的官方允诺，即对于财产被他人占有却得不到赔偿的一方给予必要的保护。到了后来，每年新就任的裁判官在正式履职之前，都会把所有的救济方式编排成一个目录，并且以告示（edictum）的形式公之于众。大概从公元前 1 世纪中叶开始，罗马人认为，这种以程式目录为内容的裁判官法令同时也约束着发布告示的裁判官本人。

起初，每个裁判官都颁布自己的告示，也就是他个人认可的程式目录，也就是说，这个目录只能在他就任的一年期间内具有法律效力。渐渐地，情况发生了变化，绝大多数裁判官都会复制已卸任的裁判官在此前发布的告示，这就使既存的程式目录能够不断延续其法律效力。这样的变化先是发生在罗马的各个行省，后来，罗马城内的裁判官也学会这么干了。到了 1 世纪，对既有的裁判官告示进行重述的行为越来越普遍，裁判官告示的地位则被捧得越来越高，以至于没有哪个裁判官敢于小觑这些程式目录在内容上的增减变化。裁判官告示在 2 世纪正式成为法律规范的一种类型。很多重要的裁判官告示在哈德良皇帝统治时期（117 年至 138 年）被摘编并集成于官方的法律全书中，并且被宣称为"永恒完善的法律"。

程式目录的充分发展标志着罗马法已经趋于成熟，但也预示着罗马法就要开始走下坡路了——随着裁判官不停地重述先前的法令，原本灵活的程式开始变得愈来愈僵化。事实上，裁判官创制新程式的初衷在于去除旧程式中不合时宜的要素。他们积极地介入既有的法律秩序，允许原告在某种情况下启动法庭诉讼的程序，而拒绝在另外的情况下启动同样的程序；决定在某种情况下给予特定救济，而不能在另外的情况下给予同样的救济；指示被告在某种情况下可以提出抗辩，而不能在另外的情况下提出同样的抗辩。可以说，借助对程式的加工，裁判官创制或取消了很多今天在我们看来与"权利"十分相似的东西。裁判官介入既有法律秩序的行为极其重要，意义重大，他们在具体案件之中灵活地做出取舍，由此发明出一种规范，进而塑造出一种与既有的"市民法"（ius civile）并驾齐驱的全新的法律渊源。这种法律渊源在后世被称为"裁判官法"（ius honorarium），从文义上来看，就是指裁判官在他们充任公职（honos）期间创制出来的法律。

裁判官法最终成为一种重要的法律渊源。在后世的历史学家看来，这一现象充分表明，罗马法是一种"救济之法"。裁

20

判官法希望矫正那些破坏和谐的行为，使一切恢复本来状态，因此，裁判官法最关心个人在被冤枉之后应该如何去做。为此，裁判官法告诉这些人应该去哪里讨回公道，并且告诉他们有可能获得怎样的补救。裁判官法本身发源于法律实践中的决疑论，所以它并不关心如何打造一个由一般原则构成的纲领体系。裁判官法一方面把罗马裁判官经年累月积攒起来的实践经验固定为规范；另一方面则充分考虑到人们为了追求公道而产生的种种预期，进而授予这些预期以充分的合法性。裁判官法体系与既有的市民法体系并行不悖，这使得罗马法有了两幅完全不同的面孔，其中一张面孔是在部族习惯和传统礼仪的基础之上形成的专业化和系统化的规范体系（ius civile），另一张面孔则是人们为了化解日常生活中无法避免的冲突而找到的各种各样的解决方案（ius honorarium）。

新程序的登场

随着时间的推移，很多新的诉讼程序涌现出来，其中最为重要的一种程序莫过于"特别诉讼"（cognitio，文义上是"调查"之意）。特别诉讼中保留了对案件预先听审的程序，也保留了举证和质证的程序，但主持和推动这些程序的人必须是由帝国任命并且领取薪俸的专职法官。特别诉讼肇始于奥古斯都皇帝统治时期（公元前27年至公元14年），也有些历史学家认为，它出现的时间更早。无论如何，特别诉讼起初仅仅适用于特定类型的案件，后来则扩展到所有类型的案件。至于原来那种将审判程序分划为两个阶段，并且把第一个阶段交由裁判官（也许曾经是祭司）主导，而把第二个阶段交由承审员主导的做法，已经一去不复返了。

特别诉讼逐渐成为一种制度，尤其从 3 世纪开始，新的官吏被选派为专职法官，就连皇帝自己也开始像各行省的总督那样直接审理一些案件。这导致参与审判活动不再被视为罗马市民需要完成的一项公共义务（如同被任命为任期一年的裁判官，或是被指定为承审员）。原来那种将诉讼视为存在于当事人之间的一种协议的看法，即那种认为双方共同把争议转化为固定的程式，而后交给裁判官和承审员来裁断的看法，也就逐渐消失了。取而代之的是，审判变成了专属于由官方任命的专职法官们的一项业务，他们不仅负责调查案件，而且负责做出最后的判决。

法学家的贡献

21   大概在公元前 3 世纪后期，也有可能是在公元前 2 世纪至公元前 1 世纪之间（具体时间不详），一大批知识分子开始有意识地参与到裁判官的日常工作中来，通过自身行动对于规范化的秩序产生了实质性的影响。他们就是我们今天所说的法学家（iuris consultus 或 jurisprudentes）。为了履行作为罗马公民的公共义务，法学家有时也会担任公职，他们中的一些人曾经供职于元老院，甚至曾经担任执政官。这些法学家热衷于充当裁判官的幕僚，他们告诉裁判官创制什么样的程式最有利于定分止争。不过，这些法学家并未经受过什么专业的训练，也没有获得官方的任命，而且他们通常也不能因为向裁判官建言献策而获得任何报酬。同时，这些法学家还热衷于为市民提供方方面面的法律咨询，例如告诉当事人最有可能获得哪一种救济，或是教导他们如何处理手头的官司，或是代为撰写一些法律文书，以便当事人能顺利地进行诉讼。尽管法学家们有时也会分析真实的案例，但他们更擅于通过编造一些虚拟的案例来阐述自己的法律观点，借此指引当事人妥善行事。

法学家通常只是一些普通公民，其中绝大多数人都没有什么官方背景，尽管如此，他们对于罗马法的影响绝对不容小觑。这是因为，法学家一只手指引着裁判官，另一只手指引着当事人，他们创造性地对诉讼程式加以解释。更为重要的是，法学家将不同的规范与信条改造成唯有他们这一批人才能理解和运用的专业知识，从而深刻地改变了法律的样貌。他们发明了一种针对法律问题的思考方法，创制了一套术语，归纳了一批最基本的法律原则，确立了社会中的法律主体，最终形成了一种能够对欧洲法的发展路径产生重大影响的强有力的信念。

法学家塑造全新知识体系的过程虽然并不复杂，但是相当精妙。他们从一开始便虚构出一个包括若干知识要素的经典案例，并且把所有可能的解决方案全部罗列出来。然后，他们通过把虚拟案例与真实案例放在一起进行比较，以及把若干真实案例放在一起进行比较，寻找它们之间的一般共性与各种差异。接下来，法学家需要对影响案例发展的要素进行区分，指出哪些属于规范性要素，哪些不属于规范性要素。事实上，这与诉讼程式所要达到的目的是完全一致的。完成这些工作之后，法学家就可以明确地断言，什么是必须运用先例、规范和程式才能解决的法律问题（quaestio iuris）。让我们再次回顾提图斯和阿格里帕的纠纷，尽管诉讼程式强迫阿格里帕向提图斯赔付相当于马匹市值的价款，但是法学家并不会止步于此，他们会把这个案例与其他案例相比较，最终归纳出一个称为"诚实信用"（Bona fide）的原则。从这一原则出发，无论在虚拟案例还是在真实案例中，协议必须得到切实的履行。因此，如果提图斯以阿格里帕同意不起诉为由继续占有这匹马，那么他将被指控为欺诈。

22　　借助这样一种思维流程，罗马的法学家创制出很多迄今为止依然十分重要的概念。他们对纷繁复杂的人类活动与社会关系进行类型化的处理，建造了一个可以细分为不同门类的概念系统，其中包含着诸如"义务""合同""监护""合伙""继承""买卖"等一大批概念。当然，我们在这里无法把所有的概念都列举出来。沿着这一思路，法学家还可以进一步区分买卖的不同类型，或是取得所有权的不同途径。再进一步，法学家便可以打造适用于所有买卖类型的规范，或是打造适用于各种所有权取得方式的规范。对于法学门外汉来说，这都是"不可能完成的任务"。有些历史学家认为，法学家的思维方式促使罗马法发生了真正的蜕变，从概念上来看，法律已经由一种"意志的行为"（个体行动）转变为"知识的行为"（把实际发生的事情转译为抽象的知识）。

由此，人们对于社会关系的理解也发生了剧变，乃至形成了一种全新的范式，也就是今天我们所说的法律范式。这种范式蕴含着一种重要的理解方法，它帮助人们预先知晓做出何种行为将会造成何种结果，进而使人们懂得如何才能妥善地处理相互之间的关系。有人指责这种范式过于抽象，并且只关注那些完全脱离于个人真实生活场域的枯燥程序。换言之，罗马法学家并不关注某一个买卖合同究竟是在哪里、在何时达成的，也不关注是谁与谁签订的，也不关注合同中具体说了什么；对于他们来说，买卖合同（真实的）就是买卖合同（概念中的）。正因如此，尽管每一个买卖合同都包含着相当多的个别因素，但它们当然适用那些针对所有属于买卖合同这一类型的合同都必须适用的一般性规则。

罗马法学家还发明出一个十分精致的思维工具，也就是所谓的"法律拟制"（praesumptio iuris）。法律拟制允许人们假定某些事实前提是真的，而无须费力论证它们是否真实存在。例如，举证责任倒置，这意味着，在法庭上举证的义务通常并不是由那些希望承认某一假定的一方当事人来承担，而是由那些希望否认该假定的一方当事人来承担。人们一般都可以从自己知道的事情出发做出推断，但是，法律拟制使得法学家也可以从他们所不知道的事情或是那些根本无法得到证实的事情出发做出推断。这一时期曾经出现了一个经典的法律拟制：已婚妇女占有的所有财产都被视为来自她丈夫的赠与。这个法律拟制来自于当时那个特定社会的基本常识，只要没有反证，那么这个法律拟制在相关法律诉讼中就被所有人当作一个毋庸置疑的前提来加以运用了。同样经典的法律拟制还有不少，例如，合同的解除被视为债的消灭；再例如，为了顺利解决继承问题，在同一次海难中丧生的那些相互之间存在被继承与继承关系的自然人被视为同时死亡。

这些法律成就颇具学究气，不过长期以来，它们也只是以口耳相传的方式存在。直到公元前 2 世纪，有些法学家开始把他们答疑（responsa）的内容汇集起来，有时对影响重大的案件进行总结陈述，有时对法庭的裁判结果详加记录。另有一些法学家，他们乐于围绕特定的法律主题发表评论意见、撰写论文，甚至开始通过著述讨论罗马法的一般特性。随着这种作品在数量上的增加，新的学术流派出现了。一位名叫盖尤斯的法学家在 2 世纪编制了一部实用的法律手册，他通过此书向人们介绍法律规范，与此同时，也阐发了他关于法律的种种思考。这部法律手册的名字叫作《法学阶梯》（Institutes），它把罗马法分成三个部分：人法（人的地位）、物法（包含了债）、诉讼法（为达到某种目的的当事人应当选择哪一种类型的诉）。这个小册子在其问世之初并没有受到重视，但是它在后世成为了一个被仿效的榜样。至 5 世纪左右，《法学阶梯》也成为学者们阐释和评论的重要对象。

法学家和法律

法学家通常没有官方身份，他们出具的法律意见也没有当然的约束力，但这些法律意见无疑具有相当的规范性。这是因为，法学家阶层享有良好的社会声誉与学术威望，人们愿意相信，法学家在分析问题时散发着理性的光辉。某一位法学家的观点是否会被采纳，以及在多大程度上被采纳，在某种程度上取决于他的名气有多大。因此，并不是所有法学家的法律意见都会得到同等的尊重。

某些由私人阐发的法律意见居然能够得到人们自发的遵守，这种状况并不总是能够让罗马的当权者感到满意。不少皇帝都想尽办法抑制这一趋势的发展。例如，有的皇帝为法律咨询行业创设了一种特许制度；有的皇帝干脆公布了一个法学家的名单，规定只有这些法学家的法律意见才能被遵从，如果他们对于某一个法律问题的意见不一致，则以在名单中排位靠前的法学家的意见为准。奥古斯都皇帝开列的法学家名单就是一个著名的例子；到了 4 世纪，君士坦丁皇帝（306 年至 337 年在位）要求罗马的法庭在审判活动中只能援引某些重要法学家的特定著作；出现于 5 世纪的《引证法》（426 年）则明确规定，只有 5 位法学家的意见具有法律效力。这部《引证法》还规定，如果这些法学家的意见不一致，则以多数人的意见为准；如果这些法学家的意见都不尽相同（同样的意见不超过 2

人），无法形成多数意见，则以帕比尼安（140 至 212 年）的意见为准。[7]

24　　不过，这些旨在抑制法学创新的官方举措几乎没有产生什么效果，法学论著层出不穷。这些法学论著能否得到实务工作者的青睐，主要取决于作者的社会声誉，而并不取决于官方的指定。从长远来看，罗马帝国为了有效地管控这些来自于民间的法律渊源，拉拢了一批重要的法学家，驱使他们为帝国服务。从效果上来看，这种做法显然比对各种法律意见进行直接控制要强得多。为此，不少皇帝都把德高望重的法学家请进宫廷，让他们代表官方发表意见。有些法学家甚至变成了御前顾问中的一员，可以就军国大事随时向皇帝进言。

　　法学家与皇帝的合作导致了一些重大的变化。大概到了 3 世纪，拥有帝国官僚身份的法学家逐渐成为了司法活动的中心。至此，法学家的意见之所以具有强制约束力，不再是因为它们体现了作者内在的德性，而是因为它们体现着皇帝的权威。

法学训练

　　起初，法学家没有什么特殊的社会背景，他们生活在社会共同体之中，难以避免被其中的各种事务缠身。作为罗马精英阶层中的一分子，他们大多经受过修辞学训练，或许还学过演说术，但是并没有专门进行法律方面的学习。随着法学家的地位日渐重要，法学家的数量越来越多，就法学本身而言，某种趋向于专业化发展的苗头开始出现。在一位法学家的言传身教之下，众多学徒试着提出法律意见或是发表演说。这种教学活动变得越来越普遍，到了后来，小范围的私教便不足以满足社会公众的需求。一些罗马公民从各地赶来，专门聆听著名法学家公开阐述他们对于法律的看法。直到这时，传授法律知识依然只是法学家一个自愿的、非正式的兼职工作。那些经常来听讲座的罗马公民自动结成了一些"社团"，他们有时以"学生"的身份向台上演讲的"教师"支付一些报酬。

1世纪左右，自愿追随法学家进修法律的松散教育方式开始发生改变，逐渐进入体制化发展的轨道。两个对立的法学流派出现了，即普罗库鲁斯派和萨宾派，它们都是以创立者的名字命名。现在的历史学家对于两大法学派之间的差异有着不尽相同的见解。不过多数意见认为，两大学派之间最明显的差别在于法律分析的方法，其中一派特别忠实于法律规范在字面上所体现出的意义，而另一派则对实质正义更为关心。

到了2世纪，很多学生慕名前往著名法学家的居住地，并且扎堆听课，这一现象特别引人注目。那时，很多地方都因为本地法学教育兴盛而蜚声海外。法学家围绕各式各样的主题向学生传授法律知识，其中既包括法律制度，也包括法律思想。学习结束之后，学生可以得到一纸文凭。4世纪之后，皇帝控制了这些学校，他亲自委派教师讲授法律课程，并且赋予这些教师以国家公务员的地位。狄奥多西二世（408年至450年在

25

位）于 425 年宣布，未经国家批准，私办法学教育机构属于违法行为。

制 定 法

创设法律规范的另一条途径便是直接立法。罗马的民众大会（由已成年的男性罗马公民组成）可以颁布成文法（leges），平民会议决议（plebiscita，由平民会议制定的法律）享有与之同等的效力。有些历史学家认为，元老院也有一定的立法功能，国家元勋们聚在这里，每天商讨军国大事，他们不仅行使咨议权，而且能够形成一些具有法律意义的决议（senatus consulta），这种情况在罗马共和国时代（公元前 509 年至公元前 27 年）尤为常见。罗马元首制（公元前 27 年至公元 284 年）后期出现了一种新的制定法，称为"皇帝口谕"（oratio principis），即皇帝发布口头命令强制要求元老院接受某些规范。

这些不同的法律渊源在不同的历史时期有着不同的表现。由民众大会颁布的成文法在公元前 1 世纪之前是一种极为重要的法律渊源。从 1 世纪至 2 世纪前期，元老院仍旧发挥着重要的立法功能。帝国的制定法越积越多，最终导致了帝国法典的出现。例如，3 世纪的《格雷戈里安法典》（Codex Gregorianus）包含了从哈德良皇帝到戴克里先皇帝（284 年至 305 年在位）的制定法。更为有名的是 5 世纪由狄奥多西二世皇帝颁行的《狄奥多西法典》（Codex Theodosianus），它共有 16 卷，并且按照

法律问题分门别类，包含了从 306 年至 437 年之间所有的制定
法。然而，即使在这些制定法最为显赫的历史时期，它们依然
无法与裁判官和法学家的成就相比肩，因为这些制定法的宗旨
在于扩展和深化现有的法律，而不是致力于改变它们。此外，
这些制定法的影响往往集中于公法领域，而非私法领域。具体
来说，制定法最主要的关注点是刑法、遗嘱继承以及家庭法。

　　制定法对于罗马法的发展还产生了另外一种影响。随着帝
国时代的到来，这种影响渐渐浮显出来。罗马皇帝通过大量的
立法来影响法律秩序，颇具讽刺意味的是，他们明明掌握着立 26
法权，却总是把自己当作一位法官，或是一位法学家。这些皇
帝颁布告示（就像裁判官做的那样）、做出判决（decreta），或
是对于裁判官或当事人提出的疑难问题进行解答（rescripta）。
不过，皇帝本人一般并不亲自回答这些疑难问题，而是把这些
难题交给御用法学家，让他们以皇帝的名义做出解答。当时的
法学家积极投身于这种为皇帝效力的法律实践，但与此同时，
他们也坚持司法中心主义的法律精神，并且坚定地捍卫着法学
家的思维方式。这些法学家认为，尽管皇帝可以自由地立法，
不过对这些制定法自身合法性进行检验的重要任务还需由法学
家来完成。毕竟，法学是闪耀着神性与人性光辉的知识，是借
以区分正义与邪恶的尺度，皇帝的权威根本无法取而代之。[8]

万民法（Ius Gentium）

罗马人相信，所谓政治，就是遵循同一种规范性秩序进而生活在一起的成员之间的协议，因此罗马法只能适用于罗马公民，不能适用于外邦人。从理论上来说，每一个社会都有其固有的法律，也就是以其公民（社会成员）为适用对象的法律，所以，外邦人（peregrini）即便身在罗马，也并不能享受罗马法中规定的各种权利。在罗马，来自于同一地方的外邦人应当适用他们自己的市民法（ius cilvile），也就是他们自己社会的公共法律。但是，如果来自于不同地方的外邦人发生了冲突，应当适用何种法律呢？

想要解决这个问题，就需要一个完全不同的规范体系。大概在公元前4世纪至公元前3世纪，一个被称为"万民法"（ius gentium，字面上的含义是民族的、部族的、部落的、外邦人的法律）的规范体系登上了历史舞台。为此，在公元前242年，罗马人曾创设了一个名为"外事裁判官"（praetor peregrinus）的特殊职位，负责掌控这一面向外邦人的规范体系。[9]实际上，万民法的存在基于这样一种假设：某些特定的规范只能适用于特定的群体，譬如市民法；但是，这些特定规范以外的其他规范对于所有人来说都有着共同的效力，譬如万民法。因此，万民法从诞生之初就被理解为一种具有普世性的规范体系，它可以适用于任何人、任何社会，也可以与任何一种法律传统相兼容。从理论上讲，究竟哪些规范属于万民法，或者说，哪些规范可以不加区别地适用于所有人，都需要由外事裁判官（或行省长官）来裁度。这意味着，万民法的内涵与外延在法律实践之中并不是非常稳定。与负责解释和适用市民法的普通裁判官相比，外事裁判官有着相当大的自由，他们几乎可以对万民法规范进行任意的增减或修改。因此，今天的历史学家事实上搞不清楚外事裁判官究竟是如何创制万民法的，也搞不清楚外事裁判官是不是真的将万民法视作与罗马市民法完全不同的另外一个规范体系。不过，可以确信的是，外事裁判官十分满意他们在规范创设方面拥有的自由。正如我们所看到的那样，为了解决实践中的问题，他们可以废除旧的诉因，并引入新的诉讼程式。在不断寻找普世性规则的过程之中，外事裁判官率先接纳了很多重要的法律原则，例如，合同当事人须相互负担诚信（bona fides）的义务。值得注意的是，外事裁判官一方面创设了很多新的诉讼程式和新的救济手段；另一方面，他们也像普通裁判官一样，定期向公众颁布告示（edictum）。这些发源于实践的原则和学说迅速被其他裁判官模仿，并得到了法学家的认可。

作为一种法律，万民法从一开始就不是以某一特定社会群体的生存经验为基础，而是以人类整体的历史经验为基础的。由此，万民法被视为人类理性的体现和事物本质的反映。基于这种观念，罗马人有时也把万民法与自然法（ius naturale）等同起来。罗马人笃信，万民法的缔造者只能是自然，而绝不可能

43

是人与人之间的契约。

罗马法在帝国内部的扩张

罗马的市民法一直被视为专属于特定社会共同体的法律，因此它的效力与市民身份（注：公民身份）严格地捆绑在一起。所谓的市民身份，就是指一种只能由罗马城的居民及其后代才能享有的世袭罔替的资格。然而，从公元前 4 世纪至公元前 1 世纪，罗马的市民身份逐渐扩展至居住在意大利半岛和高卢地区（现在的法国）的大多数人。212 年，卡拉卡拉皇帝赐予帝国所有自由居民以市民身份。作为这一政治事件的必然结果，市民法不再是专属于罗马城的特别法律体系，而是所有帝国臣民共同遵守的规范。

市民法在帝国内部的扩张是一个很有意思的过程。某种程度上，这并不像我们所想的那样，当权者坚持将市民法视为一种地方化的法律，然后开动权力机器，先把它拓展到一个城市，而后拓展到一个地区，最后再拓展到整个帝国。相反，为了扩大市民法的效力范围，罗马人做的仅仅是把市民身份授予大众。换句话来说，罗马人并没有把外邦变成罗马城，而是把外邦人变成了罗马人。与此同时，罗马人也并未宣称将他们的市民法普遍适用于各地，而是重新定义了罗马社会的边界，瞬间就把帝国内部所有的居民都变成了市民法的适用对象。因此，罗马的市民法其实并未改变，改变的仅仅是判定谁是罗马人的这个标准。

普遍授予市民身份使得市民法适用于整个帝国，这导致罗马法发生了重要的改变。改变之一就是地方或行省法律体系的出现，这引起了当时很多学者的高度关注。罗马的市民法在帝国各地出现了多种差异巨大的地方化表达，随着时间流逝，这些地方化表达之间的差异还在进一步地拉大。这些已经地方化的市民法曾一度被时人贬称为"粗俗的"（Vulgar）罗马法，因为它们与核心地区的市民法相比，实在太过边缘，而且它们距离以法庭辩论为中心的市民法传统也太过遥远。这些粗俗的罗马法根植于本乡本土的习俗，处境尴尬，尤其在希腊化的东方，要想实现本地法律的罗马化比在其他地方都更加困难。

罗马市民法的地方化发展有可能很早就出现了，有学者推断，这一时间或许早于普遍授予市民身份的历史事件。学界通常认为，这种表面上的扩张加速了罗马法的分裂。《安东尼敕令》（Antonine Constitution）强迫各地方或各行省用市民法取代此前本地所有的法律传统，单方面把市民法楔入各地方或各行省的法律体系。这一举措强化了212年市民身份普遍化的效果，试图全面推动法律统一化的改革，但是在实践之中，这个宏大的目标却难以实现。最终的结果必然表里不一：帝国的法律在表面上徒具罗马法的名义，或许也带有罗马法的一小部分特征，但在实质上已经形成了一种允许多元法律体系平行发展的极为复杂的结构，其中暗流涌动，处于相互竞争关系的各法律体系水火不容。

这种极端的法律多元主义并未得到帝国官方的正视。不过，罗马法学家对于这种情况早已有所觉察。他们注意到，横跨帝国的版图，已经有多个实质性的法律体系存在于不同地域的法律实践之中，因此，他们只能尽最大努力来协调不同体系之间的矛盾。法学家试图通过重新界定习惯法的范围来做到这一点。他们认为，在市民身份普遍化之后，（正统）罗马法和（地方）罗马法之间发生严重分歧的症结就在于当地的习惯。因此，尽管在理论上，帝国只能容忍一种罗马法的存在，但只要把不同的罗马法之间存在的差异设想为一种地方习惯，现实中存在的庞大的（地方）罗马法便可以找到合法性的基础。

29 　　无论这一设想是出现在罗马法统一运动之前还是之后，它都极大地改变了罗马法。通过承认这些地方习惯具有合法性，或者说"合罗马性"，并且赋予它们以罗马法意义上的规范性的价值，罗马的法学家打开了一扇大门，他们终于可以把大量非罗马的法律概念和制度安排名正言顺地植入罗马法的体系之中。例如，希腊的契约形式，或是对于占有的另类理解，后来都出现在罗马城的居民依据市民法（ius civile）所提起的诉讼之中。

通过观察伊比利亚半岛的法律发展，我们可以发现这一过程的复杂性。罗马从公元前3世纪末期开始断断续续地控制着伊比利亚半岛，不过，据说直到公元前19年，罗马才最终征服这里。罗马对于伊比利亚的统治一直延续到4世纪末，此后，伊比利亚被西哥特人征服。伊比利亚本土的法律发展在相当程度上反映出上述错综复杂的历史变迁。起初，这里同时存在着好几个完全不同的规范体系。罗马人适用罗马法，当地人适用当地法。至于那些发生在罗马人与当地非罗马人之间的案件，则须适用以不同法律原则为基础的更为复杂的规范。可以说，这些体系都不是孤立存在着的。它们相互影响，以至于当地法逐渐被罗马法化，难以保持原有的独立性。复杂的法律实践孕育出新的法律文化。当地法对于罗马法制度的大量借鉴使得当地人非常熟悉罗马法，他们随后以当地法的名义接纳了罗马法的某些最基本的原则。这里的行省总督通过颁布告示和法令促进了当地法的发展，与此同时，罗马元老院针对西班牙做出的决议也能达到相同的效果。

随着时间的推移，罗马的市民身份有时向那些被认为"有价值的"当地人开放，越来越多的当地人开始被视为罗马人。再后来，一些当地的城市获得了拉丁自治市的地位，其居民便自然取得了罗马市民的身份。从理论上来讲，如果所有本地居民都变成了罗马市民，那么便只有罗马市民法才能适用于西班牙。不过，当地人在身份上的转变并不是一蹴而就的，而且这一转变也不能涵盖所有当地人。以习惯法面貌出现的当地法一直都存在着，人们不仅清楚地知晓这些规范的内涵，而且通常认为它们发挥着好的作用。导致这种情况出现的原因，一方面是因为当地的罗马法学家太少，另一方面也是因为这些规范渐渐地与罗马法融为一体。

西罗马帝国土崩瓦解之后，罗马法与地方法相互融合的程度进一步加深。到了 6 世纪早期，西哥特人（他们在 4 世纪末占领了西班牙）开始大规模梳理本地的罗马法，最终编成了著名的《西哥特罗马法典》（*Lex Romana Visigothorum*，也被称为"阿拉里克摘要"）。这部法典在中世纪被人们视为晚期罗马法一个值得信赖的渊源。这部法典收录了很多重要的罗马法文本，例如 2 世纪《盖尤斯法学阶梯》的摘要，又如 5 世纪的《狄奥多西法典》。不过，编撰者对于这些罗马法文献进行编排、删减和解释的随意性也是很大的。他们试图通过缩略与合并的方式重新打造出一个内容极其简略的罗马法版本，然而，他们所能引以为据的文献数量太少，以至于他们只能反复摘抄其中的内容。《西哥特罗马法典》颁行之时，罗马法的影响力很有可能已经比不上伊比利亚本地的习惯法了，甚至有可能还比不上西哥特人从老家带过来的那些日耳曼习惯。如果真是这样，那么这部罗马法典的缺陷就不止于它在摘录方面的片断性，它对于罗马法在西哥特人征服伊比利亚之前、期间或之后所呈现出来的各种状态的描述，很有可能完全是靠不住的。

　　如果说，普遍授予市民身份算是对罗马法的一个挑战，那么戴克里先皇帝（284 年至 305 年在位）在 285 年做出的决定则算得上是一个同等重要的挑战，他在一场旷日持久的危机之中决定将帝国一分为二。戴克里先皇帝的用意很明显，他希望通过任命两位元首以及修建两座首都的方法对庞大的帝国进行有效的管理。可是，这种本来只是权宜之计的政略到了最后居然演变为真正的分裂。在后戴克里先时代，君士坦丁皇帝

（306 年至 337 年在位）在东方建立了一个叫作"新罗马"的城市，他把住所搬到了这里，并且把这里称为君士坦丁堡。罗马帝国至此分裂为东西两部分。

东帝国与西帝国之间的差异日渐显著，这同样表现为法律上的分化，东部罗马法和西部罗马法逐渐呈现出并立的态势。至西帝国瓦解之后，这种态势变得更加明显。5 世纪，西帝国被一群内部成分极为复杂的蛮族部落颠覆，今天我们把这些部落统称为日耳曼人（参见第三章）。此后，西部罗马法受到日耳曼法律传统的强烈冲击；与此同时，东部罗马法则受到了来自希腊文化的潜移默化的影响。

大多数历史学家倾向于认为，在东帝国延续的一支罗马法实际上不再是罗马的，它标志着一个独立的、特殊的法律传统的出现，即拜占庭法。然而，颇具讽刺意味的是，这个所谓的"拜占庭法"却最终酝酿出最为重要的罗马法汇编，也就是流传至今的《民法大全》(*Corpus Iuris Civilis*)。

《民法大全》

《民法大全》这个称谓，直到 16 世纪才正式出现，这是一部蕴藏着丰富的罗马法历史文献的图书集成。[10]东罗马帝国的优士丁尼皇帝（527 年至 565 年在位）在 6 世纪（也就是西罗马帝国瓦解之后）颁布了一部法律全书(Corpus)，其中包含了若干在帝国时代相继获得法律效力的独立的法律汇编。为了捍

31

卫以及恢复罗马法昔日的荣耀，优士丁尼皇帝任命了一个专家委员会，专门对这些法律汇编进行收集和整理，其目的有二：一是为法官提供一部与实践相衔接的法典；二是为法学家提供一部优良的法学教材。

《法典》（Codex）在《民法大全》的各个篇章之中是最早编纂完成的部分，优士丁尼皇帝于529年和534年先后颁布了《法典》的第一版和第二版。《法典》收录了各种不同类型的帝国立法文本，有些相当古老，有些则没那么古老；有些是一般性的通则，有些则是仅适用于东罗马帝国的专则。《法典》试图将既存的三部罗马法典（Codex Gregorianus, Codex Hermogenianus, Codex Teodosianus）有机地融合起来，而后将最近的帝国立法纳入其中，同时删除那些已经过时的内容，并且对不同文本之间的矛盾进行协调。优士丁尼皇帝关于推进法律改革的命令出现在《法典》的第二版中，这个经过修订的版本也收录了优士丁尼皇帝为了解决某些纠纷而做出的新决定。在结构安排上，《法典》首先对法律主题加以分类；其次，按照颁布时序把具体的法律规则罗列于相关法律主题之下。《法典》拥有相当高的地位，可以说，几乎取代了此前颁行的所有法律汇编。

优士丁尼皇帝主持编修的第二部汇编是《学说汇纂》（也被称为"潘德克顿"），它摘录了公元前1世纪至公元4世纪期间最具影响力的罗马法学家的重要著作。这项工作于533年完成。《学说汇纂》在结构上按法律主题排列，在内容上涉及私法的重要领域，主要涉及家庭法、物权法、合同法和继承法。[11]《学说汇纂》追随了《法典》的编纂逻辑，但是规模更大，全书共分为50卷。

第三部汇编是颁行于533年的《法学阶梯》，它主要以2世纪盖尤斯创作的同名教科书为蓝本，同时也借鉴了其他教科书中的元素，按照人、物和诉讼的三分逻辑结构来阐述罗马法的基本原理。

优士丁尼皇帝希望完整地收集历史文献，并且重新构建罗马法，但《民法大全》实际上并没有太多的创新之处。由于可供收录的罗马法文献在数量上实在太过巨大，编委会迫不得已，只能将很多内容合并起来收入书中。据后世的历史学家估测，为了编制《学说汇纂》这部主要以法学家的学术观点为对象的作品，编委会共查阅了38位作者的两千多本著作，然而，终稿大概只收录了其中5%的内容。优士丁尼皇帝大概希望编委会能够通过他们的文献工作解决法律实践中的冲突，最终建立一个统一的法律体系，因此他授权编委会根据时代精神对于隐藏于历史文献中的法律规范进行适当的调整。

毋庸置疑，优士丁尼皇帝在组织编纂《民法大全》的过程中篡改了罗马法。事实上，历代罗马皇帝在起草和颁布制定法的过程中，都会不同程度地采纳后来被收入《民法大全》之中的各种材料，也就是说，这种篡改的活动从未休止。某些司法建议由于被《学说汇纂》收录，实际上便具有了制定法的地位。同样的情况也发生在《法学阶梯》中，这部教科书后来被赋予了极高的权威性，成为理解罗马法的必备读物。优士丁尼皇帝极为坚决地赋予这些汇编作品以法律的权威，他禁止人们引用未被这些汇编作品收录的原始文献材料，同时禁止人们引用既往的汇编作品。他迫使人们只能将注意力集中于这些汇编作品之上，与此同时，他禁止人们对这些汇编作品进行进一步的注释和评述。尽管这些措施并不成功，但其已经展现出优士丁尼皇帝致力于开创一个崭新时代的雄心壮志。

《民法大全》 的命运

西罗马帝国在4世纪至5世纪之间分崩离析，不过，东罗马帝国（也就是今天我们所说的拜占庭帝国）国祚绵长。一直到1453年，君士坦丁堡被奥斯曼人攻陷，东罗马帝国才正式灭亡。因此，从理论上来讲，从6世纪（《民法大全》在这一时期颁布）到15世纪，以《民法大全》为载体的罗马法一直在东方继续保持运行。

然而，形式上的连续性无法掩盖实质上的变化。这其中最为突出的变化莫过于希腊文逐渐代替拉丁文成为主流的法律语言。从6世纪中叶开始，优士丁尼皇帝采用希腊文颁行立法，这种趋势发展到最后，希腊文就变成了东罗马帝国的官方法律语言。法学家和法律实践者不得不把那些由拉丁文书写的罗马法经典文献翻译为希腊文，然后再进行评注与解读。

尽管彻底接受了希腊文，东罗马帝国在法律实践中依然保持着对于《民法大全》的高度依赖；然而在同一时期的西方，这部伟大的汇编作品已经变得越来越稀罕，甚至一度销声匿迹。东罗马帝国试图让罗马法的传统延续下去，并且使其不断适应新的社会环境。在这些因素的综合影响之下，一种独特的罗马法体系逐渐在东方形成了。时至 11 世纪，罗马天主教与希腊正教正式分裂，前者完全掌控了西方世界，后者则是拜占庭帝国的国教，这导致罗马法的西方传统和东方传统之间的差距越来越大。

东西之间的分歧虽有扩大的趋势，但是在这一时期，东罗马帝国的法律实践者仍然不断强调他们与罗马法之间存在着密不可分的历史联系。后来，拜占庭的历代皇帝把他们颁布的制定法视作对《法典》的一种修正（而不是一种减损）。至于《法学阶梯》，即优士丁尼皇帝钦定的法学教科书，依然在拜占庭的法学教育中占据着主导地位。吊诡的是，东西之间的分化在中世纪前期其实并不明显，然而，当优士丁尼皇帝编纂的《民法大全》在西方重见天日，尤其是当《民法大全》在 11 世纪至 12 世纪之间引发了著名的"罗马法复兴运动"之后，东西之间的分化似乎立刻就变得无比显著。

33

第二章

拉丁基督教世界的诞生

34　　对于尚未成形的欧洲法来说，1 世纪这个时间点十分关键，因为一位无比重要的代言人正在从遥远的地平线冉冉升起。起初，这位代言人的地位无足轻重，力量弱小不堪，但是到了 5 世纪，它便成为推动欧洲法向前发展的巨大引擎。这位代言人就是基督教，整个古代世界即将被它颠覆。

公元前 1 世纪早期，基督教脱胎于一个犹太教的教派。尽管起点十分卑微，但是基督教仅用很短的时间便从地中海的东岸扩张到了西岸。罗马当局一开始非常排斥这种新宗教的发展，大规模迫害它的追随者，因为罗马人认为，基督教无论在思维方式上，还是在主观信念上，都具有极大的破坏性。但是到了 4 世纪，迫害基督教的社会运动戛然而止。君士坦丁皇帝在 312 年承认了基督教的合法地位。到了 383 年，狄奥多西一世皇帝宣布基督教为罗马帝国的国教。

基督教与罗马帝国这两大势力的结合立刻引发了一场地震，从根本上撼动了罗马法的基础。地震结束之后，一个新的规范体系浮现出来。在这个新体系之中，法律的效力与市民身份不再有任何关联；同时，法律也不再是一种具有属地性的规范；此外，法律的规范性逐渐与一种共同的信仰捆绑在一起。从理论上来说，这个新体系约束着所有基督教的信徒，而无论他们是哪个民族，又居住在何处。这个新体系依靠信徒在各地快速传播。中世纪早期，正是借助信徒们的传教活动，基督教和罗马法携起手来，一同传遍欧洲。即使在那些从未被罗马帝国征服的土地之上，法律与文化的关系也变得越来越紧密，甚至互为表里，一种新的社会氛围渐渐形成。所有受到基督教影响的地域联合在一起，构成了今天我们所说的拉丁基督教世界。[13]我们将在本章中具体阐述拉丁基督教世界对于欧洲法律发展的重大意义。

新的宗教

从历史渊源上来看，基督教实为犹太教的后代之一。尽管已经从犹太教中完全分离出来，但基督教依然延续了犹太教的某些观念，例如，相信上帝是唯一的立法者。根据这一传统，信徒与神之间的关系从本质上来说是一种契约（covenant）的关系，因此，如果信徒背弃了上帝的律法，便会遭到报应。信徒们相信，唯有遵守上帝的法律，才会得到上帝的眷顾和保护。

犹太教关于人神关系的理解几乎原封不动地被基督教接受了。上帝并不是一个喜怒无常的神，也并不是一个像人类那样冲动并且反复犯着与人类同样错误的神，上帝通过他的律法展现出一种道德的力量。上帝的律法是清晰的，每一位曾与上帝缔结契约的人都能够明确地知道他的律法包括什么内容。

对于罗马法来说，一个概念化的神圣立法者是如此新奇，闻所未闻。罗马法关注的重点在于如何解决冲突，与此不同，基督教将法律视为当事人通过合意形成的一种契约。罗马法发源于风俗习惯，后来经过罗马的裁判官和法学家的一番努力，得到了精致的改良；与此不同，基督教的法律从一开始就具有神圣性。罗马法适用于帝国领域内的所有居民；而上帝的律法仅仅适用于以色列人。[14] 罗马法和基督教法之间的区别非常明显：首先，它们各自的规范在性质上截然不同；其次，它们对于权利和正义的理解截然不同；最后，它们对于社会内涵和社会目的的界定也截然不同。

罗马法的基督教化？

鉴于罗马法与基督教法之间存在如此之大的差异，不少历史学家想当然地认为，基督教刚一出现，就给罗马法带来了迅猛的冲击。他们以为，基督教在罗马帝国蓬勃兴起之后，一定会马上留下许多可以见之于史册的社会剧变；他们还以为，罗马帝国在皈依基督教之后，罗马法和罗马人的行为方式一定立即就发生了实质性的改变。

不过，更多的历史学家并不这么认为。他们相信，基督教对于罗马法的影响并没有人们想象得那么广泛，那么巨大，尤其是没有那么迅速。他们怀疑，法律自身的变化（即使发生了）是否真正影响到了法律实践的层面。也许，罗马法的基督教化仅仅是一种反映着少数精英意愿的官样文章，而远非一场席卷全社会的深刻变革。

那些排斥"剧变论"的学者认为，法律在概念上被理解为上帝的神圣授权，这种观念并未立即影响到罗马法的运行。在帝国存续期间，罗马当局一如既往地运作，其工作无外乎是解释和适用既有的法律。罗马的刑法仍旧以罗马传统为基础，并没有受到来自于全然异质的基督教道德观的什么影响。罗马的家庭还像过去那样生活，家子们继续扮演着维护和经营家庭财产的重要角色，基本无视基督教关于来世的承诺，也无视基督教对于罗马世俗性祭礼的批判。尽管基督教的信徒们开始聚集起来生活在彼此平等、情同手足的氛围之下，但是这种风气并未影响到罗马人原有的社会地位，也并未影响到罗马社会原有的分层和结构。

那么，罗马帝国皈依基督教是否影响了罗马法的发展？许多历史学家试图通过比较皈依之前和之后的罗马法规范来回答这个问题。不过，更多的历史学家则认为，罗马法在当时的确发生了很多变化，但是这些变化与帝国皈依基督教并不存在必然的关联。事实上，即使在以前——罗马人一直维持着原有宗教信仰的历史时期，罗马法也在不断地发生改变。这些历史学家认为，变化之所以会发生，应当归因于基督徒与非基督徒的共同作用。例如，罗马社会对于女性守贞的要求越来越苛刻，这种现象难道仅仅反映出基督教信仰的增长？难道不能被解释为各行省的民众以及平民阶层对于本乡本土的善良风俗的一种坚持？

有些历史学家认为，基督教并没有立即给罗马法带来本质上的变化。另一些历史学家则认为，即便罗马法背后的政治权威没有什么变化，即便罗马法自身的形式以及承载罗马法的语言都维持着既有的状态，罗马法还是在与基督教的融合过程中不断地发生着改变，只不过这是一个速度极为缓慢，因而经历时间极为漫长的演化过程罢了。这些学者指出，在罗马帝国皈依基督教之后，罗马法针对基督教的适应性调整主要依靠当局颁布制定法的方式来实现。譬如，在 4 世纪初，基督教中的罪（sins）成为罗马刑法所惩戒的对象，信徒遗赠的效力成为新近颁布的法规所关注的重点。另外的一些制度创新也具有明显的宗教意涵，例如，把大众娱乐形式区分为"恰当的"和"不恰当的"，认为婚姻不能解除，对私生子女进行合法化确认，规定丈夫有义务向妻子和儿女支付赡养费，等等。除了这些由帝国立法确立的正式制度之外，基督教可能显著地影响了罗马人对于两性关系的理解和行为。此外，慈善和福利的观念和实践也萌发出来了。简言之，基督教的因素，或者说，一种专属于基督徒的生活方式，渐渐地渗透到罗马法当中。基督教化的罗马人在行为举止上（至少在某种程度上）已然与异教徒大相径庭。

罗马皇帝为什么要把基督教的观念强行注入他们的立法过

程之中呢？对此，研究罗马法晚期发展史的历史学家常常感到
疑惑。有的学者认为，皇帝们的动机在于他们本人就是虔诚的
基督教徒；另有学者认为，皇帝们这么做的原因无外乎是想要
充分利用一切对统治有利的社会思潮，尽可能地扩大自己手中
的权力。学者们对于这一历史背景下的某些具体问题更是聚讼
纷纭。例如，影响了君士坦丁皇帝立法过程的幕后推手究竟是
狂热的基督徒，还是传统的罗马公民？君士坦丁皇帝究竟有没
有可能以既有的法律实践为基础，创造出熔冶基督教思想与罗
马传统价值观于一炉的新型规范？君士坦丁皇帝曾经颁布解放
奴隶的制定法，他的动机是什么——他究竟是基于希望开释那
些因为基督教信仰而被剥夺自由的人的单纯想法（有些学者这
样认为），还是基于打击政治对手的考虑？毕竟，这样做有着
一举两得的功效：一方面给政治对手贴上暴君的标签，另一方
面把自己描绘成救世主。由基督教神父在教堂中开释奴隶的解
放方式对于既有的罗马奴隶法产生了怎样的影响？基督教是不
是因为这种解放方式的施行而得到了更为广泛的传播？

基督教会的罗马化

基督教的兴起是否真的促使罗马人重新思考他们的法律传
统，甚至促使罗马人对他们的法律传统做出一定的调整？很多
历史学家对此不以为然。不过，大多数历史学家至少能达成最
低限度的共识：罗马帝国对于基督教的鼎力支持从根本上影响

了这一新宗教的发展。对此，一个最明显的标志就是基督教会的罗马化。基督教最早诞生于地中海东岸，而后在小亚细亚和近东一带繁荣起来。基督教曾经以希腊语为载体向四处传播，其思想具有很多希腊化的特点。总的来说，早期基督教受到了希腊文化的深刻影响。后来，基督教传到了罗马，最终成为罗马帝国的国教。罗马渐渐成为基督教的中心，拉丁语取代了希腊语成为信徒之间相互沟通的主要语言。

38

基督教内部还发生了一个重大的变化。早期基督教在性质上极为地方化，其中裹挟着很多信念不同的小团体。这些小团体基本上处于"内部自治"加上"外部对峙"的状态。罗马帝国皈依基督教之后，这种内部存在若干小核心的组织架构逐渐显得不合时宜。当此时日，基督教的背后不仅站立着一个强大的国家（罗马帝国），一个最高的政治权威（罗马当局），而且还存在着另外一套规范系统（除教会法之外，现在还新增了罗马法），这些都成为约束基督教信徒生活的新尺度。经过一个缓慢的"中心化"过程，基督教会逐渐变成了今天我们所看到的样子：一个以经典教义（蕴藏着巨大的权力）为基础，由大大小小的信条、规范编织起来的威权结构。

树立教会的权威，促进教会的体制化发展，建立普遍适用的教会信条，这些措施对于罗马帝国晚期的皇帝们来说，不啻为挽救国势衰颓的重要国策。这种扶植教会的政策在罗马帝国政治史中不乏先例。曾几何时，信奉多神教的罗马皇帝被认为是众神的代表，人们相信皇帝有着与众神直接沟通的能力。由于得到了众神的眷顾，罗马皇帝有义务使这些神灵得到世人的崇拜和祭祀。罗马帝国晚期的皇帝们将这样的理念套用于基督教，便自然成为捍卫基督信仰和传播福音的领路人。这些皇帝施恩于教会，也从教会获得宗教司法权。他们不仅可以化解教徒之间的纠纷，对不同基督教团体之间的冲突做出裁判，而且在这些宗教案件中，他们可以根据基督教的信条判定孰是孰非。

早在 4 世纪时，罗马皇帝就曾开会宣布基督教的基本教义。君士坦丁皇帝召集尼西亚公会（325 年），解决了耶稣是谁的问题以及耶稣与上帝的关系问题。这次会议颁布了所谓的《尼西亚信经》，树立了耶稣的神圣性，同时确立了三位一体（圣父、圣子、圣灵）的神学理论。而后，这一理论在第一次君士坦丁堡公会（381 年）中得到采纳和推广。迦太基公会（397 年）建立起基督教会的正式教规，并且选定了记载这些教规的经典文献的权威版本。[15] 早期基督教公会还制定了任命神职人员以及召开主教会议的程序，并且规范了一些主要的礼拜仪式。

随着时间的推移，帝国政府干预教会事务的力度越来越大。有些皇帝不仅通过口谕向教会发号施令，甚至滥用迫害和惩罚的手段逼迫教会听命。这一趋势发展到最后，对于罗马帝国来说，基督教的教义实际上变成了一个法律问题。以 5 世纪的《狄奥多西法典》为例，帝国的法律中开始出现对基督教正统进行界定的条文，还出现了告诫信徒们如何遵从宗教惯例的条文。

何为异端？

当人们逐渐弄清楚了什么是值得信仰和值得追随的基督教，同时也就弄清楚了什么不是基督教。事实上，早在罗马帝国皈依基督教之前，那种打着基督教的名义，以祛除邪辟之说为目的的宗教活动就不少见。而在皈依之后，这类活动变得更加活跃。基督教会坚决而且迅速地摒弃了内部原有的一切分歧，以至于生活在5世纪的基督教作家已经可以骄傲地宣称，基督教是"无论在何时，无论在何地，无论对何人"都奏效的唯一信仰。[16]然而，并非所有基督徒对于信仰的理解都是合法的，总有一些是非法的（异端），这实际上把基督徒区分为正统派（信仰正确）和异端派（信仰不正确）两个部分。

随着这种区分深入人心，罗马皇帝开始通过立法手段打击异端。由于世俗和宗教的评价标准不同，罗马当局把异端派视为犯罪分子。当时的罗马人认为，异端分子的反抗行动不仅构成了对罗马皇帝和帝国法律的蔑视，并且可能对社会造成严重的危害。因此，他们的行为实际上相当于叛国，最重的可以判处死刑。圣奥古斯丁（354年至430年）积极支持镇压异端分子，他认为异端分子是最危险的异议者，他们扭曲的信仰将严重地污染社会，并造成社会风气的堕落。

强迫皈依

罗马帝国与基督教的融合逐渐形成了一种机制，它催生出一套强制适用于所有基督教信徒的教义，因而对于那些违背教义的人，必须要施以刑罚。这一机制反过来为促成教俗之间的进一步融合提供了重要契机。数位罗马皇帝都曾为了达成这个目标而颁布法律，他们一方面赋予基督教以某些特权，另一方面对异教施加经济和法律上的制裁，例如，禁止异教信徒从事他们的宗教活动、停止向异教信徒发放宗教津贴、取消异教神职人员的司法豁免权等。有时，皇帝会没收在异教寺庙中发现的宝藏，甚至下令摧毁这些寺庙。在 340 年至 360 年间，禁止异教崇拜的法律大量颁行，其中很多都规定了死刑；相当数量的法令鼓励基督徒从政，这些法令同时禁止国家公务机关雇佣异教徒。相比之下，社会精英被迫承担着更大的压力——如果因为信奉异教而受到惩罚，那么他们将遭受远比一般老百姓更为严厉和残酷的刑罚。反过来讲，如果他们因为皈依基督教而受奖，也能得到比一般老百姓更为优厚的褒赏。

强迫异教徒皈依基督教的各项措施在各地广泛而深入地推行。5 世纪早期，身为神职人员的圣奥古斯丁公然支持罗马当局使用暴力胁迫的手段镇压异教，他主张，手握权柄的罗马皇帝可以当然地采取一切手段对付异教徒，防止异教势力的发展；他还主张，外部强制力能够有效地激发异教徒的内心转

40

63

变，使他们回归真正的信仰。圣奥古斯丁的这些主张得到了很多罗马皇帝的赏识，优土丁尼皇帝在 6 世纪以颁布制定法的方式，确立了强迫异教徒皈依正统的国策。此后，罗马法变成了一种旨在推动甚至强制异教徒皈依基督教的制度工具。在当时的罗马人看来，这是确保全人类福祉的必要手段。

教会的罗马体制

从欧洲法律史的整体视角来看，这一时期意义最为重大的发展莫过于基督教会对于罗马的政治结构与罗马法的认同感日益加深。这种趋势导致，即使在西罗马帝国崩溃之后，教会依然能够屹立不倒。仅以主教一职为例，不难发现，这个职位形成于罗马的执政官或裁判官之后，但是主教在宗教和世俗领域却拥有与执政官或裁判官相类似的司法、行政和立法权力。主教们不但会遵循那些起源于罗马法的程序，而且通常也会按照罗马法所指示的路径去思考问题。就像曾经的罗马官员一样，主教们也会在宗教会议上颁布立法，或是协调既有法令之间的关系。与此同时，主教们控制着大量的财产，他们无需负担公役，而且在社会上享有很高的威望。西罗马帝国崩溃之后，地方常常处于无政府的状态。这时候，主教们便一肩扛起往日由罗马官员承担的职责，例如对遗嘱和继承进行见证、监督公共工程、调解私人之间的纠纷，还有，便是运营学校。

41　　　基督教会对于罗马法和罗马政治结构的借鉴同时显著地体

现在其他方面。主教教区开始演变为罗马的一种行政区划，教堂本身也被视为一个合法的实体（universitas）。在罗马法中，教堂是一个得到国家和其他公共机构认可和支持的独立主体，教堂可以拥有财产、接受馈赠，也可以与他人签订合同。教堂建筑被称为"巴希利卡斯"（basilicas）。这个名词原本是指古代罗马的一些公共空间，古罗马人常常聚在那里举行集会，裁判官则站在高台之上宣读判决。教会法规（canon）完全符合罗马帝国的立法风格，人们时常诵读、诠释和遵守这些教会法规，这与他们诵读、诠释和遵守罗马帝国的法令别无二致。罗马法学（jurisprudence）成为宗教人士用来讨论神学问题的基本工具，主教们则利用罗马法学家发明的法律形式和诉讼程式，来回应请愿者的诉求。基督教会与罗马法的深度融合还形成了另外一些重要的成果。例如，基督教会曾经在 4 世纪发起一波旨在正本清源的神学讨论，由此产生的各种观点后来被汇集成为一本名为《神圣阶梯》（*Divine Institute*）的书。毋庸讳言，这个名字的灵感显然来源于 2 世纪由盖尤斯编写的那本名为《法学阶梯》的法学教科书。此书作者之所以使用"阶梯"一词，实际上暗藏玄机，他希望《神圣阶梯》能够像罗马法学家盖尤斯的《法学阶梯》那样，有效地在宗教领域发挥定分止争的作用。

后世的历史学家们因此得出结论，正是由于罗马法的实践与基督教会的需求不断地影响着彼此，早期教会法才得以产生。当然，基督教会也相当完整地维系了罗马的语言（拉丁语）以及罗马风格的演说术、修辞法、文学、建筑和艺术。教皇格里高利一世时期（590年至604年在位），一些作家这样描绘他们眼中的世界：绝大多数罗马人都皈依了基督教，罗马帝国成了"基督的共和国"（res publica christiana），人们享受着由教会赐予的长久和平（宁静）。[17]差不多一千年之后，1651年，托马斯·霍布斯对于这一溢美之词大加贬斥，他说："教皇是已故罗马帝国的幽灵，于其孤冢之上加冕。"[18]历史学家们长期以来一直纠结于一个问题，究竟是帝国吞噬了教会，还是教会反噬了帝国？不过，无论如何，他们都无法否认，基督教改变了罗马，罗马也改变了基督教，而在这个过程之中，法律逐渐发展出新的特性。

后罗马时代的基督教化与罗马化

西罗马帝国崩溃之后的几个世纪中（我们现在把这一时期称为中世纪早期），基督教传遍了整个欧洲，罗马文化和罗马法也随之传播开来。不过，这一传播过程不仅漫长，而且十分复杂。起初，传教的效果相当不尽人意。由于基督教会包括众多的主教，而每一位主教的活动都只局限在他所在的教区，这样一来，基督教会就无力推进和协调各地的传教活动，难以做到让欧洲人口大规模地皈依基督教。然而，随着修道院系统的出现（尤其是从6世纪开始出现了专门的传教士）以及教皇对这一系统的逐渐认可（大约在同一时期），基督教会驶入了急速扩张的快车道。

从 6 世纪到 12 世纪，基督教逐渐在欧洲中部、北部和东部建立起至高无上的权威。基督教从意大利半岛向西扩张到今天的法国和德国，而后到达不列颠群岛；向东扩展到摩拉维亚（注：今捷克地区）、斯洛伐克、塞尔维亚、保加利亚、波兰、匈牙利和波罗的海诸国；接下来是北欧的荷兰、丹麦、瑞典、挪威和冰岛。基督教在各地的扩张有时是渐进式的，有时则时进时退。然而，传教导致了一种重要的同质化效应：时至 12 世纪末，罗马法和罗马政治结构伴随着基督教的扩张传遍了整个欧洲。

由此，人们对于罗马法产生了新的基督教化的理解：罗马法起初只能适用于罗马帝国的疆域之内，但是到了现在，罗马法已然在欧洲大部分领土上获得了至高无上的地位。旨在传教的各地主教和修道院僧侣可能只关心异教徒是否皈依正统，但是他们在传播基督教福音的时候，也传播了罗马的语言、修辞、艺术、仪式、文化和法律。同时被他们带到欧洲各地的，还有罗马的行政结构、诉讼程式和法律程序，以及罗马人的思维、辩论和化解纠纷的方式。

这一进程在那些从未被罗马帝国征服的地域内发生，对于 43 当地人而言，具有尤为重大的变革意义。在这些地方，基督教化和罗马化两相叠加，产生了强大的效应。最终，当地的风俗和传统被完全取代了。有些历史学家认为，罗马化基督教所形成的影响力横跨了整个欧洲大陆，这一事实导致了"欧洲的形成"。也就是说，罗马化的基督教使得欧洲各地在文化、行政、法律和政治等方面逐渐趋同，最终使欧洲走向统一。[19]大概到了 10 世纪——也许比这还要更早——那些居住在不同地域的，有着截然不同的历史和文化的欧洲人开始找到了一种共同的感觉，他们一方面自认为是基督教的子民，另一方面自认为是罗马的继承人。

这一进程发生在欧洲的南部、西部、中部和北部的大部分地区，然而在欧洲的东部，却出现了一股完全异质的罗马化潮流。与其他地区一样，这里也同时发生了基督教化和罗马化的变革，但罗马化的性质截然不同。罗马化的进程在这里以希腊语为载体，具有显著的希腊化趋势。因此，这里传播的并不是西方的罗马传统，而是东方的罗马传统。[20]不过，东方的罗马化同样产生了重要而且持久的影响。1453 年，拜占庭帝国的首都君士坦丁堡被奥斯曼帝国征服。此后，东方罗马法在东正教的教令和制度中得以保留，并适用于生活在奥斯曼帝国统治之下的希腊人。君士坦丁堡大主教和其他教职人员通过实施东正教的教法教规维系着这一源自罗马的制度遗产对于实践的影响力。

第二部分

中世纪早期

第三章
一个没有法学家的时代？

从公元 5 世纪西罗马帝国灭亡到公元 1000 年之间，大约 有五百年的历史。历史学家们通常认为，这一时期的欧洲陷于高度的混乱之中。[21] 在经历了基督教的大幅扩张之后，欧洲终于迎来了宗教上的统一，同时催生出横亘欧陆的教会法体系。然而，教会法在其形成之初仅仅是一个由各种杂七杂八、相互矛盾的规范拼凑起来的大杂烩，它的背后也并没有什么强大有力的政治靠山。与此同时，欧洲出现了极端分裂的政治局面，各式各样的独立政治体涌现出来，割据一方，彼此劫抗。欧陆爆发了一场从北部到中部、南部和东部的大规模人口迁徙。卷入这场迁徙的许多部族后来被统称为"日耳曼人"，他们原本寄居于罗马帝国，生活在罗马当局的荫庇之下，与罗马人通商，在罗马军队服役，其中很多人渴望归化于罗马文明。然而，4 世纪末，某些日耳曼部族已经积聚起足够的力量摧毁西罗马帝国（有些历史学家这样认为），或者说，已经积聚起足够的力量促成西罗马帝国的根本转型（另有些历史学家这样认为）。当日耳曼人完全占领西罗马帝国昔日的领土之后，某些日耳曼部族在政治和经济方面的话语权日渐增长，他们在现今属于德国、法国、西班牙、意大利、瑞士和北非的地区建立了自己的王国，这使得一种前所未有的法律文化在欧陆范围内传播开来。既有的地方法与处于高速扩张之中的罗马法和教会法以截然不同的方式混合在一起，形成了一种可以说是"时时变化，处处不同"的复杂态势。

48 　　大约在公元 800 年，一种结合了地方法、日耳曼法、罗马法和教会法等多重因素的法律体制终于沉淀下来。尽管欧洲各地仍然对这一法律体制有着不同的理解，但至少对于诸如"法律是什么"以及"法律从何而来"这种最基本的法理问题，当时的人们已经初步形成了共识。有些历史学家认为，出现于这一时期的新共识尽管相当幼稚，但其已经是真正意义上的共同法；另有许多历史学家认为，正是在这一时期，作为一个文化、宗教和经济共同体的欧洲诞生了。本章想要谈谈，这种观念究竟意味着什么，它又是如何形成的。

早期教会法

　　无论在罗马帝国皈依基督教之前，还是之后，教会的领导者们都会经常性地颁布教会法令。然而，西罗马帝国在 5 世纪崩溃之后，教会法令的性质发生了重大的改变，因为它们不再需要得到皇帝的批准，或是得到某些国家机构的认可。到了这时，这些法令的制定和实施完全依赖于教会当局。教会的领导者们声称,教会有义务,同时也有责任,按照教徒们居住的地域独立地对他们的生活进行管理。

由此形成的规范体系被称为"教会法"(canon 一词源于希腊文,本意是"规则"或"指引")。早期教会法建立在宗教集会决议和皇帝批准的基础上,并且不断地引用和借鉴罗马法,这与罗马国家曾经适用的那些宗教法律存在着本质上的不同。罗马法是一个政治权威的产物,它可以将国家的意志强加给居住在帝国疆域之内的所有人;教会法则并非如此,从理论上来说,它只能适用于基督徒,因为它建立在一种唯有针对基督徒才能奏效的精神强制的基础之上。基督徒遍布于欧洲各个国家、各个地区,但是他们拥有一个共同的法律秩序。教会法之所以能够强行适用于他们而不用顾及他们的意愿,并不是因为他们具有相同的市民身份,而是因为他们归属于同一个精神家园。

基督教会日渐成为一个没有领土的政治实体,它的存续并非基于政治权力,而是以共同的信仰为基础。随着教会在制定和适用法律规范方面的权能不断增加,同时又没有其他的规范体系与之竞争,教会极大地扩充了其于法律方面的职能,制订出卷帙浩繁的法律规范。教会官员经常参与法律事务,他们不仅要提出化解日常纠纷的方案,还要对商业合同加以裁判,甚至还要监督遗产分配的过程。值得注意的是,中世纪早期的教会法在自我定位和具体适用上尚且停留在地方的层面,因此一个地方的教会法与另一个地方的教会法很可能存在着巨大的不

49　同。此外，各种不同的基督教团体几乎可以就所有的问题发生分歧。这一时期的教会显然缺乏一个能够有效协调这些矛盾的中央权威。

　　为了树立中央的权威，从 6 世纪开始的几百年里，罗马的历任主教们开始把自己包装成一个特殊的角色。这些主教声称，在罗马帝国灭亡后，基督教会是唯一具有普世性的组织，也是唯一拥有政府机构的组织，他们把自己说成是时下最大的祭司（Pontifex Maximus，古罗马的大祭司长），或者是教皇（Popes，这个词源于希腊文 Pappas，其意为"父亲"）。因此，这些罗马的主教坚持认为，他们比其他地方的主教更优越，是教会组织的领导者。

　　尽管教皇制度的搭建与巩固历经数个世纪才最终完成，但是这一制度促使理想中的权力集中变为了现实。此外，主教定期集会制度也发挥了同样的功能。这一制度从 4 世纪开始运行，罗马皇帝是主教公会的召集人和主持人。到了中世纪早期，主教公会成为不同地区的教会当局之间，以及不同的基督教团体之间处理相互关系的重要媒介。与此同时，主教公会也担负着对基督教教义进行权威阐释的重任。

　　教会法规范的爆炸性增长促使教会学者们将注意力集中于法规汇编的工作。6 世纪以降，很多个人和团体都致力于搜集和编纂教会法规范，他们希望自己完成的汇编作品最终可以呈递到教会领导者面前。这其中比较著名的教会法汇编作品，大都出现在 8 世纪晚期至 9 世纪早期，也就是法兰克国王查理曼的统治时期。不过，查理曼对此并不满意，他一心希望创建一个至臻的法典，赋予其最高的权威，并使其通行于他所统治的领土之上。直到 12 世纪之前，都并没有哪一个教会法汇编获得了真正的权威。[22]

　　由于长期缺少一个权威性的教会法汇编，加之教会法规范的来源过于分散，各种良莠不齐的，相互之间存在严重分歧的教法、教规和教令涌现出来，一时之间泛滥成灾。每一个地方的教堂都各自为政，他们根本无视从罗马发出的政策与指示，兀自编撰本地的教会法汇编。究竟什么才是基督教徒的共同信条？对于当时的欧洲人来说，这根本是一个无解的问题。时至 9 世纪，甚至还有些自作聪明的作者把他们杜撰的文本安插到宗教教义当中去。历史学家们现在可以甄别出这些文本的真伪。我们可以看到一个著名的造假范例，在这里，有人蓄意伪造教皇颁布的教令以及解释。有一部教令集（decretal）总共包含 60 件由早期教皇颁布的书信和教令，后世历史学家发现，这其中的 58 件系伪造作品。该教令集还包括 54 个由早期主教公会颁布的教令，以及一篇关于早期教会的论文。为了变更某些书信和教令的原意，有些造假者把其他材料中的词句"剪切"下来，然后"粘贴"到相应位置；有些造假者把某些书信和教令的原始文本刮掉，重新补录新的词句；还有些造假者打着"墨卡托的伊西多尔"（可能是一个笔名）之名把自己杜撰出来的词句插入某些书信和教令当中。该教令集在结尾处罗列了 4 世纪至 8 世纪罗马教皇颁布的所有教令，经后世学者鉴

50

定，其中绝大多数教令根本是子虚乌有。

这些伪造的教令严格限制世俗统治者对于主教和教会财产的控制，并且大幅修改了宗教审判的方式。为了防止大主教和地方宗教会议过多地干预主教的司法管辖权，这些伪造的教令还详细地规定了包括礼拜仪式、圣礼和婚姻法等方面的内容。由于真假教令混淆在一起，广泛地散播于欧洲各地，并且得到了当时教徒们的忠实信守，这些伪造的教令对于树立教会的权威也产生了实际的影响。直到15世纪，学者们才开始怀疑它们的真实性。

最臭名昭著的伪作是一份被称为"君士坦丁赠礼"的文件。这是一件彻头彻尾的假货，它断言君士坦丁皇帝曾经将罗马帝国的最高权力移交给教皇西尔维斯特一世（314年至335年在位）及其继任者。很多教令集中都收录了这份伪作。"君士坦丁赠礼"还宣称，君士坦丁皇帝承认教皇是使徒彼得和使徒保罗的继承人，他允诺教皇任命世俗统治者，并且认可罗马城是基督教的中心。毋庸置疑，当教皇与国王在11世纪至12世纪全面展开权力争夺的时候，这份伪作就变得至关重要了。[23]

我们时不时地会发现，在教令集记载的某些真实历史事件中，间或夹杂着某些完全不属于那个时代的信息，间或夹杂着某些完全不属于那个时代的风格的表述。然而，这些伪造的教令依然得到了充分的贯彻和执行。这意味着，就连教会的最高领导者以及负责编撰教会法的学者们也遭到了愚弄。现在的学者认为，这一时期的大多数伪书都不是由某一个人在某一地点

创作的，而是集体智慧的产物。这些参与造假的人必须拥有足
够多的知识，并且能够接触到足够多的书，才有可能编造如此
天衣无缝的骗局。

罗马：并未退场

在中世纪早期的欧洲，教会法的主导地位确保了罗马法的
继续存在：教会的立法者们继续套用罗马法的文本形式和诉讼
程式，神学家们则继续采用罗马的术语体系和分析方法来生成
经典注释。因此，许多修道院和教堂学校依然讲授罗马法，并
且视之为法律的权威性来源。毕竟，在教会法没有明确规定的
前提之下，罗马法可以直接适用。早期的基督教文本，如 6 世
纪的"圣本笃规则"（Rule of St. Benedict，适用于基督教团体的
僧侣）或圣伊西多尔（Isidore of Seville）撰写的《语源学》（Ety-
mologiae，试图在一部百科全书式的著作中将所有的知识系统
化），都提到了罗马法，并且对于罗马法的类型化思维、术语
体系、利用规范解决纠纷的特征都颇为重视。当时有一句谚语
十分生动地描绘了罗马法与教会法之间的紧密联系：教会靠罗
马法而活（Ecclesia vivit lege romana）。

除了得到教会的荫庇之外，罗马法还通过其他方式得以延
续。在东罗马帝国的疆域之内，以及在 6 世纪至 7 世纪意大利
的部分地区，《民法大全》（Corpus Iuris Civilis）依然被人们知晓，
也被适用于法律实践，这些地方的学者们经常参照罗马法处理

某些法律事务。人们在这些法律事务中大多使用拉丁文书写文书，他们严格遵循罗马法的形式要求，在诉讼中或隐或现地显露出罗马风格的辩论。这种情况在涉及土地或合同的法律领域尤为明显。

罗马法在其他地方也持续发挥着效力。例如，在法兰克帝国，6世纪至7世纪的政府官员效仿罗马的公证，用以起草捐赠、遗嘱、销售和婚姻契约。同样的事情发生在高卢（今天的法国），最早从6世纪起，那里的人就在宗教或世俗的行政领域适用罗马的公证；到了9世纪，高卢人还把这些公证程式汇编成一本工具书。许多经常充任法官的王室官员同时掌握着罗马法和教会法的知识。在5世纪至8世纪之间，高卢地区大概产生了二十多位著名的罗马法专家，这意味着，当地人们在处理各类法律事务的时候，根本就无法避免对罗马法知识和程式的运用。而在那些原本由罗马帝国管辖的城市之中，罗马法在商事交易和城市管理等多个领域一直发挥着重要的作用。

同样的情况也发生在伊比利亚。在10世纪的莱昂王国（kingdom of León，今天的西班牙），法官们仍然在适用西哥特时代发源于罗马法的诉讼程序。同一时期在加利西亚（西班牙西北部），《法律全书》（Forum Iudicum，居住在西哥特的罗马人在7世纪颁布的法典，参见后文）的抄本仍然流传于民间，而且，这里的法官依然被称为"承审员"（Iudex）。在伊比利亚半岛的穆斯林占领区，"罗马—西哥特"性质的法律也幸存下来，并且被当作适用于所有基督徒的"属人法"。

日耳曼元素

研究中世纪早期史的学者们一直都不认为那些从欧洲北部迁移到中部、东部和南部的不同部族有着共同的法律传统，虽然我们现在把他们统称为"日耳曼人"。有些历史学家认为，这些部族的迁移是杂乱无序的，他们总是一小股一小股地迁移，而且一到目的地，他们几乎立刻就能接受当地的文化，这导致研究者很难确定他们最原始的风俗是什么。我们手中记载7世纪至8世纪的档案文献相当丰富，但这之前的档案文献却少得可怜，所以，我们对于这些部族的认知很有可能发生了时空错位，当然也就不可能是正确的。对"无序迁移说"持怀疑态度的历史学家们认为：如果说这些部族之间存在着某种关联，或共享着某种文化，那么便只能来自于"印度—欧罗巴"的传统，而不可能来自于狭窄的"日耳曼"传统。法律在"印度—欧罗巴"的传统中是相当"原始"的，这意味着，那时的法律不仅没有成文形式，没有明确程序，也没有固定的逻辑结构，因而无法支持集权机构的运行。

另有一些历史学家认为，纵使不存在一个单一的日耳曼法，这些从北方迁移到南方、东方和西方的部族的确给欧陆带来了一些完全不同于罗马传统的新鲜元素。因此，与其给他们贴上"印度—欧罗巴"（罗马人其实也符合）的标签，还不如把他们当作日耳曼人。诸多新鲜元素之中，最为重要的一点莫

过于日耳曼人组织公共生活的特殊方式。罗马人一直维系着
"公共事务"（res publica）的观念，并以此为基础建立国家，这
在日耳曼部族法中完全不存在。日耳曼人的社会一般划分为几
个大的血缘亲族，分别由本族长老领导，这些长老负责审判并
处理亲族成员之间的各种纠纷，同时有责任为了管理共同体的
生活做出各种决策。长老们通常以商议的方式解决问题，这就
形成了一种不成文的、弹性较大的秩序。然而，我们手中掌握
的材料还是太少了，以至于难以还原日耳曼法的发生机制。不
过，我们大概能够猜想得出来，日耳曼人的法律一定是具体
的，缺乏必要的抽象；同时，日耳曼法受到各种社会关系的制
约，并且受到仪式和习俗的强烈影响。通过长老集会形成决策
的机制，我们可以看出，日耳曼的法律规范处于持续的变动之
中，日耳曼人根据案件中的具体时空条件和当事人各自的情况
随时改变法律，而不会把法律设想为以追求正义为目标的稳定
的抽象原则。

　　且不论这些来自北方的移民是否曾经共享一个共同的日耳
曼法传统，我们现在可以肯定的是，这些移民中的一部分人在
3世纪至4世纪曾经受到罗马法和基督教的强烈影响。他们后
来渐渐成为欧洲的主宰者。在罗马法的影响之下，这些新移民
对于法律的态度发生了很大的转变，其社会组织的权力结构亦
先后经历了集权化和贵族化的改变。有一些证据表明，到了6
世纪至7世纪，参加政治集会的人士主要来自社会精英阶层，
军事首领开始宣称自己是世袭的国王。与此同时，法律的其他

领域可能也开始发生了戏剧性的转变。在罗马法的影响之下，法律形成过程中的那些民主的、口头的、弹性的因素逐渐消失了，日耳曼部落的首领开始向部众颁布制定法。时至 6 世纪至 8 世纪，那些旨在把曾经行之有效的口头规范编纂起来的法律书籍大批量地涌现出来。不过，这些书主要不是用日耳曼人自己的语言来书写的，而是由拉丁文写成。人们编纂这些法律书籍的初衷是想把那些"良好的古老秩序"延续下去，然而实际上，这些书籍却发挥了对改变之后的新秩序加以确认的功能。这些法律书籍中收录的成文法具有相当强的系统性和抽象性，与我们想象中的原始法律完全不同。在这些成文法中，国王被授予认可法律（如果不是制定）的立法职能。

　　日耳曼法的重大转折出现在 6 世纪，具体体现在《萨利克法典》（*Pactus Legis Salicae*，也被称为 *lex salica*）之中。这部法典集中了旧时代的大多数规范，同时试图通过所谓"赔命价"（compositio）的货币支付手段来替代复仇。《萨利克法典》还有一些为今人所知的重要特点，例如，它将母系后裔排斥在欧洲君主世袭的范围以外；为了消除暴戾民风，它列举了一系列针对受害者进行赔偿的规定。《萨利克法典》也是用拉丁文写成的。从表面上看，它甚至与罗马的法令颇为类似，但是它在字里行间透露出了强烈的日耳曼风格。在它的影响之下，日耳曼的传统得到了重新塑造。54

　　另一个融合了罗马法、教会法和日耳曼法的经典范例是 7 世纪中叶的《法律全书》（*Liber iudiciorum*，在中世纪也被称为

Lex Gothica 或 *Forum Iudicum*）。这部全书汇集了数量巨大的日耳曼早期法、地方罗马法，同时收录了西哥特历代国王颁布的制定法。此外，这部全书受到同一时期神学著作的深刻影响，因此，本地的主教在第八次托雷多宗教公会（653 年）正式认可了这部全书。西哥特人将《法律全书》适用于居住在伊比利亚的所有人，无论他们原本是罗马人，还是日耳曼人。这部全书全文以拉丁语写就，从行文中不难看出，它的编纂者对于罗马法概念非常熟悉。在内容上，《法律全书》涵盖了立法、司法、家庭法、债法、刑法等多个领域，并且规定了针对犹太人和异教徒的制裁。《法律全书》不再是一部属人法，而是一部属地法。即便到了 711 年穆斯林征服伊比利亚之后，这部全书仍然在这里发挥着法律效力，但是只能适用于本地的基督徒。

有足够的证据表明，公共行政领域在这一时期也发生了令人瞩目的变化。大约到了 8 世纪，发源于日耳曼传统的口头法已经无力再充当全部法律秩序的核心。因此，这一时期，欧洲各地不约而同地加深了本地法的法典化程度。在这些应运而生的"法典"当中，有一些仅仅是法令的汇编，还有一些则试图罗列出不同类型的实用性法律文书，或是罗列出在实践中通行的诉讼程式。此外，誊写员在誊写的过程中可以对这些文书或程式进行修改、删减，或是重新排列这些文书或程式的顺序。与此同时，专门负责"记录"法律的官僚机构（枢密机构）也应运而生，这些机构的官员通过加盖印章的方式来体现"法典"的权威性。此后，成文形式的法律流行开来，虽然

"记录"仍然可以被视为一种深层次的"口头表达"，但是不能否认，这是逐渐发生的一种重大转变。

到了 10 世纪，所有这些渐进的转变共同导致了一个结果：人们很难再把日耳曼法与罗马法区分开来，同时，也很难再把日耳曼法与教会法区分开来。固然，有一些法律制度极为明显地发源于一个法律体系，或是发源于另一个法律体系。但是在法律实践中，人们都以拉丁语作为法律表述的工具，并且以拉丁基督教的方式来思考、阐释、编撰各式各样的法律材料，这导致日耳曼法在某种程度上很难被单独地辨识出来。

神明干预司法

直到 13 世纪，人们都认为上帝可以理所当然地直接降临于公共审判的场合。在某些案情极度不明朗的情况下，人们特别期盼上帝尽快显灵，因为他们相信，上帝会向大家明确开示谁在那里扯谎，而谁说的是真话；谁是有罪的，而谁又是无辜蒙冤的。上帝的裁决总是以一种神迹的形式体现出来，使那些应当被保护的人免遭不必要的伤害。为了寻求这样的神迹，公共审判中的当事人必须经历某种折磨，或者说经历某种考验。具体实践中的考验方法多种多样。被告可能被要求把手探入沸水，或是在火上行走，或是很快地吃下大量的干粮。按照常理，做这些事肯定会导致身体受伤。因此，如果被告做了这些事情却能毫发无损，那么人们就会相信，一定是上帝在暗中保

55

护着他。也就是说，被告不仅讲了真话，而且是无辜的。可以认为，那些当事人经受折磨的过程也就是他们向法庭举证的过程。

　　起初，教会支持这种神明裁判的方式，因为它有助于解决疑难案件，更为关键的是，它十分具体地展示出上帝立现的仁慈。但是到了千年之交的时候，教会开始持反对态度。到了13世纪（1215年，第四次拉特兰宗教公会），教会旗帜鲜明地反对神明裁判，并且禁止神职人员参加这种活动。这是因为，从这时起，神明裁判逐渐被当作一种非理性的异教仪式。今天的历史学家非常好奇这一观念转变之所以发生的真正原因。有些学者认为，这可能表明了基督教希望从自身曾经也是一种异教的真实历史中抽离出来的愿望，教会试图确保，只有为《圣经》所记载的审判程序才能运用于实践。另有学者指出，教会的最高领导层对于上帝可以按照人们的需求随时表露神迹（使无辜者免于磨难）的做法感到非常不满，而且他们对于神职人员动辄做出令当事人喋血当场的残酷决定也感到极为不悦。同样导致神明裁判渐渐被抛弃的原因，可能还有一个，那就是共同法（ius commune，参见第五章）在13世纪初的蓬勃兴起。共同法促使社会中出现了一批从事新职业的人员，他们专门对社会中发生的各种纠纷进行调解。这批人实际上扮演了法官的角色。原本需要经过神明裁判处理的疑难案件，到了他们的手中就变了样子，这些职业法官将注意力集中于对口头和书面的证据进行收集、检验和评判。教会当局和世俗政府都希望把刑事案件的审判权牢牢地抓在手里，这导致了一种发

56

展趋势，即将上帝的审判变为人的审判。

尽管历史学家们对于教会逐渐放弃神明裁判的原因多有质疑，但大多数学者都不会否认，这一转变对于法律的发展产生了重大影响。由于神明裁判不再具有合法性，欧洲人开始寻求（也可能早就在寻求的途中）一种解决疑难案件的新方法，尤其需要解决的是，在没有直接证人的刑事案件中如何定罪。为此，欧陆地区出现了一种新的法律程序（也就是名为 ordo iudiciarius 的"罗马—教会法"调查程序），法官对被告遭到指控的罪行进行调查，并根据对证据的分析结论做出裁判。这一调查程序事实上早在 12 世纪神明裁判被废黜之前就已经存在了，不过直到 1215 年，它才被引入普通的世俗法庭。主审法官既要查清事实真相，又要做出裁决。如果法庭并未收到正式的起诉或者控告，但是有一位法官怀疑犯罪行为已经发生，那么他可以直接提出指控，并且引发这一调查程序。在这一过程中，他需要就一系列问题做出判断，例如，哪些证据有充分的证明力，如果缺乏有力证据该怎么办，如何审讯，在有迹象但又不确定有罪的情况下可以施加哪些惩罚等。到了 13 世纪晚期，为了查明每一个案件的真实情况，而不仅仅是做出有罪或无罪的判断，这一调查程序还采纳了刑讯逼供的手段。在某些疑难案件之中，法官可以对嫌犯或证人使用酷刑，以便取得可信的陈述或证言。

研究英国普通法的历史学家指出，在神明裁判慢慢退出历史舞台之后，英格兰的审判程序也经历了同样的发展历程，但是最后却结出了完全不一样的果实：陪审团在刑事案件中发挥的实际作用显著地增加了。在 1215 年之前，陪审团普遍存在于欧洲各地，而不限于英格兰。陪审团主要负责（类似于今天的大陪审团）针对那些涉嫌犯罪的人提出刑事指控（陈述陪审团），或是以"存在先嫌"（de odio et atia）为由，驳回私人提出的刑事指控。随着时间的推移，陪审团的职能不断扩张，其适用范围越来越大，也覆盖到很多新型的犯罪。1215 年，英格兰王室授权陪审团在审判的最后阶段做出有效判决。历史学家们认为，这才是针对教会废黜神明裁判这一举动的英格兰式回应[24]。这是因为，从那时起，陪审团取代上帝变成了判定刑事指控是否成立的关键因素。陪审团的成员无需具备专业的法律知识，也不需具有超强的逻辑思维能力。相反，陪审团会选择一些认识被告人或是熟悉案情的本地人充当陪审员。基于这种理念，陪审团无需对证据进行调查和判断，也没有必要扮演一个超然于案件之外的观察者，这些特征显然与欧陆的法官不同。事实上，陪审团最终所做出的判决在很大程度上依赖于各位陪审员的个人经历以及他们对案件情况的个别了解。

破碎的世界？ 统一的世界？

规范从何而来？在讨论这个问题之前，我们需要了解，中世纪早期的绝大多数人生活在一个政治国家的地理范围非常狭小，故而法律的适用领域也极为有限的世界里。这意味着，相邻地方的规范可能截然不同。这一时期的法律世界由碎片化的罗马法、日耳曼法、地方法和教会法拼凑而成，呈现出高度分化的、多元的、复合的状态，这说明不同渊源的规范之间存在着巨大的差异。同时，这一时期的法律世界是道德与法律的混合体，它被设定在这样的前提之上：人类的秩序只不过是对于更高级的神的秩序的一种（拙劣的）模仿。

事实上，由于参考资料太少，我们现在依然搞不清楚这个复杂的法律世界究竟是如何运转的，不过我们大致可以猜想得到，在这一时期，最为复杂的法律问题莫过于如何化解各种类型的冲突。为了达到这个目的，无论是地方政府，还是案件当事人，都不得不经常求助于熟知当地情况的陪审员（iuratores）。这些曾经宣誓（宣誓，也就是 iuratores 的字面含义）的当地人士凑在一起，就某一个具体冲突讨论可能存在的解决方案。

那些无需由陪审团过问的案件通常交给乡镇的民众集会来处理。民众集会往往会有数百人参加。陪审员需要经过遴选才能就任，与此不同，乡镇的民众集会可任由当地居民前往参加。事实上，这种民众集会是一种具有神圣性质的仪式，也是一个节日。因此，集会的重要目的之一便是不断确认存在于当地公共生活中的正义标准，以及确认可以适用这些标准的具体场合。古罗马也曾召集同样的民众集会，人们各自遵循不同的形式，采取不同的行动，相互配合以完成仪式的要求。然而，在中世纪乡镇的民众集会当中，由于罗马法、教会法、地方法和日耳曼法掺杂在一起，相互之间又有很多重复之处，因此，

58　人们只能创造并遵循一种大家公认的、能够最有效地实现正义的基本准则。比较常见的一种做法是，人们要求原告和被告在宣誓之中反复阐述自己的主张。另外还有一些做法，例如，要求当事人在表示同意或是希望进行神明裁判的时候握紧一根具有象征意义的棍子。

这些仪式性的活动因时因地而异，我们难以摸清它们之间的差异究竟有多大。但是根据这些仪式各自的特征，我们亦不难肯定，其间的差异可以说是相当显著。今天的历史学家一般认为，无论这些仪式性活动的起源是什么，它们遵循何种程序和礼仪，也无论民众通过怎样的方式投票，所有的这些仪式活动都创设了一种仅适用于当地社会的习惯法。然而，近年来，有些历史学家开始主张另一种观点，他们认为，与其说习惯法是这些仪式活动创设出来的，不如说习惯法一直存在于这些民俗实践的商谈过程之中。某些个人通过这些仪式性的活动高高地凌驾于他人之上，当地社会内部的深刻分歧也通过这些活动反映出来。在通常的观念当中，这些仪式性的活动映射出一种"古老"的做事方法，或者说是一种习惯；然而，事实上，这些仪式性的活动根本就没有那么古老。诉诸传统通常只是一种政治策略，因为无论何种传统，一般来说只能完整地保存在一代人的记忆当中。因此，当某一个时代的人把某种行为方式称为"传统的"，那就只能意味着这是专属于这个时代的人的美德，而并不是意味着这种行为方式自古以来就是一成不变的。换句话说，人们之所以叙"旧"，往往是为了求"新"，而不是为了就这么一直"旧"下去。

那些用于定分止争的法律规范落实到基层之后，往往便具有某种亲和于地方习俗的外在表现，通过遵循这些规范，当地社会的民众可以强化他们彼此之间的联系；同时，地方政权也可以更为便利地对当地施行统治和管理。人们在很多情况下都会在公共集会中大声地背诵法律规范，这颇有一种剧场化和节庆化的效果。集体背诵法律规范同时也是一种导向性的教育行为，这在很大程度上指引着当地社会的民众，并且不断地向他们内心输送着重要的记忆，告诫他们什么是对的，什么是可取的。因此，尽管人们通常认为这些规范是古老的，而且永恒不变，但是今天的历史学家相信，它们时刻都处于变动之中。传统虽然看起来是连续的，但其中的变化永不停止。在人们用记忆维护传统的同时，又在不自觉地进行变革。

诸多法律渊源的融合

地方法、日耳曼法、教会法和罗马法并存于中世纪早期的欧洲。法兰克国王查理曼（Charlemagne）极大地促进了这些法律渊源的融合。法兰克的版图不仅包括今天的法国和德国，而且向北延伸至荷兰和波罗的海以东地区，向南扩张到意大利北部和现今西班牙的北部边缘地区。尽管地域辽阔，法兰克却只是一个相对松散的政治联盟。法兰克国王查理曼是一位有着日耳曼血统的世俗统治者，不过他本人相当"拉丁化"，他实际

59

掌控着帝国内部的宗教事务。教皇于800年加冕他为"罗马人的皇帝"。对于教皇来说，此举确保他能够得到查理曼的军事支持，从而使西方教会真正摆脱东罗马帝国的控制；对于查理曼来说，加冕礼赋予他国王与皇帝的双重身份，这意味着他以后可以像罗马皇帝那样直接干预教会的各项事务。

在后人的记忆中，查理曼是一位令人敬畏的立法者，但他所发布的指示和命令，根本就不是今天我们所理解的立法。与当时大多数日耳曼王国的国王差不多，查理曼从未想过要凭借个人意志打造一个全新的法律秩序。因此，他所做的不过是把当时已经存在的各种法律规范进行汇总、重述和系统化地加工，以确保这些规范能够得到遵照执行。因此，与其说查理曼是一个立法者，不如说他只是一个正义的守卫者，他的抱负仅仅停留于维护帝国境内的和平与安宁，似乎根本没有把个人意志转换为法律条文的想法。从理论上来说，查理曼仅仅是对既有的各种法律进行了再次宣示，以确保其效力无虞。

查理曼同时掌管宗教事务与世俗事务，他时常把自己的意志强加于宗教当局和世俗政府，指示他们该做什么，该怎么做。他把自己塑造成教会的保护者，他要为帝国境内的所有臣民以及所有基督徒的人身安全和心灵宁静提供保障。为此，查理曼改革教会机构，重振教会内部纲纪，恢复教会的财产，并且鼓励人们适用具有权威性的教会法汇编。此外，查理曼还下令把帝国境内各种不同的地方法，以及那些已经趋于罗马化的日耳曼法用文字记录下来。为了追求统一性，查理曼颁布了旨

在把权力汇集到一起的法令，但他并不强求所有标准保持一
致。与此同时，查理曼试图树立帝国法院的权威，但他并未建
立统一的司法体系，因为查理曼知道，他的帝国实际上只是一
个支离破碎的政治联盟，其中包含了太多来源不同、风格各异
的制度、规范和法律。

　　当然，面对着由当地法、罗马法、日耳曼法和教会法所形
成的复杂的混合体，要想理顺其内部的关系，使其服务于实
践，绝不是一件容易的事情。比如说，教会法在理论上是所有
教徒遵从的规范，但是教会法不仅规定宗教义务，还涉及订立
契约、偿还债务等世俗性的法律义务。地方法虽然只能适用于 60
本乡本土的居民，但却能与王室法平起平坐。有些法律事务仅
从表面就能分辨出应该适用地方法还是王室法，但是对于大多
数法律事务而言，究竟适用哪一种法源，总归是一个充满争议
的问题。不仅如此，当人们运用这两种世俗性法源处理合同问
题或债的问题时，还需要考虑到它们与教会法的竞合。总的来
说，这些平行的规范体系通常相安无事地共存着，不过有的时
候，它们之间的冲突也是相当激烈的。

　　尽管不同法源之间潜藏着各种矛盾，但是对于当时的人们
来说，这一由多重法源搭建起来的混合规范体系在实践中却并
不缺乏连贯性。事实上，至于某些规范究竟来源于日耳曼法、
教会法还是罗马法，当时的人们并不会像后世的学者们那样，
对此感到百般纠结。他们很有可能根本意识不到其所负担的宗
教义务与家庭义务、社会义务、国家义务之间有什么显著的差

别。他们的想法可能就是这样朴素：不同渊源的法律在教导人们，事情是怎样的，又应当是怎样的；这就是世界的本质，这就是上帝想要见到的样子。

没有法学家的时代？

今天的历史学家通常认为，中世纪早期的法律主要关注的是个人行为的正当性。确保"正确行事"不仅是每一个人在家庭生活中的义务，同时也是应尽的公共义务和宗教义务。这一时期有很多法律规范是口耳相传的，当时的人们在具体的社会生活中不断地学习这些规范，并且通过协商改变这些规范的内容。这一时期并不存在一个可以垄断立法活动的权威政治机构，至于经过官方批准的正式规范，当时的人们似乎也不存在多么强烈的需求。法律规范一般产生于人与人之间的互动过程，有的时候也能够在教会僧侣的指引之下产生。在神明裁判之中，上帝可能会亲自降临法律适用的现场；当神明裁判不再奏效，人们就立刻寻求用一种完全不同的法律程序发现事实真相，进而化解当事人之间的纠纷。

在这样的规范体系之下，那种预先接受法学训练，而后通过向他人提供法律咨询服务来谋生的法学家完全没有用武之地。但这并不意味着，这个时代缺乏通晓法律的专业人士。其实，那些擅于调处民间纠纷的部落长老，或是那些随时向教徒们开示应当如何行事的神学家，都是专属于这个时代的法律专家。基督教会拥有数量庞大的教会法学家和道德神学家，他们界定教会内部的政治结构、教会司法管辖的范围、某些罪（sins）的基本含义，他们还发布旨在维护市场公平价格的标准。皇帝和国王们花钱雇用法律顾问，让他们协助王室收集、整理和记录当地法和教会法。此外，如果真的没有法律专家的存在，9世纪就不会出现那些伪造的教令。毕竟，那些伪造教令的人必须对罗马法和教会法都足够熟悉，如果没有这两下，根本就无法创造出这些如此成功的赝品。

中世纪早期的日常法律实践中也不乏法学家的身影。9世纪，欧洲各地开始出现针对罗马法或地方法的注释或评论作品。在帕维亚（今天的意大利城市），学者们研究法学的热情十分高涨，甚至出现了学派的分化，老派（antiqui）把注意力集中在罗马法上，新派（moderni）则主要以日耳曼法为研究对象。誊写员和公证人这两个行当因为罗马法和教会法的流行而存在，他们的职责在于向当事人出具合法有效的文件。随着人们对于书面文件愈发依赖，誊写员和公证人在欧洲各地变得无比重要，他们为各种各样的交易起草文书，并且负责把交易的过程记录下来。为了做到这一点，他们通常需要费力查找，并学习那些记载于老旧法学教科书之中的古老知识。中世纪早期，简而言之，或许是一个没有法学家的世界，但是，这一时期无疑存在很多通晓法律规范的专业人士，他们受邀向国王及其臣僚进言，或是在乡土社会中启发人们对于是与非的分辨，或是思考如何才能发现上帝的律法，并用它们来改造现实。

第四章

公元 1000 年前后的领主、皇帝与教皇

公元 1000 年在欧洲历史中的分量很重。这一年，中世纪早期已经接近了它的尾声，不久之后即将终结；或者说，即将发生的变化之剧烈，足以成就一个全新时代的开端。这一变化肇始于混乱的状态。西罗马帝国崩溃之后，再没有哪一个政治实体可以取代它的位置，欧洲出现了所谓的"权力真空"，随即陷于破碎的政治局面。从 6 世纪开始，欧洲各地的居民逐渐皈依基督教，并发生了罗马化的转变，他们之间的同质化越来越明显。尽管如此，800 年左右的欧洲更像是一个群岛，散布在大陆上的无数乡镇各自为政，却没有哪一个政治权威能够把它们统合起来成为一个国家，也没有哪一个政治权威能够颁行供所有人一体遵行的共同法律。查理曼虽然在表面上做到了这一点，但是他维持统治的时间很短，长远来看，查理曼以统一欧洲为目标的尝试最终还是失败了。这一时期，各民族内迁的浪潮在欧洲大陆一浪高过一浪，发源于不同地区的日耳曼人、斯拉夫人和维京人在这一过程中相互征服。伴随着内部的动荡，欧陆同时遭受着外部的入侵，入侵者既有来自于地中海南

部的穆斯林，也有从东方远道奔袭的马扎尔人。

　　欧洲在政治上的不稳定导致其经济方面也发生了重要的变化，这主要体现为商业的衰落。相应地，仅以维持生计为目标的小农经济则蓬勃兴起。9 世纪至 10 世纪之间，一系列以小农经济为基础的政治、经济和社会组织及机构开始出现，这些组织及机构在传统上被界定为一种"封建"的产物。然而，封建主义究竟是什么？它何时产生，又从何而来？它在不同地区有何种不同的表现？它究竟是一种历史真实，还是仅仅为了解释这一时期发生了什么而被后世学者特意虚构出来的概念？这些问题长久以来被学者们争论不休。然而，大多数历史学家 63 都认为，无论公元 1000 年的欧洲以何种形式存在着，到了 11 世纪或 12 世纪，这种形式都开始发生剧烈的转变。在这一二百年之间，国王开始统御世俗政权，教会的地位也比此前更为巩固。然而，教、俗之间围绕中央权力的争夺开始变得异常激烈。不仅如此，国王与地方贵族之间、教皇与各地主教之间的竞争也愈演愈烈，而且这些竞争伴随着教、俗当局之间关系的紧张化变得更加扑朔迷离。在接下来的一章中，我将阐述这一时期的历史发展，试着提出一些问题，并解释它们对于欧洲法律史产生了怎样的意义。

封建主义的传统描述

　　封建主义是什么？它为什么会出现，又是如何出现的？对此，学术界已经有很多理论了。显而易见，封建主义对于欧洲各地都产生了深刻的影响，但它并非在所有地方都有着完全一致的表现，它也可能不像某些历史学家所描述的那样，曾经形成过一个"系统"。此外，我们对于封建主义的了解大多来自于那些生活在 12 世纪至 13 世纪的学者们的描述，不过，封建主义在那个时候其实已经开始衰落了。因此，那些中世纪学者之所以如此描述封建主义，大都出于某些特殊的动机，也有着某些特定的倾向。我们无从了解，这些 12 世纪至 13 世纪的学者们是否曾对"封建主义"这一概念做出界定，也无法获知他们对于"封建主义"内涵的认知，也不可能知道他们究竟是把"封建主义"当作一个体系，还是仅仅视为一系列观念和行动的集合。尽管如此，大多数历史学家认为，大概在 9 世纪至 11 世纪之间，欧洲的许多地方都出现了一些前所未有的共同特征。

在人们对于封建主义的惯常认识中，诸多共同特征中最为突出的一点莫过于有权势的领主（lords）与其属下封臣（vassals）之间的个人依赖关系。这一关系的特点在于不平等的交换：领主保护封臣；作为回报，封臣必须对领主奉献忠诚，并且服从领主的命令，为领主提供各种建议、援助和服务。这形成了一种高度规范化的政治实践，受其指引，领主与封臣均可以明确知晓他们相互之间的约束关系应当从何开始，又如何终结。经典的理论认为，封建主义就是指一种围绕着"效忠"（homage）展开的与封建关系有关的一系列礼仪性事务。"效忠"的仪式因时因地而异。不过，它通常包括着一些固定的流程，例如，封臣首先需要把双手放在领主双手之上，宣称他希望成为领主家产的一部分；其次，他需要在圣经或圣物面前庄严地宣誓，以示对领主的忠诚；最后，领主拥抱并亲吻封臣，并且认可封臣成为"自己人"。 64

起初，封建关系仅仅被理解为领主与封臣之间的相互拱卫，其目的在于更有效地进行共同军事防御。大概到了 10 世纪的时候，或许比这更早一些，封建关系开始包含着财产性的内容。我们现在很难说清这一变化的历史原因。或许，当时的人们对于"防御"的理解率先发生了变化，开始逐渐从军事方面转向经济方面，而无论如何，二者都是以维持存续为首要目的的。或许是由于当时极端不稳定的政治生态，力量薄弱的土地所有者希望通过把自己对于土地的控制权转移给领主，以换取他们在军事上的保护。我们现在也很难说清这一变化的本质究竟是什么，以及这一变化发生的具体时间。所幸的是，我们可以比较清晰地看到这一变化所造成的影响：强有力的领主们各据一方，他们成为欧洲绝大部分地区的实际控制者；这些领主将其土地的用益权（usufruct）或使用权（tenure）部分地授予属下封臣，以换取封臣向他们纳贡、服兵役或服劳役。封臣对领主的回报之中也包括一些精神性的象征，例如，向领主表示臣服或宣誓效忠。

随着经济逐渐取代军事而成为封建关系的核心问题，领主需要确保封臣根据他们各自的身份和地位配享相应的经济来源。传统的经济来源就是授予土地，不过封臣有时还可以从领主那里得到其他种类的经济收入。领主的权能最终延伸到司法领域，他们便充当所辖领域之内的法官，通过召集会议的方式宣布什么是这里的习惯法，并且把这些习惯法适用于解决纠纷的过程。我们今天看起来，领主俨然获得了很多本应属于地方政府的职能：他们需要确保一方治安、调处冲突，并且对不当行为课以刑罚；他们还需要征敛赋税，并且用当地既有的规范来治理本乡本土的人民。在很多地方，领主司法的出现意味着中世纪早期那种由民众集会和陪审团所主导的集体主义的正义正式地退出了历史舞台。而在另外一些地方，集体正义依然存在，但基于领主对于本地人、财、物的全面控制，这种勉强存续的古老司法模式也发生了显著的改变。

　　在封建主义的传统描述之中，封建关系基于领主与封臣之间的协议而形成，是一种建立在双方你情我愿的基础上的个人关系。但毋庸置疑的是，无论当时是否存在着选择的余地，大多数人从一开始并不情愿成为他人的封臣。此外，到了 10 世纪，封建主义已经失去了作为一种防御机制的最初目的，逐渐
65　发展成为一种旨在剥削他人劳动的经济制度。对于领主和封臣而言，他们的所有权利和义务都来自于世袭，因而他们的身份和地位根本就不可能发生调换。无论如何，这种以个人依赖关系为基础的制度体系开始主导欧洲，它延伸到今天的法国、意大利、英格兰、苏格兰、爱尔兰、威尔士、斯拉夫国家和伊比利亚半岛的部分地区。[25]

一个封建社会？

根据人们对于封建主义的传统理解，大约在公元 1000 年，由于经历了封建化的发展，绝大多数欧洲人生活在农村地区，他们被束缚于封臣与领主的关系之中，受到领主司法权的管辖。在大多数地区，领主一手掌握着今天我们所说的立法权、行政权和司法权。他们创制了一些规则，并且用这些规则来解决纠纷。领主在创制规则的过程中似乎十分尊重本地既存的习惯法，但这通常是一种假象。这些领主十分在意教会法，但是他们经常会用自己的话语来解释教会法。

不过，封建主义并不仅仅是一个简单的双向关系。事实上，它是一个包含着多层结构的体系，因为有些小领主在其领地内享有支配权，但他们对于大领主来说又是封臣。这种多层结构催生出一个位于最顶端的"超级领主"，例如，德意志的皇帝，欧洲很多地方的领主都是他的封臣，与此同时，这些地方的领主本身还拥有诸多的封臣。不过，由于这些领主的封臣并不是德国皇帝的封臣，因此皇帝无法对他们发号施令，皇帝只能通过自己的领主来驱使他们。这个金字塔式的权力机制能够确保最重要的领主直接效忠于皇帝，同时也能保障这些领主的封臣们对于皇帝的间接服从。不过，无论如何，这一机制在相当大程度上限制了皇帝的权威。皇帝无法直接约束自己的封臣的封臣，这意味着，皇帝如果希望这些下级封臣们做某事或是不做某事，就必须依靠位于他们上级的封臣从中斡旋，当然，这些上级封臣通常会借机同皇帝讨价还价。

早在9世纪，也就是封建主义最初兴起的阶段，这种权力结构是相对稳定的。然而，随着某些领主权势的急剧扩大，他们后来甚至以国王自居，此前的稳定状态就难以为继了。从11世纪开始，直到12世纪，一些国王试图削弱各地方领主的力量，他们通过把各地方领主传唤到自己的法庭来控制他们，并把他们作为封臣纳入自己的麾下。通过这样的办法，某些地方领主获得了王室成员的身份，但是，他们一旦脱离了封臣聚集的农村地区，也就脱离了自身所倚仗的权力基础。

为了促使所有居住在王国领域之内的人服从国王的权威，国王们大力鼓励城市的发展。这是因为，城市被定义为"自由"的领地，居住在城市里的人无需服从封建领主，他们只需直接听命于国王就可以了。这样的政策取得了巨大的成功，欧洲城市的数量不断增长，规模也在不断扩大。不过，如果把目光放长远一点，便不难发现，国王们用以巩固自身权力的最有效的策略，莫过于把最高司法权独揽在自己手中。欧洲的绝大多数国王都曾宣布建立王室法庭，并宣称自己是调处领主之间纠纷的最高仲裁者。这一制度变革在英国最先获得了成功，并发展出今天我们所说的英国普通法（参见第六章）。

质疑封建主义

　　上文这番描述是多年以来学界对于封建主义的本质和历史的认识，几乎成为一种教科书式的叙述。不过，20 世纪 90 年代之后，有些历史学家开始怀疑，封建主义是不是只能有这样一种叙述，还是说可能同时存在着多个面向？他们甚至怀疑，这种叙述是不是根本就是错误的？他们指出，符合这一传统模式的封建主义在实践中可能并不存在，即便存在，也是一种十分罕见的特殊情况。这些历史学家认为，档案文献中记载的各种做法与情况千差万别，根本就无法被化约为一个可以用若干明确的原则表述出来的体系。简言之，他们把"封建主义"视为一种理论上的抽象，认为它并不能提高人们对于历史真实的认识水平。

　　这些历史学家还认为，尽管欧洲大部分地区都有领主和封臣的存在，但这并不能说明当时所有的人都生活在封建制度之下。有些地方的"封建化"程度明显高于其他地方，但即使在那些最"封建"的地区，即那些在经济、社会、政治和法律秩序等主要方面都符合封建主义的经典描述的地区，也生活着为数不少的自由农民和城市居民，其人口数量因时因地而异。这些历史学家得出的结论是，封建主义这一概念更多发源于后人的历史想象，而非当时的历史真实。

　　无论我们是否认可封建主义这一概念，也无论我们是否将　67

封建主义当作一个单一性的历史现象，可以确定的是，欧洲在
9 世纪至 10 世纪之间确实经历了一场很大的变革。后世的历
史学家把当时分散于各地的制度连贯起来，塑造成为一个理论
体系，明显忽略了对于异质性的考虑。当然，无论封建主义对
于欧洲的影响是全局性的，抑或仅仅限于局部，我们依然可以
断言，欧洲的政治结构在这一时期的确发生了很大的变化：原
本长期处于自治状态的乡镇开始丧失独立性，它们普遍需要来
自于军阀的保护；欧洲的权力分配逐渐呈现出金字塔式的结
构，各地的领主和顶端的超级领主开始染指，并最终掌握了行
政和司法方面的权力。对于那些居住在同一乡镇中的居民来
说，他们之间的关系并没有发生什么大的改变。但是，不同社
群之间的关系，以及当地社群与地方政权之间的关系，则发生
了重大转型，最终催生出欧洲的君主制国家。

领主、皇帝和教会当局

德国皇帝为了巩固自身的地位，向教会寻求帮助。当然，
世俗统治者与教会之间的强强联手早已不是什么新鲜事。不
过，后世学者普遍认为，在 9 世纪至 10 世纪的加洛林王朝，
教、俗双方缔结的同盟关系达到了前所未有的高度。

存在于这一时期的加洛林王朝是一个松散的政治联盟，在
地域范围上涵盖了今天的德国、法国、瑞士、奥地利、意大
利、比利时、卢森堡以及荷兰的部分地区。这个王朝的领导人

是于 800 年被教皇利奥三世加冕为"罗马人的皇帝"的查理曼。[26]查理曼死后，他的帝国发生了分裂。不过，到了 10 世纪，另一个能够再次统治辽阔疆域的新王朝出现了，它由奥托一世（912 年至 973 年在世）领导。962 年，教皇约翰七世加冕奥托一世为"神圣罗马帝国"的皇帝，由此，德意志人的王国也获得了帝国的名分。

尽管教皇两次鼎力支持日耳曼人国王的称帝要求，但是皇帝与教会之间的关系不断恶化，后来竟然变得剑拔弩张。11 世纪末，教、俗之间的紧张关系突然升级为公开的冲突，这让当时的很多欧洲人感到震惊。皇帝与教皇围绕"谁来任命主教"这一问题争执不下，这便是导致冲突升级的导火索。一般情况下，教皇在宗教仪式中把权杖（scepter）亲手递交给选定的主教候选人，以此表示对新主教的精神权威的认可。这一仪式被称为"主教授职"（investiture）。因此，我们通常就把这场冲突称为"主教授职权之争"。

从欧洲法律史的角度来看，这一事件挑明了教皇与欧洲世俗统治者之间一直亟待解决的难题：教皇与皇帝二者孰高孰下？教皇能否干预世俗事务？反过来，皇帝能否干预宗教事务？教、俗之间的关系究竟应当是泾渭分明的，还是说，二者应当不分彼此，所以欧洲只存在单一的基督教帝国（Christian ecumene）？

源自罗马的传统同时约束着世俗统治者和教会，但这一传统并没有刻意对世俗王国与精神王国进行二元化的区分。在皇帝皈依基督教之前，罗马皇帝占据着罗马多神崇拜的核心地位，是罗马的最高祭司长（pontifces maximi）；皈依之后，罗马皇帝依然秉持这一观念，不仅执掌着制定教法、教令和教规的大权，而且积极地参与宗教方面的决策，例如，召集并参加旨在认可和修订教义的主教公会。日耳曼人摧毁西罗马帝国之后，教皇利奥一世（440年至461年在位）和格里高利一世（590年至604年在位）积极地塑造教皇的形象。他们声称，教皇不仅是基督教会的最高领袖，同时对于世俗事务享有几近无所不至的权力。

然而，这一时期的教会急需世俗统治者的扶持和帮助，不仅需要他们对于教会组织和传教事业进行经济资助和必要的军事保护，而且在有些时候，还需要他们确保教会对于罗马城的实际控制。早在6世纪前期，历代教皇就习惯于召唤各日耳曼王国的国王前来"勤王"。这些国王，例如查理曼，就往往以教会的保护者自居，他们不断干预宗教事务，限制教皇势力的发展，甚至干涉设置在其领土之内的教会的自治权。

随着封建领主在各地的势力逐渐壮大，教会在各地的自治权进一步受到了来自封建领主的挤压。这一时期，任命本地的主教成为了这些领主推进本地治理的一项重要内容。这些领主还经常把一些本地的主教擢拔为下级领主（tenants - in - chief），除赐予他们封地之外，还赐予他们封地之上的司法管辖权。对于这些主教来说，被授予领主的名义有着很大的好处，这使他们拥有对于属下封臣进行行政和财政管理的正当性；与此同

时，授予主教们以领主名义的上级领主也能获得好处，因为他
们可以确保收获主教们的效忠。把主教转化为领主促成了一种
新的封建关系。在这种情况下，被授予封地的主教既与特定的
教区相绑定，同时又要向授予他们封地的上级领主效忠。这意
味着，上级领主只要控制了授予领主名义的权力，便控制了他
们与本地主教之间的封建关系。如此一来，上级领主能够确保
某些重要的封建领地仍然处于他们的直接控制之下，甚至可以
把这些领地见机分封给他们认为合适的其他人。而在普通的封
建关系当中，一旦将封地赐予封臣，封地便成为该封臣一家享
有的永久性财产。

对于上级领主来说，把主教转化为领主有着巨大的意义，
它确保那些兼具宗教性质和封建性质的土地不落入异己之手。
因此，这些上级领主必须控制对本地主教的任命大权。但是，
教皇也想控制这一权力，以便把那些在地方上颇有权势的领主
任命为主教。教皇同样希望通过利用主教授职权拉拢地方领
主，这被视为保证地方领主忠诚于教会的重要手段。

11 世纪晚期，教皇格里高利七世（1073 年至 1085 年在
位）十分清晰地表达出教会对于垄断主教授职权的渴望，他就
此展开了一场波及面极大的改革，其目的在于实际控制散布于
欧洲各地的教会势力。他会同一位近臣起草并颁布了《教皇敕
令》（Dictatus Papae），其中包括 27 个重要的条款。[27]值得一提的
是，《教皇敕令》剥夺了德意志皇帝提名主教和罢免主教的权
力，并规定教皇有权亲自为主教授予牧杖。《教皇敕令》还指

出，教会是由上帝建立的，是唯一真正具有普遍性的实体；如果皇帝不遵从主教的旨意，主教可以将皇帝开除教籍。如果真的到了这个地步，对于那些曾经宣誓效忠于皇帝的封臣们来说，他们的宣誓就不再有效了。

《教皇敕令》一方面赋予教会以完全超越世俗国家的政治地位，明确了教皇的地位在皇帝之上，另一方面也试图强化教皇在教会体系中的政治地位。它规定，唯有教皇才能制定新的法律，创立新的教区，改变现有教会机构的地位，以及对教会官员加以管控；唯有教皇才能对主教所辖的教区进行调整，召集一般性的宗教会议，以及确认哪些文本才具有神圣性。《教皇敕令》进一步指出，无人可以审判教皇，而且无人可以质疑教皇的决定。唯有教皇才能享有这些特殊的权力，因为他与普通的主教之间存在本质的区别：教皇是圣彼得的直接继承者，是唯一可以使用帝国徽章（imperial insignia）的在世之人，他的双脚应当被所有世俗王侯亲吻，他是一个仅仅因为他的名字在教会中传颂就得到世人尊敬的对象。总而言之，教皇是独一无二的，他因为圣彼得而独享荣耀。《教皇敕令》还宣称，谁要是不能与教会和平相处，谁就绝不是一名真正的信徒。

主教授职权之争

1076 年，围绕主教授职权的冲突终于爆发了。德皇亨利四世（1050 年至 1106 年在世）无视教皇对于米兰大主教（一个富裕的封建领地）的提名，而是在当地自行任命了一位大主教。教皇以开除教籍相威胁，但亨利四世依旧我行我素，在沃尔姆斯召集了德意志地区的主教会议。在亨利四世的主导之下，参加这次会议的各位主教集体表态不再听命于教皇，要求教皇立即下野，同时要求重新选举一位新的教皇。他们严词斥责格里高利七世，宣称格里高利通过欺骗的手段篡夺了教皇之位，而他最大的罪过就是发动宗教改革。各位主教一致认为，格里高利七世已经侵犯了法律和习俗赋予他们的合法权利，他把状况搞得一团糟，教会有可能因此毁于一旦。

对此，格里高利七世的回应十分坚决，他立即开除了亨利四世的教籍，并向德意志各地的领主宣告，他们无需再服从皇帝的命令。于是，亨利四世遭到了各地领主的背弃，他们试图另选一位皇帝取而代之。1077 年，亨利四世向教皇公开道歉，但事情并没有完。德国各地的领主选出了一位新的皇帝（士瓦本公爵鲁道夫），教皇对这一人选表示认可，并且第二次开除了亨利四世的教籍。作为回应，亨利四世再次宣布教皇非法，并且重新选举了另一位教皇（据说是克莱门特三世）。不久之后，亨利四世把大军开到罗马城下，格里高利七世被迫逃离罗马，不久之后就去世了。

1122 年，德国皇帝亨利四世和教皇格里高利七世的继任者们（分别是亨利五世和卡里斯特二世）缔结了和约，正式解决了主教授职权的问题。双方在《沃尔姆斯协议》中共同承认，选举和任命主教的权利由教皇享有，但皇帝可以主持主教选举的程序，并且可以对人选表达不同的意见。根据双方之间的协议，皇帝不再能够向主教授职，但是他依然可以要求主教向他宣誓效忠。从表面上来看，双方似乎已无嫌隙，不过其事实上仍旧保持着他们各自的基本立场，并以此为出发点处理相互之间的关系。与此同时，教会内部的冲突也并没有完全解决。教皇不断主张他拥有绝对至上的权力，这招致许多神学家和主教的强烈抗议。

71

欧洲法将走向何处？

总的来说，8 世纪至 11 世纪期间，欧洲法一直都是罗马法、日耳曼法、教会法和地方法的混合体。不过，在这一时期内，拥有大量封臣的各地方领主对于欧洲法的影响力越来越大。地方自治在那些自由农民或是城市居民聚居的地方依然存在，但这些地方也开始越来越多地受到领主的影响。某些权势熏天的领主甚至开始以国王或皇帝自居，他们对于地方自治的影响更大。

法律的变化虽然在不同的时间和地点呈现出偌大的不同，但是在各地方出现的变化之中，存在着一个令人惊异的共同点，即各地的法律都不同程度地受到了在不平等主体之间形成的盟约关系的影响。当然，与基督徒与上帝之间形成的盟约关系并不相同，领主与封臣之间形成的盟约关系没有宗教属性，但是这种关系也并不纯粹是世俗的。这是因为，从理论上来说，领主被赋予了基督教的使命，而封臣之所以效忠于领主，则是因为他们曾经宣布了神圣的誓言。除此之外，有些领主还把自己塑造为当地的宗教领袖，他要对所属封臣负责，并使他们在入世和出世两个方面都能体会到幸福的感觉。

通过与封臣缔结以利益交换为内容的盟约，领主获得支配封臣的权力，这一点非常重要。即使存在着部分的（甚至全部的）虚构，或是蕴含某些编造的成分，这样一个关于合意、盟约和利益交换的神话最终变成了欧洲政治权力的基础，并成为影响欧洲历史演进的核心命题。这一神话将在接下来的数个世纪中经历无数次的重复和形式变换，并将成为欧洲君主制国家建立和灭亡的基本动因。契约论的政治观为政府的存在提供了合法性的基础，同时也为公众批判政府并要求他们按照某种方式行事提供了一个重要的依据。

领主与封臣之间的盟约关系重新塑造了欧洲人对于权力的想象，与此同时，这种由领主所主导的盟约关系与既有的规范体系之间不断发生互动。主教授职权之争可以被视为欧洲法向前发展的一个关键时刻，因为这一事件重新厘清了世俗与宗教的界限。据此，今天的历史学家将这一事件称为一次真正的革命。自此之后，基督教会第一次完全脱离了封建控制，搭建出一个独立于世俗政治的法律体系。这个纯粹的宗教法律体系一方面约束教会的内部事务，另一方面约束所有基督教徒的生活。它也是欧洲第一个以单一权力为基础的法律体系，所有规

72

范的效力都来源于教皇。此外，主教授职权之争也有助于推动
欧洲法发生连锁性的变化：罗马法在意大利的大学之中开始全
面复兴，焕发出新的生命。

第三部分

中世纪后期

第五章

欧洲共同法的诞生

12 世纪是欧洲历史的又一个重要转折点。随着经济的持
续繁荣和人口的快速增长，封建制度（在曾经存在的地方）
渐趋式微，君主政体在欧洲各地崛起。这一时期，生产力不断
增长，新的贸易航路开始出现，作为商业中心的城市相互连
接，形成越来越大的网络，吸引大量移民前来定居。新的城市
大量涌现出来，原来那些了无人气的城市也恢复了生机。由于
君主权力迅速扩张，王室的官僚队伍开始不断壮大。此外，由
于城市的规模像滚雪球一样膨胀，城市的重要性也越来越显
著。职是之故，城市的行政管理队伍也在源源不断地扩编。

长期以来，后世的历史学家把这一时期视为一种真正意义
上的文艺复兴（Renaissance）。他们认为，艺术、科学和知识在
这一时期有了令人震惊的迅猛发展，这种发展深刻地影响了欧
洲的法律。从一开始，欧洲法尚处于一个因时因地而异的高度
碎片化的状态；到了最后，欧洲法转变成一个可以适用于所有
罗马化基督徒的全新体系。这一规范体系后来被称为"共同
法"（ius commune），而这一拉丁语单词字面上的意思就是普遍

适用的法律（common law）。[28]

正如前文所讲到的，公元 1000 年左右，欧洲的法律在地理上处于支离破碎的状态，并且在相当程度上依赖于地方法、罗马法、日耳曼法、教会法和封建法。这些完全异质的规范体系相互影响着，这导致一个乡镇与邻近的另一个乡镇之间有可能存在着差异巨大的制度鸿沟。

进入 12 世纪之后，社会情势发生了剧变，人们开始寻求全新的规范秩序。那种主要依靠地方规范进行治理，从而使得地域之间呈现出巨大差异的法律传统已经在欧洲延续了数个世纪。然而，这一时期集中涌现出来的新型社群不愿再延续这一古老的法律传统了。散布于欧洲各地的新型社群相互之间保持着相当紧密的联系，而且这些新型社群与那些地处欧洲之外的贸易伙伴之间也保持着相当紧密的联系。与此同时，移民的数量快速增长。为了应对这些突如其来的变化，某种能够有效地消弭地方差异从而方便社群之间相互沟通的新型法律呼之欲出。人们对于法律变革的渴望弥漫于社会的各个领域。例如，为了满足市政机构和王室行政组织不断增加的管理需求，公共行政领域的法律初露端倪。在这些新兴的法律领域之中，前所未有的法律秩序正处于酝酿和塑造的过程。随着经济的繁荣和文化的发展，欧洲社会中为数众多的有识之士开始将注意力转向对（实用的）知识的追求。

这一时期，欧洲各地的市政当局、王室政府和教会权威无时无刻不在努力巩固并增强自身的权力和地位，考虑到政治、社会、经济和文化情势的重大变更，他们不得不接受一种更具规范性的新思维。这种新思维似乎悄无声息地出现了，然而它却戏剧性地改变了欧洲法的整体格局。意大利北部是这场法律变革最早的策源地，由此形成的法律规范随即传播到欧洲各地。在很多地方，直到19世纪前后，甚至更晚近的时代，这些规范都具有实际的法律效力。那么，这场法律变革为什么会发生？又是如何发展的？这场法律变革对于欧洲法产生了何种影响？这就是本章所要讨论的主题。

欧洲的法学

发生于12世纪至13世纪的欧洲法律变革由三个相互关联的因素所助推：其一，古代罗马法文献的再发现与再构建（主要是《民法大全》）；其二，基于这些古代文献发展出新的分析方法（经院主义的方法）；其三，专门从事法律研究的机构（这些研究机构后来变成了大学）的大量出现。在这三个因素中，究竟哪一个最重要？长期以来，后世的历史学家们一直争论不休。是新的分析方法导致了新的知识环境的形成，还是新的知识环境导致了新的分析方法的涌现？还是说，一切都是由古代罗马法文献的再发现所引起的？抑或是说，这些罗马法文献之所以被当成珍宝，是因为当时的人们有着超凡脱俗的眼光？

学者们对于确切的因果关系并无定论，但他们一致认为，正是新的文献材料、新的分析方法和新的知识环境这三者的结合，导致了深刻的法律变革。应当说，这场变革并不纯粹是知识的变革，而且也是社会的、政治的变革。为了使自身的权力得到扩张，越来越多的封建国王开始积极投身于这场变革；借助这场变革，商业和文化活动更加集中于新兴的城市，因此，这些新兴城市的掌权者及其代理人获得了更高的政治地位；这场变革同样有利于教皇捍卫他的最高权威。全新的欧洲规范秩序不仅满足了国王、教皇、市政官员和城市居民各自的政治要求，而且塑造出一批新的专家和知识分子。他们在经济增长的大环境之下投身于学术研究，毕生以教学和著书为业。除此之外，他们也经常应邀向权贵提供法律咨询服务。

新的文献材料

数个世纪以来，欧洲的知识分子大都知道，罗马皇帝优士丁尼曾经在 6 世纪编纂并颁布了极为重要的法律汇编。[29] 但他们也知道，并没有任何一个版本完整地流传下来。这些法律汇编的不同片段在欧陆各地散播，却并没有哪一个文本得到确凿无疑的证实。当时的学者大概能够看到《法典》（历代皇帝法令）的一个缩编本，也能看到《法学阶梯》（官方教科书）的一部分，但是他们无法看到更为重要的《学说汇纂》（法学家意见的汇集）写了些什么。

大概在 11 世纪末，《学说汇纂》的一个版本突然出现在意大利北部城市波伦那。当时，坊间流传着很多关于这一历史大发现的传说谈及这个古代文献为什么会奇迹般地出现，以及促成这一重大发现的功臣究竟是谁。今天的历史学家一般认为，至于谁是《学说汇纂》的第一位发现者，可能根本无从考证；不过，这部重要的罗马法文献之所以重现天日，极有可能与前文提到的主教授职权之争（参见第四章）有关。这场争端发生在德意志皇帝亨利四世与教皇格里高利七世之间，双方主要争夺的对象就是向本地主教授以教职的重要权力。由于争端的双方都竭力证明自己的合法性，因此他们不得不诉诸残留于世的罗马法文献，希望从这些文献中找到支持本方立场的只言片语。于是，冲突的双方在这一时期展开了一场轰轰烈烈的旨在"重现"《学说汇纂》的学术竞赛。不过，双方显然无意对《学说汇纂》进行真正的还原，他们不过是通过那些了解《学说汇纂》下落的人们来垄断对《学说汇纂》的解释，以便利用这个文本达到己方的政治目的而已。

随着《学说汇纂》再现于世，很多学者开始"重建"这部由优士丁尼皇帝颁布的法律汇编。[30]他们一方面从不同渠道搜集已有的文献片段，另一方面努力寻找未曾被发现的新片段。在处理某一个具体规范的时候，如果能够汇集起来的材料相对充分，他们就把不同来源的部分拼接在一起，然后声称这种好似移花接木般的规范就是优士丁尼皇帝的原创。当时的学者们自信地认为，数个世纪以来，他们第一次正确地，并且完整地看到了优士丁尼皇帝编纂和颁行的法律汇编，而这就是传说中最经典的罗马法。

新的分析方法

78 　　12 世纪至 13 世纪的学者们对于重建文本的工作感到无比振奋，他们在此基础之上对罗马法展开进一步的研究，并且采用了完全不同于以前的分析方法，也就是经院哲学的分析方法。这种方法建立在一种预设的前提之上，即认为罗马法文本内部存在着本质上的和谐。因此，研究者应当尽力揭示和证明这种和谐关系的存在，例如，通过解释消除不同文本之间的矛盾，或是重建不同段落在意思上的关联性。

　　遵循着经院主义的分析方法，绝大多数学者首先要对文本中的术语、语序和修辞展开语言学上的分析。在对文本进行详细考辨之后，他们将得出的结论以对话的方式呈现出来，也就是先提出问题，而后予以回答。通过对不同段落进行比较，学者们形成了辩证性的思考方式和论述风格。由于一切分析都建立在"文本自身高度和谐"这一假定的前提之上，因此，学者们所要做的，就是运用逻辑工具来证明这一点。他们擅长运用的论证方法有很多种，其中之一称为"区分"（distinctio）。具体来说，就是针对两个看起来相似的文本片段提出完全不同的解读，进而证明，这两个片段尽管在表面上极为相似，但它们之间存在着本质上的区别。由于它们在本质上是不同的，因此针对它们的解读也必然是不同的，而不能说这两种解读之间存在着矛盾。于是，乍看起来充满矛盾的文本冲突得到了解决。在这样一个具有连贯性的体系当中，所有不同的部分都反映着相同的理性。

通过这种分析方法，经院学者们试图发现罗马法学家说理的一般技巧，以及他们做出价值判断的一般标准。换言之，经院学者们的目的并不是要揭示罗马法学家思考问题的特殊方法，而是要抽取导致他们得出一致性解释的幕后规则（regula）。这些学者把他们在个别例子或个案中获得的知识放到一起，希望借此理解罗马法的内核，或者说，罗马法的本质。

数个世纪以来，《学说汇纂》的文本不为欧洲人所知。因此，当12世纪至13世纪的学者们使用经院哲学的分析方法细致地解读复现于世的《学说汇纂》时，罗马法的巨大魅力瞬间便爆发了出来。需知，《学说汇纂》收录了数十位罗马法学家的各色观点，其中蕴含着大量的分歧和矛盾。对于经院学者来说，这是一个极为理想的分析对象，因为他们可以从中找到足够多的区别，并借此对罗马法中的术语、概念和标准加以阐发。

为了更好地使用新的分析方法，经院学者们需要针对重要的文本进行注释，详细地记录他们对于特定文本的考察和辨析，包括相关文本中的特别术语、文本的排列顺序，以及文本的真实意义。毕竟，学者们首先必须确保他们所研究的文献材料是准确无误的。如果不能做到这一点，那么所有的阐述都将建立在错误的证据之上，最终也将归于谬误。鉴于学者们对原始文本的格外倚重，新的研究方法意外地促成了他们在古代文献学上的成就。简而言之，文本重建与文本注释这两种学术工作互为表里、相互支撑，共同得到了发展。

从 12 世纪到 16 世纪（也就是欧洲的新法律科学的形成时期），一代代的学者（也就是现在我们所说的法学家）展开关于罗马法的原则、术语和结构的一系列论辩。尽管他们以诠释古代的罗马法文本为业，但他们绝非重新复述了罗马法，而是重新发明了罗马法。中世纪的法学家找到了一些新的方法来切入、分析和回应法律问题。对于后人来说，经院学者诠释罗马法的活动已经被载入了罗马法发展的史册。尽管 15 世纪至 16 世纪的学者强烈反对他们的观念（参见第七章），但这些后世学者却无法否认经院学者的贡献，因为他们已经为欧洲法谱写了全新的篇章。

新的知识环境

中世纪后期，欧洲出现了以教学和研究为主业的大学。这一时期，从事法学研究、参与学术辩论的学者们大都曾在这些大学里修习或讲授法律。至于大学出现的具体时间，今天的历史学家依然搞不清楚，有人说大学属于古代传统的一部分，但也有人认为，大学完全是中世纪的新生事物。古代后期的欧洲也曾存在很多学校，这些学校教导学生的目的在于让他们获得一技之长，以便将来能够从事某项特殊的工作。这些学校的教学内容包括语法学、辩证法（推理之术）、修辞学（论辩之术）、算术学（数字的研究）、几何学（形状的研究）、天文学和音乐。从公元前1世纪开始，或者比这还要更早一些，罗马也出现了一些经常有法学家出没的公共场所。当然，这只是一种极为不正规的法律学校。到了公元5世纪早期，讲授法律的学校已经相当正规了，皇帝授予这些学校以教授法学知识的专属权利。

　　进入6世纪之后，欧洲各地出现了大量的修道院学校。这些学校先是自发地涌现出来，后来才得到了教皇和皇帝的官方支持。这些学校也向学生传授诗歌、天文学和数学等知识，但学校的宗旨并不在于传授这些知识，而在于帮助学生们正确地理解宗教的经典文本。某些学校也会教授修辞学或罗马法。8 ⁸⁰世纪末至9世纪初，圣公会的学校和教区的大教堂学校开始出现在欧洲各大城市的中心地段，它们也向学生教授与修道院学校十分类似的各种课目。

　　到了12世纪至13世纪，旧式和新式的知识中心并驾齐驱。由于欧洲各个城市大都出现了经济繁荣、人口膨胀的景气状况，城市气氛也随之变得活跃，大量的人群前往城市中心聆听著名学者的演讲。因此，为数众多的学者聚集于某些由城市当局依法辟划的场所，公开进行他们的学术活动。久而久之，学者们在这些场所捉对辩论或扎堆演说的场景，也就变成了城市中一道亮丽的风景线。巴黎、波伦那、图卢兹和牛津等城市的大学因为宽泛的授课范围和优秀的教学质量而名声大噪，吸引众多学生和教师远道而来。人们在这些被称为"普遍学习"（studium generale）的学校几乎可以学到任何知识，其中自然包括神学、医学和法学。后来，这些知识生产的中心被城市法赋予实体性的法律地位，就转化成为"大学"（universities）了。

与旧式学校相比，大学最为重要的特点在于它是真正"泛欧洲化"的知识生产中心。大学中的教师和学生大都是从欧洲各地慕名而来，而且，他们经常会从一所大学流动到另一所大学。所有大学的通用语言都是拉丁语，所有大学的课程体系和教学方法也都十分相似。那些自诩为"世界人物"的教皇和皇帝们当然也十分乐于建造这种跨地域的知识中心，不过他们对于大学的热情支持可能与城市当局的想法截然相反。对于城市掌权者来说，他们治理的城市里突然涌入一大批贫穷的、一文不名的、在很多人看起来毫无价值的教师与学生，可能根本算不上是一件好事。那些往昔曾经通过向教师派发上岗许可证来垄断地方教育大权的主教们也经常激烈地抨击新出现的大学。尽管如此，大学还是越来越繁荣。到了15世纪中叶，位于现在的意大利、法国、西班牙、葡萄牙、英格兰、苏格兰、捷克、奥地利、德国、比利时、克罗地亚、匈牙利和波兰等国家的大约六十多个城市都拥有一所本地大学。

大学是滋生和繁育学者的温室。这些学者不仅过着一种与众不同的生活，经营着一种与众不同的生意，还向公众传播着他们思考问题的方式。他们凝结成一个"知识分子"的团体，也就是一个专门以教学和研究为志业的社会阶层。随着民族国

家的诞生以及城市权力的不断强化，越来越多的知识分子将进
入重要的政府职能部门，并占据重要的岗位。因此，对于当时
的年轻人来说，在大学中学习意味着更好的职业发展前景。为
了获得足够的知识储备以便将来出人头地，前往大学求学的经
历值得他们预先花费一些金钱和时间。对于中产阶级来说，进
入大学学习有益于使他们避免落后于时代的快速发展。与此同
时，大学还催生出全新的城市贵族阶层，他们并非因血统而尊
贵，而是因为在知识上取得了重大成就而变得荣耀。[31]

　　在这些知识分子中间，专门以法律为研究对象的那一批人
就成了法学家。从 12 世纪到 14 世纪，在大学中从事教学和科
研的法学家作为"术业有专攻"的典型代表，拥有极高的社
会声望，他们因此变成社会各界渴求的顾问。当时的人们普遍
认为，法学家是通晓法律事务的专家，他们可以在司法审判中
提出建议，也可以直接为当事人辩护，还可以帮助市政当局和
封建君主扩大他们的管理权限。法学家能够发挥的社会功能因
时因地而异，但总的来说，各式各样的法律事务大都离不开法
学家的居间斡旋。

新的系统如何运转？

　　新的文献材料、新的分析方法和新的知识环境，这三者的
结合造就了新的法律体系。直到 13 世纪中叶，那些大学里的
学者们仍然热衷于解读和分析古代的罗马法文献，并且享受彼

此之间就不同观点展开激烈辩论的过程。他们之间的辩论通常是口头进行的，但有些学者偶尔也会把不同的意见记录下来，这便形成了所谓的"注释"（glossa）。通过注释，我们可以看到某些辩论的过程。注释一般是穿插在正文的字里行间或标注在页边空白处的简要文字，这些文字要么是针对正文中的内容、术语、原则和要点进行阐释，要么是提出一些问题，要么是把正文中的某一个段落、语句或词汇与出现在其他地方的相应段落、语句或词汇进行联系和比较。注释的作者们（注释法学家）非常忠实于经院主义的分析方法，为了协调那些存在于不同文本之间的矛盾，他们想尽办法把那些看起来缺乏连贯性或缺乏一致性的文字解释通顺。注释本来是依附于正文的文字，但注释本身也经常被交叉引用。更为重要的是，中世纪法学家通过注释发展出一套全新的法律术语体系、全新的法律分类方法，以及全新的法律思维方式。

12 世纪有一位在波伦那大学教书的学者名叫罗格里乌斯（Rogerius），他曾经写过一则简短的注释，扼要地道出了这一时期注释法学家的思维方式。[32]罗格里乌斯在分析《法学阶梯》（产生于 6 世纪的法学教科书）的时候指出，这部名著将"正义"界定为"赋予每个人其应有权利的永恒不变的渴求"。但是，《法学阶梯》为什么在这里专门使用了"渴求"（desire）一词，而不是用某种更具实践性的词汇取而代之呢？罗格里乌斯认为，这一措辞并非源于不经意的取用，而是作者蓄意为之，其深刻的用意在于向学生们传达这样一种理念：即使在实践中无法真正达到分配正义，人们也要有这样的愿望；而且人们只要有了这样的愿望，那么所做出的行动就符合正义的标准。借助这样一则注释，罗格里乌斯确立了"意图"在交互性法律行为中的重要性。他指出，一个人实际做了什么以及他所做之事造成的实际影响固然很重要，但一个人投身于某一行动的精神状态（意图）也具有同等的重要性。

接下来，罗格里乌斯还发现，根据《法学阶梯》的记载，"正义"蕴含着三个重要的方面：正直生活、勿伤害他人、各得其所（保证每个人都能得到他所应得的）。那么，"正义"为什么包括这三条准则，而不能概括为一条准则呢？这三条准则之间的区别和联系又是什么呢？罗格里乌斯认为，第一条准则（正直生活）所防范的是每一个人内心的罪孽（sins）；与此相反，第二条和第三条准则（勿伤害他人、各得其所）所防范的则是针对他人的犯罪。对此，他解释道，由于针对他人的外在犯罪经常发生，而且表现得更为剧烈，因此需要用两条准则重复约束。然而，罗格里乌斯认为，这两条准则也并不是完全相同的。事实上，在现实之中存在着两种伤害他人的具体方式，其中，"勿伤害别人"（这两条准则中的第一个）指向"作为"的方式；而"各得其所"（这两条准则中的第二个）则指向"不作为"的方式。

通过对《法学阶梯》中的某些句子进行分析，尤其是对在这些句子中反复出现的词语进行推敲，罗格里乌斯总结出了一些至今仍被人们运用的最基本的法律分类。此外，他阐明了

"意图"的重要意义，澄清了"做出错误行为"和"没有做出正确行为"（作为与不作为）之间的区别。所有这些都不是仅仅通过阅读罗马法文本就必然能够得到的知识，然而，反复、认真地进行文本分析，的确让罗格里乌斯获得了某种灵感，促使他构想出一种对法律现象进行重新分类的新方法。

从 12 世纪后期开始，一些学者开始把学界热衷讨论的法律问题汇集起来，并且将它们结集出版。由于法学家常常在一些真实或虚拟的案例中提出自己的问题，而后将他们思考的过程和讨论的要点记述下来，最后再罗列出各种可能的解决方案，因此，汇集在这些"问题集"当中的往往是来自于法律实践的知识，而并不是纯粹的理论。另一种大型的注释汇编类书籍被称为"工具集"（apparatus），其中竟有个别作品收录了十万条以上的注释。再有，就是被称为"要点集"（summae）的出版物。这类作品往往是围绕某一部特定的文献（例如具有教科书性质的《法学阶梯》）进行专门讨论的文集。另外，当时流行的出版物在形式上还有"评论集"（commentum）和"文献集"（lectura）等，它们通常是对原始文献进行复原的作品。

从 14 世纪开始，法学家们获得了更广泛的学术自由，他们逐渐摆脱了原始文本对于思想的束缚，专注于推演和论证各式各样的法律原则。他们十分关心这些从罗马法文本中抽象出来的法律原则的实用性，相比之前的法学家而言，他们对于考源性的问题远没有那么关心。事实上，14 世纪的法学家们所做的推演和分析并不是基于罗马法的原始文本，而是基于之前法学家的注释。

这一时期的法学家创造了新的书写体裁，也就是"建议集"（consilia）。这种体裁最早发源于古罗马的司法审判活动，是裁判官就特定案件适用法律的问题而书写的意见和建议。14世纪的法学家时常接受某一案件的当事人或利益相关人的请求，为他们撰写"建议"；在得到法学家的"建议"之后，这些当事人会根据"建议"来安排他们后续的行为，以便解决正在遭遇的棘手状况。这些作品充分展现了中世纪法学家特有的独创性，他们将"象牙塔"里酝酿出来的法学理论创造性地运用到人们的日常生活之中。法学家通常是受到他人雇佣的"枪手"，无论是就真实案件发表意见，还是就虚构案件发表意见，他们的任务就是为客户遇到的麻烦找到最佳的解决方案。久而久之，法学家们以"枪手"身份提出的各种建议竟然变成了一种重要的法律渊源。他们出具的许多法律意见有着清晰的思路和完美的表达，于是人们就把这些法律意见当成具有权威性的法律规范来遵从了。

这一时期最为著名的法学家莫过于来自于萨修费拉托的巴托鲁斯（Bartolus of Saxoferrato，1313年至1357年在世）。巴托鲁斯是一位极其高产的法学家、法学教师和法官，他发表的专著涵盖各式各样的法律问题，他还撰写了大量的法律评论，并且在很多案件中为当事人提供辩护。巴托鲁斯就当时一些最重要的问题发表了法律意见，例如，德意志皇帝对于意大利的部分地区是否享有合法支配权力的问题、不同司法管辖权之间发生冲突的问题、认定公民身份的问题、嫁妆归属的问题，等等。他在一篇经典的论文中探讨了与河流有关的法律问题，特别是河流流域变迁可能导致的所有权与管辖权的变化。巴托鲁斯指出，尽管河流是具有法律意义的分隔物，但是河流变迁本身具有自然恒定的性质，因此法学家必须特别注意这些自然变化会产生怎样的法律后果。他最终得出结论，河流有可能造成土地的增加或减少，这将对河流沿岸土地的所有者产生影响，他们的财产权利将因此扩大或缩小。巴托鲁斯还认为，如果这些河流发生变化的速度足够缓慢，以至于在变化期间产生了新的风俗习惯，或是产生了新的关于土地调整的法律规范，那么沿岸土地的所有者对于其领土的管辖权也将随之扩大或缩小。

84 　　这是一个具有革命性的结论，因为与巴托鲁斯同一时代的大多数法学家认为，财产权可以持续不断地发生增减，但针对领土的管辖权则是永恒不变的。巴托鲁斯发明了一个全新的规则（司法管辖权可以变动），或者说，他对于什么是"领土管辖权"，阐发了一个前所未有的新观念。他认为，领土管辖权不应被理解为一种自然存在之物。事实上，领土管辖权的存在取决于个人或社群与自然空间的动态关系，它必须有效地回应各种挑战，必须适应每一个时代的人们所提出的具体需求。因此，领土管辖权也必须适应因城市和国家的扩张所造成的必然结果，即城市和国家不断刷新他们对于边界的划定。在巴托鲁斯看来，无论是财产权还是领土管辖权，都是被人为创造出来的，并且可以因人类活动而改变。对于新的时代来说，这一观念不仅拥有强大的解释力，而且能够在实践当中得到具体的运用，以至于这一观念很快就成为了世所公认的标准。

教会法

发生在中世纪大学里的学术讨论究竟起始于针对罗马法文本的研究，还是起始于针对教会法文本的研究，抑或是同时起始于二者？对此，历史学家们长期以来都无法形成一致的意见。撇开对"谁在先，谁在后"这一问题的较真，很明显，经院哲学的分析方法以及对于原始文本的高度关注不仅适用于罗马法的研究，也适用于同一时期的教会法研究。因此，教会法学家的首要任务同样是重建法律的实体（corpus）。为此，他们需要搜集各种相关文献材料，尤其是把那些流传范围较大的、权威性较高的文献版本汇集起来（参见第三章），以便从中抽取可靠的教会法规范。

在 12 世纪，格拉提安成功地完成了一部教会法的汇编。格拉提安（他可能也使用了以前学者的著作）收集、审查、挑选和整理了来源不同的教会法规范（圣经、主教公会的立法与决议、教皇的决定、教会神父和早期圣徒的著作）。[33]他从逻辑上把这部教会法汇编分为三大组成部分，包括列举不同规范的来源，描述教会的等级制度，并指出这一等级制度之下的活动规则。这部教会法汇编还包括繁多的内容，诸如司法程序、教会财产、宗教秩序、婚姻、罪、悔改和忏悔等方面的规范，不一而足。宗教问题和法律问题在这部作品中被编织在了一起，不过很明显，关于法律问题的论述在全书中占据主导地位。

不过，这部教会法汇编（*Concordia Discordantium Canonum*，字面意思是"针对矛盾的教会法的协调"，后来也被简称为 *Decretum*，即《格拉提安教令集》）并不具有官方属性。尽管如此，这部教会法汇编却得到了人们的笃信和践行，其权威性丝毫不亚于任何官方颁布的教令集。这一时期还有很多教会法汇编涌现出来，其中最重要的是 13 世纪的《额外之书》（*Liber Extra*，也被称为 *Decretales*，因为其中汇集了《格拉提安教令集》五卷之中未能收录的教会法规范）、《第六书》（*Liber Sextus*）以及 14 世纪的《克莱门特汇编》（*Clementinae*）。到了 16 世纪初，这些教会法汇编被合并为一部巨著，名曰《教会法大全》（*Corpus Iuris Canonici*），与优士丁尼皇帝曾经颁布的《民法大全》（*Corpus Iuris Civilis*）相齐名，又保持着性质上的区别。[34]

伴随着罗马法研究的逐渐深入，教会法学者确信，他们已经找到了真正的教会法，并由此展开了长达数个世纪的分析、注释和研究工作。需指出，格拉提安开创了中世纪后期教会法研究的先河，他在《教会法简编》（*dicta*）一书中明确指出：一切研究工作的目的就是为了对各种矛盾加以阐释，以便使教会法的体系在整体上变得和谐。其他学者迅速接受了这一原则。同样受到经院主义方法的引导，教会法学者可以与研究罗马法的学者进行深入的切磋，他们开始对教会法的文本进行注释、评论，并在此基础上撰写关于教会法的专门论著。此外，他们还发展出教会法的术语体系，抽象出教会法的基本原则，并且对教会的司法审判程序进行体系化的发展。总的来说，教会法和罗马法经历了高度相似的发展历程。随着时间的推移，二者彼此契合的程度越来越高，以至于人们有时真的很难将二者清晰地区分开来。

时至 12 世纪至 13 世纪，"罗马—教会"模式的庭审程序（ordo iudiciarius）作为教会法与罗马法相互融合的一个典型范例出现在法律实践的领域。[35]在教会彻底废除神明裁判之后，这种与罗马时代的特别诉讼（cognitio）十分相似的庭审程序开始大规模地兴起。教皇率先在罗马教廷采用这种庭审程序，继而是各主教法庭，随后是各种不同性质的世俗法庭，包括王室法庭、封建法庭和城市法庭，纷纷采纳这种庭审程序。除了教会之外，那些在欧洲各所大学中任教的罗马法学家和教会法学家也是导致这种庭审程序快速崛起的幕后推手。应当指出，这种庭审模式不仅建立在优士丁尼皇帝颁布的《民法大全》之上，而且受到了教会法的深刻影响，从某种程度上来说，这种庭审模式也可以被理解为建立在历代教皇持续不断颁发的教令和教规的基础之上。

封建法

这一时期的学者不仅把罗马法和教会法作为学术研究的对

象，他们同样把好奇的目光投向了具有封建属性的各种法律制度。大概从 12 世纪开始，这些学者就明确提出了"封建法"的概念，并认为这种类型的法律早在 8 世纪就存在于欧洲各地了。这种类型的法律一方面调整领主与封臣之间的关系，另一方面也调整不同领主之间的关系。具体来说，封建法界定了什么是领主，规定了领主应当承担什么样的责任，什么样的人可以成为封臣，以及封臣对领主负担什么样的义务。封建法还规定了领主针对封臣的司法管辖权、封建法庭的审判程序，以及如何解决不同的领主因为主张同样的土地或封臣而发生的冲突。与罗马法和教会法不同，封建法关注的是典型的具有封建属性的法律问题，例如土地使用权限的问题，或是遗产继承的问题，等等。

封建法成为一个专门研究领域的时间与我们所了解的罗马法和教会法的学术起源时间十分接近，它们甚至有可能是在同时出现的。大概早在 11 世纪，已经有学者开始探讨封建法的话题。不过，直到 12 世纪中叶，一部名为《封建之书》（*Libri Feudorum*）的权威著作问世之后，学者们对于封建法的研究热情才被彻底点燃。这部编纂于现今意大利的重要著作汇集了来自封建法庭的大量判决，同时也汇集了各地的封建习惯、立法文件和司法文书。时至 13 世纪，关于封建法的学术著作呈现爆炸性增长的趋势，这一时期甚至出现了毕生只为封建法撰写注释和评论的专门学者（feudists）。

随着越来越多的封建法著作涌现出来，中世纪欧洲的大学开始将封建法视为重要的研究对象，这导致封建法渐渐出现了罗马化的倾向。也就是说，大学里的学者们不由自主地使用罗马法中的术语、分类和推理方法对封建法进行探讨、分析和解读。由此，封建法和罗马法开始发生紧密的结合，二者在法律实践中几乎难分彼此。一个明显的例证出现在 13 世纪，当时有一些学者竟然把《封建之书》当作《民法大全》的一个附件放在全书末尾，并且对二者进行一体性的注释。此外，罗马法对于封建法的影响还体现在具体内容的层面，例如，封建法庭的法官可以使用罗马法上的所有权（dominum）概念来解释领主与封臣之间的关系。他们认为，领主对于分封之土地享有直接所有权（dominum directum，即对土地进行直接管辖，包括征收赋税以及行使其他权力），而封臣则享有用益所有权（dominum utile，即使用土地的权利）。

　　为什么生活在 12 世纪的学者们对封建主义产生了如此强烈的研究热情？而这对于今天的历史学家们来说，仍是研究最薄弱的问题之一。正如第四章提到的那样，当这批学者刚刚开始对封建法产生研究兴趣的时候，事实上，封建主义这种生产和生活的方式已经普遍地衰落了。不过，这一时期，欧洲各地仍然不同程度地残留着具有封建属性的制度。随着王权扩张、经济繁荣、城市崛起等情况的出现，封建领主的实际支配力已经大不如前了，非自由民在数量上也比以前减少了很多。有些历史学家认为，今人对于封建主义的认识之所以是扭曲的，很大程度上应当归咎于 12 世纪这批狂热的学者。事实上，这批

87

学者关注封建法的原因并不难解释：他们出于当下的目的重新构建了封建的历史。因此，我们不应当轻信他们对于封建主义的任何描述。通过回顾封建主义的历史，12世纪的学者总结出领主、国王与其臣属之间的法律关系，总结出司法管辖权扩张的途径，以及领主享有的土地权利。所有这些内容之所以在当时显得那么重要，恰恰就是因为封建主义已经走向衰落了。除此之外，通过研究封建法，这批学者顺理成章地将"公共权力"概念化为统治者与被统治者之间的一种契约，双方须根据契约承担相应的义务。根据这一理论，如果国王无视契约中自己应尽的义务，那么他就变成了暴君，而他的臣属就可以合法地推翻暴君的统治。简而言之，通过对封建法的研究，这批学者归纳出一些基本的法律要素，这些要素未必是针对封建历史的准确描述，而是基于12世纪至13世纪的人们为了理解和把握他们当下社会状况而产生的一种构想。

共同法

中世纪欧洲的学者们在各地的研究中心或是大学里从事对于罗马法、教会法和封建法的研究，基本上都因循着同样的套路，即运用经院哲学的分析方法针对事先重建的文本进行系统的阐释。欧洲法的规范性因此获得了革命性的改观，一种思考、分析和讨论法律问题的新方法被创造了出来。尽管学术界一如既往地聚讼纷纭，但是，即便在激烈争论的过程之中，法学家们依然使用着彼此可以理解的共同的术语、概念、方法和技术。

　　学者们创造了一个极为复杂的知识体系，这同时也是一个复杂的组织体系和阐释体系。这个体系向人们提供解决各种法律问题的方案和办法，例如，向争议的双方指出谁享有土地使用权，或是指出谁应当享有某种特定的社会身份。更为重要的是，这个体系赋予人们全新的法律观：尽管欧洲不同地区的风俗习惯千差万别，但到了法律的层面上，就不能因时而异、因地而异，更不能因人而异。这是因为，法律是基于理性的体系。这意味着，法律体系在适用上具有毋庸置疑的普世性，正因如此，这样的法律体系才能被称为"共同法"（ius commune）。从字面上来看，"共同法"就是指对任何人都能够产生效力的规范体系。[36]

　　这一被称为"共同法"的全新规范体系蕴涵着数个世纪以来由法学家和法律实践者共同创造的法律知识。与形成于古罗马时代（包括共和国和帝国这两个历史时期）的古典罗马法相比，中世纪的共同法已经截然不同了。尽管可以认为，中世纪的共同法受到了古典罗马法的重大影响，但它在范围、方法、目的和解决问题的手段等方面都体现出了完全不同的新鲜气质。不过，仍需承认，中世纪的共同法依然保存了古典罗马法的某些重要秉性，例如，法学家始终处于法律创制的最前沿；再例如，法学，或者说关于法律的科学，在实践中始终是最为重要的规范来源。

88

共同法的传播

　　新的法律科学在欧洲各地的大学中成为炙手可热的研究对象，它追随着中世纪知识分子的脚步，不断地从一个城市流动到另一个城市，同时追随着那些受雇于市政机构、王（皇）室政府、教会的学者们的笔杆子，不断浸染着这些把握着实权的政治组织。最终，随着印刷术在欧洲的广泛运用，关于共同法的大量论著迅速传播开来，这一全新法律科学的影响力波及了整个欧洲。一开始，共同法的影响只局限于欧洲的某些地区；最晚不超过 16 世纪，共同法已经传遍了欧洲的每一个角落。[37]

　　共同法的传播起初得到了各国世俗统治者以及市政当局的鼎力支持，因为他们相信，新的法律科学不仅有助于巩固他们既有的权力，而且可以有效地帮助他们不断扩大这些权力的范围。正因如此，13 世纪的卡斯蒂利亚国王阿方索十世将共同法写入了王国的制定法。他命令幕僚把共同法与本地的教会法、地方法重新汇编在一起，形成了名为《七编法典》（*Siete Partidas*）的著名作品。之所以如此命名，因为这部法典具体包括了七个篇章。这部法典在颁布之初并未收获良好的口碑，当时的人们认为它过于激进，因为它居然把学术性的法律意见当作法律规范加以适用。直到 15 世纪（共同法还通过其他途径渗透进来，例如借助本地建立的大学或是法学家们的传播），

《七编法典》才真正成为支撑卡斯蒂利亚王国法律体系的中流砥柱。不过，到了这一时期，卡斯蒂利亚的国王们不再乐于坐视共同法对本国法律的渗透，他们开始对共同法心怀恐惧，因为他们发现，共同法已经完全超出了他们的控制。卡斯蒂利亚的国王们开始效仿古代的罗马皇帝，对法学家的活动进行严格限制，以防范共同法继续扩散和蔓延。此外，他们还针对各种法律渊源建立了一个严格的等级体系，王室法律的位阶最高，其次是本地的习惯法（fueros），最后才是《七编法典》。[38]这里的国王们决定，如果没有经过他们的批准，新的共同法原则将不被采纳。然而，这些限制措施最终都归于失败了。事实上，到了这一时期，共同法倡导的一般性方法早就已深入人心，大多数人笃信，这便是处理法律问题最合乎逻辑的方法。无论是否得到国王的批准，共同法都不会失去效力，因为它蕴含着无数种可以让法律问题迎刃而解的思路和方法，对此，任何一位法官或律师都无法做到熟视无睹。

新的法律科学与既有的旧法

直到最近，历史学家们才倾向于把共同法视为一种针对特定问题提出具体解决方案的实在法。事实上，有很多学者曾经认为，对于诸如地方法、城市法、王室法和教会法这些既有的旧法来说，新生的共同法不能与之并立，只能先颠覆它们，然后取而代之。根据这种观点，当共同法在欧洲范围内传播开来之后，各地的当权者、法学家以及普通民众必须在新生的共同法与既有的旧法之间做出非此即彼的抉择，因为同时遵从新法与旧法是完全行不通的。这种观点一度成为主流学说，不过迄今为止，这个学说已经被大多数历史学家摒弃了。目前的主流观点认为，共同法作为一种在象牙塔里发展出来的新法，并未完全取代旧法；不过，共同法的确凌驾于这些旧法之上；借助体系化的解释方法，共同法卓有成效地把那个由旧法搭建起来的规范秩序进行了彻底的翻新。

根据这一学说，新生的共同法与既有的旧法长期处于相安无事的共存状态。有些例证表明，真实情况很可能的确如此。例如，那些创造"共同法"概念的法学家们曾经把包括地方法、本地立法、本地教会法、封建法在内的旧法统称为"特别法"（ius proprium，一种仅能适用于特定区域和特定人群的法律）。从共同法中汲取法律知识的法学家们无意于铲除这些特别法，他们只是希望对特别法进行重新解释，一方面尽可能消除特别法在不同地域之间的巨大差异，另一方面努力协调特别法与共同法之间的矛盾，使二者能够和谐共处。为此，法学家们指出，虽然特别法能够针对特定地区的法律问题提供具体的解决办法，不过，无论是法律问题，还是解决办法，都必须经过由共同法中抽象出来的方法加以分析和检验。此外，如果特别法没有能力解决某一个新出现的法律问题，那么共同法就可以化身为实在法意义上的"一般法"（lex omnium generalis），并介入进来，为这个问题提供相应的解决办法。简言之，共同法是一个百宝箱，其中蕴涵着丰富的法律术语、概念、程序和分析工具，摆在法学家或法律实践者面前的，无论是地方法、日耳曼法、教会法、城市法、封建法或是王室法，他们都可以从容不迫地调用共同法内蕴的法律智慧，使问题迎刃而解。同时，特别法则被视为共同法的一种"地方表达"，或者说，是普世规范的一种"特殊形式"。 90

欧洲各国的君主竞相雇佣法学家，让他们协助统治；城市政府也大规模聘用法学家，让他们为城市治理出谋划策。久而久之，共同法扩散到欧洲各地，在很大程度上改变了各地特别法原有的风貌。法学家要为大权在握的雇主们提供立法和司法上的建议，除此之外，他们还致力于对本地既存的旧法进行收集、整理和汇编的工作。他们将本地的各种制度、程序和规范汇集成册，并且刊印颁行。借助这一学术加工的过程，共同法的分析方法和判断标准在无形之中已经融入了各地的特别法。法学家不断努力对特别法进行同化，试图使其变为一个与共同法相同步、相兼容的规范性秩序。经过一段时间，人们就很难从这样的规范性秩序中分辨出哪些属于特别法，哪些属于共同法了。这一时期，那些为共同法代言的法学家不再热衷于重建和解释古代法律的原始文本，他们将注意力集中于改造各地的特别法。通过解答疑难问题、向公众提供咨询、参与法庭调查、记录各地风俗习惯等多种多样的工作方式，这些擅于运用新法的法学家彻底改变了各地既有的旧法。

通过一个涉及"身份归化"问题的司法辩论，我们大概可以领略到当时法学家的思维脉络。意大利很多不同地区的地方法允许满足特定条件的人归化入籍。与此类似，罗马法也规定了外邦人归化为罗马市民的种种条件。为了解决什么是归化、归化需要满足何种条件等问题，法学家们通过比较这两种不同的法律渊源，发明出一种全新的理论。这一理论认为，身份归属问题往往与出生和死亡联系在一起。因此，每一个人从出生开始便自然地归属于一个特定的群体。如此说来，所谓归化，就意味着一个外来人希望改变他的自然属性。如果这个外来人来到某地，生活了足够长的时间，并且能够表明长期定居于此已经对他本人产生了足够大的影响，那么他的自然属性就可以被认为已经发生了改变。从这一理论出发，法学家列出了归化所需具备的条件、举证的类型和内容，以及哪些证据可以被推定为已经存在。这些法学家还宣称，意大利不同地区针对"身份归化"问题的实践虽有不同，但它们事实上都是从这一共同规则出发的"地方表达"。

据此，今天有些历史学家认为，这一时期法学家的工作方式大体如下：他们首先要对身边的实际情况进行细致的观察，而后借鉴并援引罗马法中的概念和分类，对这些情况进行学理上的分析，最后形成一些理论化、抽象化和体系化的法律原则。回到我们方才所举的例子，意大利不同地区对于"身份归化"的处理各不相同，有些地方要求外来人必须与本地人结婚，有些地方要求外来人支付最低税额，或是强迫他们在本地置办不动产。然而，对于法学家来说，这些处断上的差别其实是无关紧要的，因为所有表面上不同的处断最终都会通向完全一致的结果。事实上，所有这些处断都没有背离"归化"的本义。也就是说，谋求归化的人无论通过何种手段，最终都改变了他原本的自然属性，不再是一个真正的外来人。

今天的历史学家们相信，中世纪法学家所要做的并不是去理解古代罗马的法律，而是致力于发展出一种能够将当时并存于欧洲各地的多种法律渊源和法律制度妥善整合起来的方法。他们主要的任务也并不是诠释古代的法律文献，而是将散布于各处的罗马法、日耳曼法、地方法、封建法和教会法打造成为一个能够普遍通行于欧陆各地的完整的法律体系。这一努力的最终结果，就是共同法的形成。

结局

法学家们创造的新方法并非全然是抽象的，这些新方法也并非只影响到欧洲的统治阶层。事实上，这些新方法也扩散到偏远的村庄，渗透到基层社会，影响到普通人的日常生活。中世纪后期，在西班牙与葡萄牙边境的小村庄里，普通农民经常为土地使用权发生冲突。尽管他们不太能够使用正确的法律术语（占有）来阐述他们享有土地权利的原因，但是关于土地权利的共同法原则依然相当完整地呈现在类似的案件之中。共同法告诉他们，如果他们在一段足够长的时间里持续地利用一块土地，期间都没有受到对方的质疑，那么他们就对这块土地享有相应的权利。或者说，如果对方一直保持沉默，就意味着同意他们利用这块土地。这一结论涉及法律上的推定（在通常情况下，法律将沉默视为同意）；同时也包含着另外一层含义：如果对方认为他们侵犯了这块土地，并且试图用武力将他们赶走，就意味着对方并不同意他们利用这块土地。

这些在法庭上慷慨陈词的普通农民目不识丁，他们未曾学习过法律，在庭审之前也未曾接受过律师的指导。然而，他们提出的理由却与那些熟谙共同法的法学家们所能提出的理由惊人地一致。这说明，共同法并不是脱离实际的空洞学说，而是法学家们对大量的习俗和做事方法进行调查研究之后形成的抽象规则。

我们尚不能断定，中世纪的普通农民通过什么途径掌握了这些法律知识。其实就连他们自己也未必能说清这些法律知识的来源。不过，当被问及为什么相信某些规则具有法律效力的时候，他们解释说，他们所援引的都是自然的、普遍的规范，因此也是无需论证和解释的规范。显然，上升到这一层面，共同法的规范的确已经被人们当作一种最合乎逻辑的，也是最合乎理性的准则。因此，当时的欧洲人真诚地接纳了共同法，他们相信，共同法就是全人类所共有的永恒不变的真理。

发端于 12 世纪的法学研究最终引发了欧洲规范体系的重大变革。无论有没有得到相关政治权威的认可，也无论有没有强制执行力作为后盾，共同法在法学家的努力之下征服了整个欧洲。法学家们深信，共同法拥有凌驾于其他法律渊源之上的地位。在共同法理念的支配下，法学家们开启了对旧法秩序的重新思考，并试图将这些旧法重整一新。迄至这一法律变革运动的尾声，共同法不仅传遍欧洲的乡村、市井与宫廷，而且渗透到社会生活的方方面面，真可谓是无所不至！

第六章
英国普通法的诞生

　　直到 5 世纪之前，英格兰都是罗马帝国的一部分，生活在这里的罗马人、罗马化和基督教化的本地人，以及作为原住民的凯尔特人共同组成了英格兰社会。罗马法适用于这一时期的英格兰，并在不同程度上影响着这里的罗马人和罗马化的本地人。至于接下来发生了什么，学者们莫衷一是。今天的很多历史学家认为，罗马军队从英格兰撤走之后，无论是罗马法还是基督教，都从这个岛屿上彻底消失了。不过也有历史学家并不这么认为，他们指出，罗马法和基督教并未因此消失，而是继续存在于英格兰，尤其存在于西部地区凯尔特人的族群当中。

　　且不论 5 世纪的情况究竟如何，今天大多数的历史学家大概都不会否认，到了 6 世纪晚期，罗马法和教会法在基督教传教士的努力之下从欧陆卷土重来，再度流行于英格兰。同一时期登陆英伦的还有日耳曼法。不过，完成这一使命的并非基督教的传教士，而是前赴后继入侵英格兰本岛的日耳曼族群。客观来说，从 7 世纪到 11 世纪，法律在英格兰的发展并没有呈现出与欧陆地区的显著不同，地方法、日耳曼法（包括丹麦法）、教会法和罗马法并驾齐驱的这一幕也在英格兰上演着。

有很多证据都能表明这一时期英格兰法律的复杂性。例如，在 11 世纪，位于坎特伯雷的学校公开教授罗马法，与此同时，针对各种侵害行为的"盎格鲁－撒克逊式"赔罚则开始转化为成文法。[39]很显然，赔罚的目的是用金钱来替代血仇。有些学者认为，这类规范的成文化意味着基督教和罗马法对英格兰的影响越来越大。当然，也有学者并不赞同这种观点。6 世纪至 8 世纪之间，盎格鲁－撒克逊人在捐赠或订立遗嘱的时候经常把教会法（ius ecclesiasticum）规范奉为神圣的指引。此外，大概从 7 世纪开始，他们在解放奴隶的记录上也会大量援引教会法的内容。到了 9 世纪，基督教的影响越来越明显地体现在法律救济的方式上，很多纠纷都是通过直接引用《圣经》得以解决。[40]同样在这一时期，王室裁判当中经常出现那些发源于罗马法的术语，而在那些通过宣誓形成的契约之中，罗马法的元素也并不罕见。公元 7 世纪至 8 世纪的盎格鲁－撒克逊人在处理土地纠纷时，模仿了当时罗马教廷适用的诉讼程式，不过在这种从意大利舶来的法律制度当中，似乎也夹杂着法兰克人和凯尔特人的风俗习惯。时至 9 世纪，用本地方言（古英语）写就的成文法数量大增。此外，盎格鲁－撒克逊人在法律实践中对于罗马诉讼程式的运用也比此前更为频繁。

除了教会法与罗马法之外，封建法的各种制度也逐渐传到了英格兰。诺曼征服（1066 年）之后，盎格鲁－撒克逊人的成文法较为明显地体现出封建化的趋势。不过，有学者认为，

94

这种趋势早在诺曼征服之前，就已经普遍存在于英格兰。《四章书》（*Quadripartitus*，大概制定于1108年至1118年）是一部形成于12世纪初的文献汇编，迄今只留下若干残片。这部文献汇编收录了许多盎格鲁－撒克逊法律的拉丁语译文，也收录了一些用拉丁语写成的文件。除此之外，还有两篇围绕着身份、辩护与盗窃等主题展开讨论的文章。这两篇文章在形式上遵循着罗马法的论述结构，在内容上体现出基督教道德的深刻影响。

总的来说，法律在英格兰和在欧陆的早期发展几乎完全同步。大多数历史学家认为，从11世纪至12世纪时开始，英格兰的法律另辟蹊径，走上了一条完全不同的发展道路。此后，英格兰发展出了截然不同于欧陆的法律体系。今天的历史学家普遍认为，这一法律体系与统治欧洲其他地区的共同法有着十分明显的区别。那么，英格兰的法律究竟与欧陆的共同法存在着哪些不同？英格兰为什么会与欧陆发生分歧？二者之间又是如何越走越远的？本章试图通过追溯英国普通法的历史来回答这些问题。

诺曼征服后的法律

诺曼人入侵英格兰（1066年）之后，并没有什么特别的迹象表明，英格兰与欧陆的法律发展史即将分道扬镳。[41] 刚刚征服英格兰的诺曼国王希望对这块殖民地进行有效的统治，于

是他们强行接管了当地人的财产。这一举动造成英格兰在政
治、社会和经济等方面立即陷入了动荡，不过，诺曼人的国王
却维护了英格兰法律的持续性。事实上，诺曼国王们从一开始
就相当坚定地认可本地法律的价值。因此，他们开始搜集并记
录入侵之前的英格兰法律，他们相信，这些本地法律能够有效
地阻止被征服者对于既有规范性秩序的侵犯和破坏。[42]

　　这些诺曼国王做了一些和其他征服者差不多的事情。例 95
如，征服者威廉（1066 年至 1087 年在位）和爱德华一世
（1272 年至 1307 年在位）雇佣了一些文人协理政务、充当顾
问。这些御用文人中有一位名叫兰弗朗克（Lanfranc，1005 年
至 1089 年在世）的学者，他出生于意大利，曾经当过教师和
教会学者，后来在英格兰获得了坎特伯雷大主教的职衔。兰弗
朗克同时也是国王御前会议中的一员，因此，他可以向征服者
威廉提出世俗性的建议，并负责对本地的法律和习惯进行全面
的搜集、整理和汇编。

　　有证据表明，12 世纪中期，有一位来自波伦那的法学家
把以罗马法和教会法为内容的欧陆法学教育引入了英格兰。这
位法学家的名字是瓦卡里乌斯（Vacarius），他来到了牛津
（Oxford），并在这里教授法学。我们现在无法知晓牛津成为一
个学术中心的具体时间，但是可以肯定，牛津至少在 1096 年
之后就开始吸引各地的学生前来学习。瓦卡里乌斯为了帮助学
生快速入门，撰写了一部名为《贫困之书》（liber pauperum）的
教科书，其中包含了从《学说汇纂》（Digest，形成于 6 世纪的

罗马法学家学术意见汇编）和《法典》（*Codex*，历代罗马皇帝颁布法令的汇编）中选取的部分章节，同时包含了相应文本的中世纪注释。不久之后，《民法大全》的抄本就流传于英格兰各地。12 世纪末至 13 世纪初，除牛津之外，英格兰又出现了很多新的罗马法研究中心。这一时期，关于教会法的教学与研究也被引入了英格兰本地的大学以及天主教学校；很多英格兰人前往欧陆学习教会法，他们在那里贪婪地购置关于罗马法和教会法的书籍，然后不辞劳苦地把这些书籍搬回英格兰，充实本地的图书馆。

我们直到最近才了解到，诺曼人早在 1070 年代就开始在英格兰的宗教法庭中适用教会法了。根据这一学说，英格兰在 16 世纪新教改革之后发展出了一个新的法律原则，即教会法必须经过国王的批准和认可之后才能适用。也就是说，直到如此晚近的时候，教会法才被英格兰人当作一种外来的法律渊源。[43]

因此，客观来说，英格兰早期的法律发展与欧洲其他国家并没有什么明显的不同，罗马法和教会法同时传播和适用于海峡两岸；与此同时，无论在英格兰还是在欧陆国家，地方法也都表现得十分强势。如果的确如此，那么英格兰的法律究竟是如何走上另一条发展道路的呢？这种情况又为什么会发生呢？

高高在上的王室司法权

今天的历史学家通常认为，英格兰之所以变得特殊，原因在于诺曼征服之后的数位国王一方面在统治上非常依赖于那些与他们一同登陆英格兰的封建领主，另一方面又非常担心失去对于这些领主的控制。与同时代的大多数国王差不多，这些诺曼国王希望限制领主们的权力。为此，他们逐渐获得了对领主的臣属直接发号施令的权力，并且完全控制了英格兰的全部土地。除此之外，这些诺曼国王还想方设法地让这些领主主动放弃他们在自己领地之上的司法管辖权。于是，王室司法管辖权就扩张到英格兰的整个领域。亨利一世（1100 年至 1135 年在位）开始打造王室司法体系，他的孙子亨利二世（1154 年至 1189 年在位）则极大地扩张了王室法庭的权力。不过，这些诺曼国王并未取消原有的各种司法管辖权，因此，王室司法体系就这样叠加于所有此前存在的司法管辖权之上了。

19 世纪末的学者们十分精彩地描述了英格兰王室司法体系的形成历程。不过，今天的历史学家对于先辈们的这番描述充满了怀疑，认为他们不过是构建了一段传奇故事。尽管如此，这倒也是一段值得讲述的故事。据说，诺曼国王们一开始只是充当解决纠纷的裁判，他们强迫领主们在国王在场的情况下必须通过和平的方式解决相互之间的冲突，而不能诉诸武力。这意味着，王室司法权只能及于那些出席王室法庭的当事

96

人。后来，这些诺曼国王逐渐把确保和平的司法权力延伸到某些特定的日期，比如他们加冕的日子、圣诞周、复活节、五旬节，等等，人们在这些日子里不被允许使用暴力。最后，诺曼国王们把确保和平的司法权力从针对特定的日期延伸到针对特定的地域范围。他们以一种相当全面的方式界定了王室司法管辖权的范围：首先，以国王所在位置为中心 3 英里之内的范围都必须确保和平；其次，针对某些主要的道路和水路予以特别的保护，理由在于，这些道路直接通向王室法庭。后来，王室司法权渐渐地扩展到王国境内几乎所有的道路和水路网络。大概在 13 世纪前夕，供职于王室的司法顾问发明了一个法律上的拟制：国王可以被视为出现在王国境内的任何地方。于是，原本只能局限于王室所在地的王室司法权一下就扩张到王国全境了，同时，原本作为一种王室特权的"国王和平"一下就上升为一般性的权利了。[44]

王室司法权最终扩张于王国全境经历了一个渐进的过程：首先是时限性保护（在特定的日期保护），后来变为地域性保护（在特定的地理范围内保护），再后来则是直接把一些特定的争议纳入王室司法管辖的范围。诺曼国王们宣称，由于某些争议直接关涉王室的特定利益，因此须由王室法庭做出特别调查。这一主张为王室司法权的进一步扩张提供了借口。被纳入王室司法管辖范围的争议有很多，其中包括颁发王室特许令的争议，以及王室对某些人给予特殊保护的争议，等等，不一而足。

97

除王室法庭之外，当时的英格兰还存在着地方的、城市的、封建的以及教会的法庭。随着王室法庭的网络遍布全国，王室司法权便凌驾于各种各样的司法权之上。尽管如此，王室法庭的力量却极为薄弱。据估计，从建立之初直到18世纪晚期，英国王室法庭的法官在大多数情况下都不超过15位。此外，尽管王室法庭的法官高高在上，他们却并不享有对于其他类型法庭的监督职能：王室法庭的管辖权与教会法庭、地方法庭和封建法庭各自的管辖权之间，完全是井水不犯河水的关系。因此，尽管王室法庭处于核心地位，但英格兰的司法体系却没有呈现出一个金字塔式的等级结构。对于当事人来说，他们可以自由地做出选择，究竟是把争议提交给地方法庭、城市法庭、教会法庭、封建法庭，还是直接交由王室法庭定夺。当然，只有那些具有自由身份的当事人才能够做出自由的选择。非自由人没有向王室法庭提起诉讼的权利，也没有请求国王给予保护的权利。[45]

王室司法权的不断扩张导致不同种类的法庭之间时常出现紧张的竞争关系，不过，这无碍于法律发展的整体趋势。在13世纪至14世纪之间，几乎所有效忠于王室的自由人都可以向王室法庭提出各种类型的诉求。需看到，王室司法权的背后是国王维持和平秩序的重大责任。这是一个极具正当性的名义，国王因此可以出现在调处任何一种纠纷的任何一个场合，没有人能够对此说三道四。

令状体系的发展

处于快速扩张之下的王室司法权需要全新的诉讼机制。如果说，国王们一开始尚可以亲自参与听审的过程，但他们无法长久地坚持下去。很快，他们就不得不把审判的重任委托给一些"自己人"。随着被国王委派主持和参加审判的法官人数越来越多，王室法庭的数量也有所增长，[46]国王只好设置新的制度来约束这些新增官员和新设机构。在 12 世纪中叶到 12 世纪末这段时间里，王室法庭的制度化改变尤为显著。在此之后，改变的过程仍在延续，只不过有渐缓的趋势。必须强调的是，如果没有这些变化，就没有今天我们所说的英国普通法。

当然，事物的发展总是循序渐进的。起初，国王为了维持和平，更多仰赖的是行政手段，而非司法手段。当国王本人或是代表国王的官员接到属下的报告，说哪里出现了违法行为或是破坏和平的行为，他们便向某位值得信任的人签发一纸命令，要求他即刻前往纠正。这样的命令一般用拉丁语书写在一小张羊皮纸上，上面加盖着国王的印章，这也就是我们所说的"令状"。[47]令状由王室官员在国王驻地签发，一方面描述被侵害者的具体状况，另一方面指示接受令状的官员对被害者给予某种救济。例如，一位领主或许会因为他的佃客没有向他支付足够的封建税赋，而决定将他驱逐。如果这位佃客不甘心就这么被扫地出门，并且认为他很难在其领主开设的封建法院讨还

98

公道，那么他可以就此事向国王求助。如果国王（或王室官员）认为此事值得关注，他们便会签发令状，指示某位可信的使者前往处理此事，确保这位佃客不会被领主驱逐。令状可以直接要求使者按照其中的具体指示处理冲突，也可以授权使者在调查之后酌情处理。

　　作为一种行政强制命令，令状的目的在于确保"国王和平"。对于守土有责的国王来说，令状是一件让王权快速介入某些社会事件的利器。然而，正因为令状在解决争端方面如此快捷高效，它就非常容易被滥用。国王仅仅依据利害关系一方的片面诉求签发令状，实际上相当于预先认可了这一诉求是正当的。然而有的时候，那些向国王提出诉求的人隐瞒了事情的真相。因此，到了 12 世纪，一个重要的转变出现了。令状开始允许被指控违法的一方做出选择，要么直接服从令状中的强制性指令，要么立刻出现在王室官员面前，并辩解自己为什么不应该屈从于该指令。

　　对于令状来说，"允许被告为自己辩护"这一变化具有革命性的意义，它把令状从一种行政性指令改造成为发起诉讼的文书。从这时起，令状开始把争议案件委付给那些负责审判的王室官员，由他们来决定，是否按照令状中的指令为原告提供救济。双方当事人需要出现在王室官员面前，证明令状中的指令是否应当被执行，到了 13 世纪，这一要求逐渐催生出一种被称为"诉答"（pleading）的程序。持有令状的原告亲自来到王室官员面前，先是陈述案件事实，而后证明令状中的救济应当被执行；被告或是对于原告陈述的部分事实或全部事实予以否认，或是虽然承认事实但提出对于这一事实的不同理解，或是否定原告所持令状与本案事实的相关性，或是提出某些额外的免责事由，总的来说，最后就是要证明令状中的救济不应当被执行。然后，原告又会用一套早已准备好的说辞来回应被告的答辩。

发生在原被告之间的诉答是一套相当正式的程序。它的重点并不在于澄清案件事实，而在于其中包含了一套预设的对抗性立场，原被告双方必须按照规定的步骤提出主张或反驳。原被告之间你来我往的诉答可能要持续很久，直到双方都已经很清楚，他们就哪些事实有着一致性的认识，而就什么问题则无法达成共识。原被告之间的分歧在反复诉答的过程中变得非常明确，在此之后，案件才进入到"审判"阶段。与"诉答"阶段（考察双方诉求）不同，原被告双方在"审判"阶段必须要为他们各自的诉求提出相应的事实依据。根据时间、地点和事由的不同，举证方式也是多种多样的。当事人可以通过宣誓举证，可以要求发起神明裁判，也可以要求组成陪审团。根据双方的举证情况，负责裁判的王室官员（就如同现在的法官）最终决定令状中的救济是否应当被执行。

令状如何发挥功能？

发生改变之后的几个世纪里，令状逐渐成为当事人向王室官员请求启动诉讼程序的重要工具。令状一旦由王室枢密机构签发，便具有了两个象征性的意涵：其一，本案由王室司法权所管辖；其二，本案已由国王介入干预。令状指示现在被认定为"法官"的王室官员对案件进行审理。由于令状是一种开启王室司法程序的手段，那么拒绝签发令状就意味着王室法庭不受理本案。如果王室枢密机构认为国王没有理由或没有必要过问某一案件，就可以拒绝签发令状，那么其直接结果便是王室法庭不再管辖这一案件了。因此，那些未能获得令状的当事人被禁止在王室法庭上进行诉答，但他们仍旧可以就同一案件在地方法庭、封建法庭或教会法庭寻求救济。

最初的令状被单独签发给每一位请求国王出手协助的人，同时令状的内容涉及相关案件的具体情况。因此，这些令状是个性化的。由于令状在传递的过程中被密封起来，因此这种特制的令状在理论上只能使用一次。为了获得一个令状，当事人需要花费大量的时间、精力和金钱。当事人必须要让负责签发令状的王室官员相信，他们的案件已经得到了王室的关注。因此，早期的令状往往被视为由王室颁发的特殊赠礼，而不是一项常规的权利。

由于是否签发令状取决于国王介入案件的意愿，国王要么只给那些他愿意保护的人签发令状，要么仅就那些他希望干预的事项（尤其是那些有可能潜在地削弱领主权力的事项）而向相关人签发令状，再有，就是为了防范那些有可能引发严重暴力的情况而签发令状。这些令状是临断权宜的产物，国王个人的好恶对于令状有着很大的影响。除此之外,那些处心积虑地谋求一纸令状的当事人也会对令状产生一定的影响。令状之所以存在,其根本原因在于,发生冲突的双方需要找到一个解决办法,其中一方希望把争议交付王室法庭裁决,而王室官员则代表国王决定受理案件。因此,令状发源于解决冲突的实践,而不是发源于一种经过抽象化的理论。在那些便于向王室法庭寻求救济的地区,国王非常乐于响应人们关于签发令状的诉请,王室签发令状的数量便直线上升。这意味着,令状的发展本质上是由一种私人利益所驱动的,而不是由诸如"公共的善"这类理念所支持的。因此,令状受到每一个时代经济、政治和社会状况的制约,并不具有跨越时空的普遍性。

令状的制度化

尽管令状最初只是一种特事特办的权宜之计,但是随着时间的推移,有些令状渐渐呈现出制度化的倾向。从 12 世纪中叶开始,王室枢密机构有意识地将此前签发了哪些令状全部记录下来,并且时常表示要将这种好的习惯延续下去。到了 13 世纪,对签发令状进行登记造册的做法就更为常见。基于这种体制化的转变,令状逐渐褪去了那种只能针对个别当事人的个别案情给出个别解决方案的早期风格。令状变成了一种内容相对固定的文书,只要原告知道他自己的诉求具体是什么,原则上他就可以得到相应的令状。而且,为了方便对现有的各种令状进行辨识和归类，有些常见的令状开始有了专门的名称。例如，地产返还令状（praecipe quod reddat）的内容是指令地方政府把原告声称为自己所有的土地的所有权交还给他。再例如，新占土地令状（novel disseisin）的内容则是指令恢复原告对于土地的占有。这一时期还出现了一些记载着令状种类与名称的目录，借助这种目录，人们可以公开查询并选择所需的令状。

令状的发展速度着实令人瞠目。1189 年，英格兰大概只有四十多种令状；到了 13 世纪末，令状的数量翻了十倍还不止。令状激增使得王室司法权进入快速扩张期；反过来，王室司法权的扩张又使得新令状迭出。国王向当事人提供救济的模式一开始被视为特例，到了这时，已经变成了家常便饭。可以想象，经过这样一番改变，王室司法权的管辖范围得到了无限的扩大，最终几乎可以纠正所有不正确的行为，并为因此受到损害的一方提供救济。

王室法庭能够将当事人从封建法庭、地方法庭和教会法庭中吸引过来，这是令状制度大获成功的重要原因。今天的历史学界很少有关于这一现象的明确解释，但是大多数历史学家认为，当时的英格兰人相信，王室法庭比当地贵族的裁决要更加公平，也更加有效。王室法庭的一个优势在于能够强制传唤被告到庭，也能够强制要求陪审员如数到庭；王室法庭的另一个优势在于能够将所有判决记录在案，并且妥善地保存在伦敦塔里面，需要查阅的时候就能找到。此外，与其他法庭比起来，王室法庭没有那么强烈的个人色彩，更像是一个正规的、有据可循的争端解决机构。

伴随着这些体制上的重要改变，用以解决纠纷的规范体系逐渐变得成熟，这也就是我们所说的"普通法"。之所以冠以"普通"之名，原因在于这个规范体系所依附的王室司法权凌驾于地方、城市和封建的司法管辖权之上，因而它可以适用于王国全境，并且可以为所有效忠于国王的个人提供保护。[48]所以说，"普通"在这里是一个具有政治色彩的修饰语。从这个意义上来说，欧陆的共同法完全不同，因为共同法是罗马法、教会法和封建法熔冶于一炉的产物，它之所以冠以"共同"（commune，也可译为普通）之名，是因为它在理论上得到了拉丁基督教世界所有居民的共同遵守。这些居民可能分属于各自不同的，甚至相互敌对的政治体，但是他们归属于单一的文化体，信奉单一的宗教，遵循单一的法律。

令状、救济与普通法的发展

从理论上来说，国王（或王室官员）通过签发令状同时创建了司法机构（法庭）和司法程序（审判展开的过程），但并没有创建任何适用于这些机构和程序的实体性规范。不过，在法律实践中，很明显，国王通过令状决定王室法庭是否受理某些案件，并且通过令状决定在哪些情况下提供哪一种具体的救济，这已经实质性地修改了本地既有的规范性秩序。每当王室枢密机构签发出一个令状，当事人便可以凭借这个令状去领

取一份来自于特定救济的保障，这无异于认可了一种实体性的
权利或义务。同理，拒绝签发令状就相当于压制了某一种权利
或义务。拒绝签发令状或许并不影响某一种权利或义务继续存
在于现实生活当中，但是在王室法庭的审判活动之中，该种权
利或义务将变得毫无意义。这是因为，当事人如果无法获得相
应的令状，自然也就无法把该种权利或义务转换为救济自身损
害的有效手段。

　　救济与权利之间有着不可分割的紧密关系，这逐渐变成了
普通法中最为重要的特征。事实上，这一特征早在普通法的形
成时期就已经显现出来了。12 世纪至 14 世纪期间，令状确认
了（或者说创建了）一系列重要的权利，例如，关于地产继
承的权利（主要由"请求继承土地回复之诉"创建，该令状
强制被告交还原告因其亲属死亡而继承的土地）；再例如，非
经官方正式起诉不被指控为罪犯的权利（由 1166 年通过《克
拉伦登诏令》创建）。随着时间的推移，救济与权利之间的联
系变得更加密切。到了近代早期，这种联系变成了普通法最核
心的特征，有人甚至认为，普通法不过是一个权利的体系，或
者说，一个只属于英格兰人的权利体系（参见第八章）。这一
时期，那些诸如人身保护令状（habeas corpus）等古老的令状焕
发了新生。当时的人们认为，这一古老的令状强制掌权者将他
们逮捕的人移交给法官，这显然是针对非法拘禁的一种救济方
式。他们还进一步指出，由于有能力提供强有力的救济，人身
保护令状相当于间接承认了每一个人都享有"无理由不被限制

102

人身自由"的权利。

最终，"权利因救济而生"变成了一种根深蒂固的观念，它深刻地影响了实际的裁判活动。如果某个裁决违背了这一观念，便有可能被时人的质疑声浪淹没。例如，1704年，英国议会的上议院（House of Lords）在上诉审之中推翻了英国高等法院（Queen's Bench）的一项裁决，因为该法院拒绝向一位在议会选举中被剥夺投票权的公民提供救济。英国高等法院之所以做出这一消极性的裁决，是基于一种常识性的判断，因为无论是否多出这位公民投出的一票，该候选人都会成功当选，因此，法院根本无需费时费力地为这位公民提供救济。然而，上议院完全不认同这一观点，因为"如果原告享有一种权利，他就必须有一种手段来维护和保障这一权利，而一旦该权利受到损害，他就必须得到相应的救济"。上议院继续指出："假如存在一种没有救济的权利，那将是毫无意义的，因为人们对于权利的需求和对于救济的需求是互为支撑的。"[49]上议院在总结陈词中更为直截了当地指出：尽管这位公民投出一票并不能对选举的结果产生影响，因为他所支持的候选人已经赢得了选举，但是他必须获得救济。在普通法当中，无法救济相当于没有权利。因此，如果法院不能给予当事人以相应的救济，就相当于否认了他的选举权。

以程序为核心

除了强调救济与权利之间不可分割之外，普通法还有另一个同样重要的特点，那就是相比于对实质正义（欧陆的司法体系通常如此）的追求而言，普通法更在意对法庭运作方式的控制。由于普通法长期浸淫在一个由特许命令（令状）构建的制度环境当中，司法程序受到了极端重视。具体到每一个案件来说，普通法并不在意一项审判最终是否能够通向正义的裁判结果，反而会严格地追究一项审判是否一直遵循着正当的裁判程序。

如前文所述，诉答，也就是原被告双方把他们之间的共识和分歧转化为法律形式，以便满足法庭审判需要的交互过程，被视为诉讼程序中最为重要的一个环节。诉答的过程开始于原告选择某一个特定的令状，而后被告对此发表反驳的意见，原告再发表针对性的驳斥意见。由于诉答环节的意义在于界定本案中利害攸关的问题，普通法学者认为，无论如何都必须确保诉答交换得以正确的进行。在中世纪后期，这成为王室法官的一项主要工作，他们主持双方诉答的过程，并且确保每一步骤的程序准确无误。这一时期，通晓令状的种类、名称和使用方法变成了一门复杂的学问，所有的法学论著都在讨论程式化并且多少有些仪式化的诉答交换过程，这是因为，诉答交换主导着王室法庭的诉讼程序，所有的诉讼参与者都必须了解这一交

103

换的过程，否则根本无法着手处理案件。律师更是必须深谙此道，他们在庭下最主要的任务就是指导当事人在诉答交换的过程中如何表现。对于当事人来说，忠实记录开庭过程的王室法庭年报也可以起到同样的指导作用。这些年报并没有对规则和原则进行阐述，也没有对法官裁判进行细致分析，而是尽可能地把每一个案件中发生在双方当事人之间的，以及发生在当事人与法官之间的对话准确地记录在案，进而归纳出可能被法庭采纳的一般性观点。王室法庭年报关注的重点在于：每一个案件实际上是如何以一种规范化的形式展开讨论的（也就是说，关注如何把冲突中的事实转为法律上的论据）；什么才是被法庭认为有价值的观点，以及怎样才能提出这些有价值的观点。

程序规则在适用普通法的庭审程序中处于核心地位，这对于维护王室法庭的权威也至关重要。由于王室法庭与地方法庭、封建法庭、教会法庭处于激烈的竞争之中，因此要想在竞争中占得先机，王室法庭就必须长久地保持良好的声誉。若想做到这一点，王室法庭首先便需要给前来求助的每一位当事人吃上一颗定心丸，让他们知道，某种确定的程序将会在他们的案件中上演，而且这样的程序不会因为当事人身份的不同或者案件性质的具体差异而存在任何例外。为了保证这一点，王室法庭设计了很多工具和规则，它们体现出今天我们所说的“正当程序”精神。这些工具和规则的宗旨在于确保法官始终充当不偏不倚的仲裁者，因为法官的主要任务是为双方当事人提供完全相同的机会（也就是受到程序的规制），保障双方当事人在完全平等的基础上主张他们各自的利益。

由于普通法法官的主要工作仅仅是监督双方当事人在庭上的诉答交换过程，而不是确认某种正义的标准，因此上诉在普通法的诉讼程序中几乎没有存在的必要。只有在发生了"令状错误"的前提之下，上级法院才会对下级法院的诉讼程序进行审查和纠正，但这仅限于程序上的错误，而且必须是在庭审记录中显而易见的程序错误；反过来说，上级法院的矫正程序绝对不会因为下级法院在实体法层面的不同理解而被启动，也就是说，事实认定有误或者适用法律不当都不能引发这一自上而下的矫正程序。在某些特殊情况下，普通法程序允许对同一案件进行重新审理。当然，这也并不是今天我们所理解的上诉审。

直到 15 世纪晚期，普通法法官依然经常拒绝违背程序至上的传统观念来追求实体正义。这与欧洲其他地区的反差十分强烈。对于欧洲大陆的法官来说，追求正义是他们该当肩负的神圣使命。至于经过什么样的程序才能最终通向正义，可能并不是最重要的话题。当然，绝大多数欧陆国家也要求当事人遵循一定的诉讼程序，以便保障庭审活动的顺利进行。但在中世纪的大部分时间里，一直到近代早期，这些必须遵循的程序不过是源于"庭审实践"的某种惯例罢了。欧陆式的庭审过程并不拘泥于严格的程式，只要法官认为好，就可以把诉讼程序化繁为简，或者无限拖延。例如，犯罪嫌疑人有获得审判的权利，也就是说，他们享有不经审判便不被判处刑罚的权利，但

104

是法官在介入案件之后，便有相当大的自主权去追究事实上发生了什么情况。[50]直到 16 世纪，甚至 17 世纪，欧陆的法官在审判案件时都主要依靠"良心"，而不是法律。因此，普通法在原则上只能因程序错误进入上一审级；欧陆的情况则与此全然不同，几乎所有的上诉都是因为当事人抱怨裁判不够公正而引发的，绝对不会有当事人想到以法庭没有严格遵循某一个特定的程序为由提起上诉，因为在那里，程序本身只是一个无关紧要的问题。

法律职业

在普通法最初形成的阶段，大量供职于王室的臣僚，包括王室法官，都是曾经在中世纪大学或者天主教学校里接受过教会法或罗马法专业训练的饱学之士。兰努夫·格兰维尔（Ranulf de Glanvil，大概 1112 年至 1190 年在世）是亨利二世时代一位颇具影响力的法官。据说，他创作了《英格兰的法律与习惯》（*legibus e consuetudinibus regni Angliae*，大概在 1187 年至 1189 年写作）一书，系统地阐述了英格兰王室法庭的运作模式。这本著作用拉丁语而非法语（当时法庭的工作语言）写成，它不仅真实地记录了法庭实践的状况，并且把其中涉及的诸多专业知识串联起来，建立起一个颇具权威性的体系。因此，这部著作在欧洲范围内引起了学者们的广泛关注，并且成为很多大学使用的法学教材。

105

另一本名称差不多的著作《论英格兰的法律与习惯》（*De legibus et consuetudinibus Angliae*，大概写于 1220 至 1250 年）据说是亨利·布莱克顿（Bratton）的作品。布莱克顿同样是一位受过大学教育的王室官僚。不过，今天的学者一般认为，这本著作应该是由多人所写，而非一人独立完成的作品；不仅如此，布莱克顿可能并没有实际参与本书的写作。不过，有一个事实非常清晰，那就是参与编撰这部著作的作者们对于罗马法极为熟悉。《论英格兰的法律与习惯》一书收集了很多普通法的规则，并且频繁地援用罗马法的知识来解释这些规则，与这一时期大学之中关于普通法的学术探讨遥相呼应。除此之外，这部著作还援引了欧陆共同法的分类标准，并且借用了经院哲学的思路，试图寻求各种判例在智识上的连贯性。通过寻找判例之间的相似性和差异性，作者们试图论证这些判例并不存在本质上的矛盾。《论英格兰的法律与习惯》一书在结构上模仿了优士丁尼皇帝颁布的《民法大全》，并且大量引用了其中的段落。该著作同时也引用了教会法中的大量内容。

今天的学者普遍认为，这两部著作所展现出的风格在当时并不是个别现象。从 12 世纪到 13 世纪，英格兰的普通法专家经常援用罗马法来解决实践中的纠纷，其频繁程度远远超过我们曾有的想象。不过，进入 14 世纪之后，英格兰的国王们开始将很多没有接受过大学教育的法学门外汉安插在王室法庭当中。品评和选任法官的主要标准变成了对于国王的忠诚度，因此，法学家不再一如既往地受到王室法庭的欢迎。此后，来自于法律实践的知识变得格外重要，例如，哪一个令状适用于哪一种类型的案件，这些令状具体又是如何运作的，等等。最终，王室法庭的大多数法官都是从长期参与庭审实践的律师中遴选出来的精英分子。

14世纪，不仅王室法庭的法官需要谙熟于那些发源于庭审实践的特别技巧，就连双方当事人也必须要大致了解一下什么是正确的令状，同时必须知晓哪一种诉讼程序和证据规则能与手中所持令状相匹配，还必须知晓在诉答过程中究竟怎么做才能最大程度地满足自己的主张。这一时期，王室法庭的裁决当然仍旧依赖于法语或拉丁语的相关知识，因为直到近代早期，法语一直都是英格兰王室法庭的官方口头语言，而拉丁语（常常与法语二选其一）则是其官方书面语言。

106　　庭审活动对于法律专业知识的极高要求催生出大量各种类型的法律专家，其中包括检察官（可以代表缺席的一方）、出庭律师（专门出庭协助当事人完成诉答交换的律师）和事务律师（为客户提供咨询的律师）。出庭律师最终还自发结成了专门的行业公会，他们经常在某些被称为"会馆"（Inns）的场所里齐聚一堂。会馆原本是一些学生宿舍，但很快就转化为服务于社会交往和专业技能培训的场所。在这里，年轻的学徒有机会得到行业中那些小有成就的前辈们的言传身教。当时的英格兰先后出现了四大律师会馆（Inns at Court），都是出庭律师的培训机构，此外还有一个辅助性的会馆（Inn of Chancery），实习律师可以在这里学到起草令状和其他法律文件的技能。14世纪至 15 世纪期间，大多数律师会馆都会安排学徒们参加模拟审判，这使他们在这一过程中学会如何遵循繁琐的诉讼程序，如何获得有效的证据。除此之外，这些会馆还开设法律辩论（moots）以及法律文献（阅读）等课程。在法律文献课中，学徒们要学会分析和解读法律文本基本技能，尤以成文法为要。出现在法律文献课中的重要文本常常伴随着实际案例一同出现，这样安排的目的是为了让学徒们更为深刻地了解这些文本的重要意义。法律辩论课程则组织学徒们旁听法庭审判，并且引导学徒们在选择令状、推进诉答交换、严格遵循庭审程序等方面进行反复的练习。

普通法如何运作？

为了说明普通法的运作过程，让我们先来看一下，普通法对于作为法律主体的英格兰人与外国人是如何进行区分的。今天的历史学家认为，一个被称为"加尔文案"（Calvin's Case）的判例淋漓尽致地体现了此种区分的形成过程。1608 年，法官在该案中宣称，一个人成为英格兰人的基本条件就是出生在效忠于英格兰国王的领土之上。法官为什么要针对这个问题做出裁决？他们又是如何做出这一裁决的？这是一个引人入胜的故事，它向我们展示了普通法运作的复杂程序。

加尔文（他的真名是 Robert Colville）出生于苏格兰，不过，当时苏格兰的詹姆士六世国王已经入主英格兰，成为英格兰的詹姆士一世国王（1603 年）。因此，法官面临的问题是，在两个王国合并之后，像加尔文这样出生在苏格兰的人是否可以在英格兰的法律中被视为主体。对于加尔文来说，这个问题的答案十分关键，因为这决定了他是否有资格继承一处位于英格兰的地产。如果被甄别为外国人，他当然就失去了继承这处地产的资格。法官最终给出了肯定的答案，他们的理由是，加尔文出生在一片同样效忠于詹姆士国王的土地上。不过，法官在这里所指的效忠对象并非英格兰王权，也不是英格兰王国，而仅仅是詹姆士这个具有特别身份的自然人。因此，那些出生在同样效忠于詹姆士的国度里的人们，都处于詹姆士的司法管辖权之下。也就是说，由于出生在苏格兰的苏格兰人同样效忠于詹姆士，那么在詹姆士统治英格兰期间，他们就可以像所有的英格兰人一样，处于英格兰法律的管辖之下。

今天的我们知道，加尔文案其实是一个被人为制造出来的案件。参与制造这起案件的一伙人试图把苏格兰人强行置于英格兰法律的管辖之下。早在刚刚登上英格兰王位的时候，詹姆士一世就对这件事非常在意，并且专门任命了一个委员会。这个委员会做出决定，苏格兰人应当像英格兰人一样被同等对待。詹姆士一世想当然地认为，这一决定具有合法性。但是，英格兰议会却拒绝接受该决定。这是因为，根据普通法的理念，权利必须由救济创造出来。所以，想要达到这一目的，唯一的途径就是发起一个诉讼，法官可以通过创造一种新的救济方式来认可这一权利，也就是认可苏格兰人享有英格兰法上的主体地位这一权利。因此，那些希望创设这一权利的人就必须找到一个需要获得救济的人。

终于，这伙人找到了一个在两王国合并之后出生于苏格兰的孩子，他拥有对英格兰一处地产的继承权，但普通法不允许外国人继承英格兰的土地，因此，他的这一权利无法实现。于是，这个主张自己在英格兰拥有法律主体地位的苏格兰人就有了发起诉讼的理由：捍卫合理却无法实现的继承权。王室法庭的法官为他提供了相应的救济，也就是认可了他享有与英格兰人同等的法律地位。这就是事情的始末。法庭给了加尔文一种允许他在英格兰继承遗产的补救办法，即承认他是英国人。在此之后，凡在两王国合并之后出生的苏格兰人都拥有英格兰人的身份，而无需议会对此进行特别的批准。

这个例子很清楚地说明，直到 1608 年，关于"什么是英国人，什么是外国人"这种最基本的法律问题仍然无法通过王室命令或议会法案等立法形式加以确定，而只能由当事人通过在王室法庭中寻求救济的途径得到解决。此外，我们还能够从加尔文案中听出一些弦外之音：法官们把继承英格兰土地的权利与英格兰人的身份捆绑到了一起。据此，只有英格兰人才能继承英格兰土地，外国人则没有资格。这一规则之所以能够被发展出来，与普通法的特殊性有很大关系：一方面，它极其顽固地要求法官通过提供救济的方式才能创制权利；另一方面，它也极其顽固地要求当事人必须通过特定令状才能开启相应的诉讼程序。

108

生活在今天的我们知道，能否继承英格兰的土地与是不是外国人根本就没有什么关系。起初，出生在王国领域之外也并不必然导致一个人成为外国人。于是就产生了一个问题：这一规则凭什么认定外国人不能继承英格兰的地产，又凭什么认定出生于外国的人就一定是外国人？

对此，历史学家一般认为，造成这种认定的主要原因就在于普通法的程序性要求。关于地产继承的令状规定，提出地产继承诉求的当事人必须向法庭提供当地的证人，以证明其家谱。如果提出诉求的当事人出生于王室法庭的管辖范围以外，国王可以命令他出生地的治安官派一些当地人到王室法庭来作证。不过，如果提出诉求的当事人出生在国外，这种办法就不灵了。因此，那些出生在国外的人即便享有继承土地的权利，但由于对土地继承令状的特殊程序要求，他们很难向法庭证明自己确实享有这一权利。也就是说，起初，是不是外国人与是否享有地产继承的权利根本就是毫无关系的两件事。然而，随着时间的流逝，普通法越来越强调救济先于权利的原则，诉求人在实践中面临着证明其家谱的巨大困难，遂逐渐被理解为不享有继承的权利。因此，由于无救济就无权利，循环论证也就由此形成了：出生于外国的人不再享有继承英格兰土地的权利，而造成这种局面的原因恰恰在于，他们是外国人。

激烈的反弹

对于领主和封建贵族来说，王室司法权的壮大以及令状四处普及应该算不上是一件好事，他们从中很明显地察觉到自身权力甚至是特权的萎缩。一场由抗议引发的叛乱席卷全国，最终导致了《大宪章》的诞生（1215 年）。[51]不过，与人们普遍的认知恰恰相反，《大宪章》试图保护的首要对象其实并不是所有英格兰人的权利，而是拥有爵位的贵族和自由民的种种特权。经过从 12 世纪末到 13 世纪早期的发展之后，普通法已经严重威胁到那些具有封建性质的权利。因此，《大宪章》的主要宗旨就在于确保领主等封建贵族对于封建土地及其继承权的有效控制。

然而，《大宪章》并未真正实现其初衷。1258 年，由于封建贵族再次掀起叛乱，亨利三世国王（1216 年至 1272 年在世）被迫命令王室官员停止创制新的令状。1285 年，他的儿子爱德华一世（King Edward I）也做出了类似的承诺，表示不会再设立新的王室法庭，也不会将王室司法权扩及新的法律问题。

尽管如此，由于大量的诉讼当事人主动地把他们的官司交给王室法庭，王室司法权仍然在不断地扩张。到了 14 世纪后期，一个新的法律体系显现了出来。这个法律体系有其独特的价值，它能够帮助国王解决一个相当尴尬的问题：国王如何在

109

不能创制普通法令状的情况下对特殊案件进行干预，并在其中直接体现出自己的意志。据说，只有当国王做了他应该做的事情，即捍卫了弱者和公平正义的时候，国王的良心才能释然。为了履行这样的职责，尽到道德上的义务，国王设立了新的诉讼程序。在某些特殊的情况下，为了直达正义的目标，国王会委派他的司法大臣审判案件，并授权该大臣为当事人提供在普通法令状中根本不可能提供的、超乎寻常的救济方式。

经过这样一番变化，诉讼当事人仍然可以使用法庭承认的令状将他们的案件提交给普通的王室法庭（普通法法庭）；然而，如果诉讼当事人在现有令状中无法觅得合适的救济手段，还可以向大法官法庭提出诉请，要求大法官法庭代表国王进行超乎寻常的干预。

全新的纠纷解决机制被引入进来。这一体系与普通法大相径庭，至少在产生之初，二者有着明显不同。普通法法庭对所有当事人开放，只要他们能够从枢密机构获得合乎要求的令状，诉讼程序就能顺利开启；但新的系统只对那些需要获得特殊救济的当事人开放，预先也并无任何诉由供当事人选择。

出现在 14 世纪的这样一套规范体系被称为"衡平"（Equity），有能力为当事人提供特别救济措施的法庭则被称为"大法官法庭"（Chancery court）。为了处理这些特别案件，衡平被刻意塑造为一个富于弹性的系统，规则可以被相对灵活地创设。国王授权大法官处理一些普通法程序搞不定的困难案件，因此大法官拥有相当大的自由裁量权。当然，这并不意味着衡平是一个完全任意的系统。起初，绝大多数大法官都是科班出身的大学毕业生，其中有些人还是神职人员。因此，他们经常自觉或不自觉地在审判过程中援用那些发源于罗马法和教会法的标准、原则和程序。

从14世纪至15世纪，衡平算得上是一项相当引人瞩目的法律发明，它填补了普通法遗留的空白，促进了新制度和新工具的发展。其中一项重要的新工具，便是颁布禁令：禁止被告采取法庭允许的行动以外的其他行动。衡平法院还发展出对司法裁判进行强制执行的新手段，例如，授权利害关系方通过扣押等方式控制那些拒绝服从法庭命令的对方当事人的财产。大法官法庭创造的另一种重要的救济方式是禁止对形式合法但内容不合理的合同加以强制履行。除此之外，衡平创设出很多新的法律领域，包括信托、抵押、监护、破产、商业伙伴关系和公司，也发展出一些新的法律原则，其中包括把缺乏诚信定义为欺诈。

衡平在其诞生之初具有较强的弹性，但经过一段时间的发展，衡平开始变得制度化，自然也就变得更加僵化了。就像普通法上的令状一样，衡平逐渐演变成一种只能提供固定救济方式的规范体系。到了这时，当事人也可以预先查询大法官法庭可能提供的救济方式的清单。时至15世纪后期，衡平俨然变成了王室司法权的另一个组成部分，与普通法体系并驾齐驱。这两个体系经常发生交互影响，甚至互相干扰。此后，衡平与普通法这两个体系开始呈现出整合的趋向。这两个体系殊途同归的原因很复杂，但其中至少有一部分原因来自于大法官教育背景的变化，越来越多的大法官在就任之前长期浸淫于普通法的环境中，其中比较具有代表性的例子是托马斯·莫尔（1478 年至 1535 年在世）。不过，衡平与普通法发生整合的另一个原因则在于大法官法庭自身发生了重大的变化。大法官原本代表着国王的良心，他们在处理一些特殊案件的时候可以随机应变，做出超乎寻常的裁判。不过到了此时，大法官不再倾向于特事特办，而是开始将同样的公平原则适用于所有类似的案件。这种对相似案件重复适用同一规范的做法到 17 世纪下半叶变成了常态，从那时起，衡平的各种原则被正式地类型化和系统化了。于是，大法官所捍卫的"国王良心"不再是一个圣徒发于内心的自然活动，而变成了与公民和政治有关的事情。[52]国王对于"对与错"的主观感受也不再那么重要，这是因为，衡平的宗旨是保障一个客观上的公平，也就是说，用大体上一致的策略解决相似的纠纷。

王室立法

伴随着普通法的制度化以及衡平的初步形成，英格兰王室开始大量立法。事实上，从亨利二世时期开始，贯穿中世纪后半段，直到近代早期，英格兰的历代国王一直都在通过颁布成文法的方式对法律秩序加以干预。这些成文法的内容涉及社会生活的方方面面。例如，亨利二世在《克拉伦登诏令》（1166

111

年）中修改了刑事诉讼的程序，规定所有刑事指控都必须经由一个由 12 个人组成的陪审团发起。这个诏令还规定，刑事司法审判权，以及对于罪犯执行刑罚的权力，都将由王室独自掌控。

爱德华一世在位期间颁布的成文法同样非常著名。根据这些成文法的规定，陪审团在刑事案件中做出的裁决具有强制执行力，侵权损害赔偿的范围显著地扩大，涉及土地的法律制度也发生了很多改变。亨利八世时期也曾颁布一系列法令，例如《用益法》（Statute of Uses，1536 年），对财产所有权和税收进行了详细的规定；再例如《遗嘱法》（Statute of Wills，1540 年），允许所有者决定由谁来继承他的地产。这些法令都是英格兰财产法的重要组成部分。《欺诈法》（Statute of Frauds，1677 年）规定，涉及不动产的交易必须符合特定的法律形式，而且双方在交易过程中必须按照法律规定签署相应的文件，否则交易无效。

从 13 世纪晚期到 14 世纪，原本仅仅作为一种咨议机构，同时发挥着最高上诉审法院功能的议会开始获得了额外的权力，其中最主要的权力便是预先聆讯那些来自社会各界的请愿书，并选择其中一些请愿书向国王呈递。这些请愿书的内容五花八门，其中很多都是向国王询问如何处理在法律、经济、政治或行政领域发生的各种难题。国王需要对这些请愿书进行回复，对请愿人应当如何去做加以明确的指引。这使得回复本身具有立法的效力。14 世纪中期，国王通过这种方式颁布了大量的制定法。然而，此种立法虽然由议会发起，但颁布法令的权力则被国王牢牢地攥在手中。

王室立法到底有多么重要？对此，今天的历史学家一直争论不休。有些历史学家指出，由于王室法庭的法官们习惯性地认为，王室立法不能与既存的法律秩序发生冲突，因此他们在解释这些制定法的时候总是相当随意，有时候，他们会刻意绕开制定法的规定，或是对个别规定进行任意的扩张，甚至完全无视某些规定的存在。这些历史学家认为，普通法之所以凌驾于王室立法之上，原因之一在于，制定法在当时仅仅被人们视为对现有规范的一种重复，而并未被视为一种改变。原因之二在于，与当时其他的法律渊源相比，制定法的数量并不是很多。因此，即便制定法十分重要，它对于法律发展的影响也是微乎其微的，它只能作用于有限的法律领域，例如刑法，或是财产法中与不动产有关的部分。

112　　另外一些历史学家则不这么认为。他们指出，早在 13 世纪，法官们就经常聚在一起讨论制定法中的规则。那些在律师会馆中接受培训的律师们必须认真学习如何正确理解和评论王室立法，相关制定法的汇编是他们人手一册的必备工具书。有些律师甚至宣称，理解制定法是职业法律人教育的重中之重。如果说，王室立法在当时的法律体系中仅仅处于无关紧要的边缘地位，那么又该如何解释这些律师的言论呢？我们对于早期普通法的理解可能过多地受到了 17 世纪以后的法律发展的影响。而在那个时期，法律发展的根本目的就是为了削弱王权。

因此，当时的人们从观念上刻意地把英国法理解为一种具有惯例属性的法律。那么，真实情况究竟是不是这样呢？

英格兰是一个例外吗？

今天我们所理解的普通法包括一系列的诉讼程序和救济方式，其目的在于解决因王室司法权扩张而产生的种种争端。普通法的存在基于一种存在于人们心中的普遍的信念，即认为王室法庭比封建法庭或地方法庭更加公正，解决问题的效率也更高。这种信念的形成意味着英格兰王权在与地方势力的竞争中获得了巨大的成功，国王牢牢地把握着司法权和行政权，使其权威凌驾于封建领主和地方势力之上。尽管如此，但直到17世纪，甚至更晚近的时代，适用普通法的法庭仍然与地方法庭、封建法庭和教会法庭处于激烈的竞争之中。与此同时，大法官法庭又横插进来，带来一种完全不同的规范体系（衡平）。这种乱糟糟的状况与欧陆有什么本质的不同吗？

有些历史学家认为，英格兰的法律之所以算是一个例外，主要原因在于，它几乎完美地抵御了来自于罗马法的渗透与侵蚀。他们指出，共同法在短期之内扩散于整个欧洲，势不可当，唯独在英格兰铩羽而归。不管怎么说，英格兰受到罗马法的影响程度显著地低于欧陆的其他国家。这一现象背后的原因或许在于，征服英格兰的诺曼君主坚决抵制将新的法律方法输入他们的王国，这与欧陆其他国家的君主所持的包容性态度大不相同。这些历史学家还指出，当共同法终于有机会传入英格兰的时候，它已经不再是必需品，而变成了可有可无的规范体系，因为这时的英格兰已经发展出了一个全新的、具有现代性的、中央集权化的、便捷高效的法律体系。至此，广泛适用于欧陆各国的共同法也并不能使得这个体系变得更加完善。欧陆各国的当权者和社会大众把所有关于完美秩序的期望都托付给了共同法，相比之下，英格兰丝毫不为之所动。

113　　　许多世纪以来，这样一种叙事在学术界占据着统治地位。但是，有些历史学家却提出了批判性的意见。他们认为，在中世纪的英格兰根本就不存在任何具有现代性的、中央集权化的、便捷高效的法律体系。这一时期，英格兰的规范体系被切割成许许多多不同的部分，王室法庭、封建法庭和地方法庭各自为政，它们运用着来源于罗马法、教会法、日耳曼法、封建法和地方法的各式各样的法律规则。依据普通法进行审判的王室法庭实际上只拥有寥寥几位法官。直到 18 世纪，与其他各种法院受理和裁判的案件相比，王室法庭所接触的案件无论从数量上，还是从重要性上，都远远不及前者。

　　而且，最近二三十年来，这些历史学家特别注意强调一点，普通法实际上是在一个由法国人所运营的封建王朝中逐渐形成并发展起来的规范体系，为了确保王室法司法权的至高地位，这套规范体系在很大程度上借鉴了罗马法学家和教会法学家的设计与规划。在普通法的形成时期，法学家发挥了十分关键的作用，他们把大量发源于共同法的术语、概念和方法引入了英格兰。在诸如监护、诽谤等法律领域，普通法受到了教会法庭审判程序的强烈影响。此外，直到 15 世纪后期，罗马法学家还能出庭辩护。普通法的法官或许直到 18、19 世纪都把罗马法当作一个重要的援引和参照对象，尤其是当他们试图寻找新的见解，或是想要创造或重塑某一种规范类型的时候，罗马法就变得更加重要了。当然，对于这些普通法的法官来说，罗马法并不具有当然的拘束力，不过这并不意味着罗马法毫无意义，事实上，罗马法所蕴含的丰富法律智慧常常给他们带来有益的启发。同一时期，律师和法官或许都把罗马法当成一种帮助他们更好地理解普通法的工具，这与欧陆的法学家擅于把罗马法发展成为一种解读"特别法"（ius proprium）的工具相比，并不存在太大的差异。

毋庸置疑，英格兰历代国王不断扶植王室法庭的发展，并且依靠普通法程序来裁断案件，然而他们内心的期望与那些欧陆的君主们并没有差别，他们都希望不断扩张王室司法权，然后把那些封建领主牢牢地压制在国王的权威之下。英格兰和欧陆国家的国王们用以扩张王室司法权的手段其实也并没有太大不同，他们都宣称国王的职责在于维护领域之内的和平，或是宣布国王有义务确保社会处于和谐的状态。然而，当诺曼国王处心积虑地创制专属于王室的司法审判体系时，欧陆的君主们则主要依靠援引和适用共同法来达到集权的目的。他们相信，罗马法和教会法在融合之后将足以为他们提供具有普世性的价值观念，也足以帮助他们解决那些发生在不同法域之间的社会

114 冲突。例如，今天的学者发现，共同法之所以在（现今的）德国顺利扎下根来，就在于那里的皇帝迫切希望麾下各据一方的骑士们能够和谐相处，而适时出现的共同法恰好满足了他们的这一要求。

如果这一派批判性的学术观点站得住脚，那么，英格兰与欧陆之间的分歧很可能并不是从一开始就那么大，而是大概到14世纪至15世纪时才变得比较显著，因为英格兰的王权直到这一时期才最终扩张到王国的全境。另一个具有决定性的因素与法官的知识背景有关。到了那个时期，英格兰大多数君主在任命法官的时候，已经不再青睐神职人员或法学家，而是选择那些从未接受过罗马法或教会法教育的官员充当法官。这些法官没有经过大学风气的熏陶，他们的法律知识大多是从王室法庭的审判实践中习得的，普通法（不包括衡平）的发展于是渐渐偏离了欧洲其他国家法律发展的轨迹。

为了解释英格兰和欧陆之间分歧逐渐扩大的历史原因，这些历史学家还提出了一个需要考虑的要素，那便是王室法庭在13世纪至14世纪开始大量运用陪审团进行裁判。陪审团起初由一定数量的当地人组成，他们经过集体宣誓的程序之后，负责回答由法官提出的各种问题。在11世纪至12世纪之间，陪审团在很大程度上被当作一个搜集地方风俗和习惯的工具，但是到了13世纪之后，鉴于诸如宣誓作证、决斗或神明裁判等古老的调查手段变得越来越不合时宜，陪审团的作用大大增强了。这一时期，陪审团不仅适用于民事案件，而且被引入刑事案件，其主要功能在于帮助法官发现事实（fact-finding）。一开始，陪审团成员仅仅需要向法庭提供关于他们所知晓的本乡本土的具体情况，到了 15 世纪之后，陪审员可以向法庭提供任何引起他们注意的其他类型的信息。

陪审团也存在于欧陆各国的王室法庭，它们主要负责向法庭提供地方上的各种实际情况，因此从功能上来说，与英格兰的陪审团也差不多。但是，欧陆各国在 13 世纪之后陆续引入并强化了法庭调查程序，法官在认定事实和做出裁决等方面享有排他性的重要权力，陪审团就渐渐失去了用武之地。最终，英格兰和欧陆的法律走上了两条完全不同的发展道路。在欧陆国家，法官的职责在于实现应有的正义，他们在刑事案件中可以决定是否进行法庭调查，可以决定是否提审犯罪嫌疑人，可以判定现有证据是否充足，可以判定什么才是正义的裁判。而在英格兰，能够就是否提出指控、应当采信何种事实、是否应该遵循某一种正义的观念做出最终决定的必须是陪审团；法官需要做的只有用双眼紧紧盯住诉讼的程序，仅此而已。同样的差异在民事案件中没有那么显著，不过依然存在：欧陆的法官需要从头至尾确保审判的公正；而在英格兰，法官只需监督程序（尤其是诉答程序）即可，重要决策须交给陪审团做出。 115

上述差异固然相当之大，但这并不能说明，英格兰的法律体系是一个截然不同的新产物。有趣的是，很多历史学家都发现，普通法与古代的罗马法之间存在着惊人的相似之处。他们指出，首先，在这两种法律体系之中，纠纷解决方式和诉讼程序都处于十分核心的地位。其次，诉讼都被大致划分为两个阶段，其中第一个阶段由双方当事人展开对抗性的辩论（这在罗马体现为在裁判官面前进行的辩论，而在英格兰则体现为法官主持之下的诉答）；第二个阶段则由非专业人士（罗马的 iudex 和英格兰的陪审团）对事实进行分辨并做出最后的判决。最后，提供救济便意味着创设权利，这一点无论是对于罗马的裁判官，还是对于英格兰王室法庭的法官而言，都是成立的。而且，官方所提供的救济（罗马法的诉讼程式与英格兰的令状）起初都是针对特定问题的临时性处断，后来则被罗马裁判官或英格兰法官反复地运用于相似问题的处断。官方的反复运用最终使得一系列的救济方式被固定下来，在罗马，裁判官通过发布告示把这些救济方式公之于众；而在英格兰，民众可以在令状登记署公开查询有哪些救济方式可以利用。当诉讼程式和令状逐渐变得僵化之后，法律创制的活动转向其他途径：罗马出现了法学繁盛的景象，皇帝颁布敕令的数量激增；而在英格兰，衡平的体系和王室立法相伴而生。[53]

共同法与普通法之间的关系也许并不像很多人所说的那样，是一对双胞胎，但说他们是一对兄弟恐怕并不为过。有一位历史学家曾经指出，如果仅仅考虑"最基本的原则、构成性的观念、阐发意见的方法、思维的习惯"，那么也许可以"将普通法简单地视为由共同法衍生出来的一种变体，尽管普通法是一种十分怪异的变体，但是如果非要对普通法进行追根溯源，最终的源头也只能是共同法"。[54]稍有不同的是，诺曼国王或许以一种前所未有的方式极为成功地扩张了他们的权力，但他们所建立的制度体系依然是对欧洲法律文化的一种继承，而且一直影响到今天的欧洲。英格兰与欧陆国家的巨大分歧并不是出现在中世纪，而是出现在 16 世纪至 17 世纪之间。这一时期，英格兰的法律专家对历史悠久的普通法进行了全新的塑造，最终把普通法改造成反对王权的一件利器。我将在第八章中讨论这个问题。

第四部分

近代早期

第七章

共同法的危机与复现

单一性的社会是共同法存在的前提，具体来说，共同法建
立在一个经过基督教和罗马文化洗礼的拉丁基督教世界之上。
共同法形成于 12 世纪至 13 世纪之间。这一时期的天主教要求
每一个人，无论身处何时何地，都必须无条件地遵从基督的信
条。[55]新世界已经脱离了罗马帝国的形骸，却仍秉持着罗马的
精神气质，其中的每一个成员都心甘情愿地臣服于同一个中央
权威（教皇），共享着同一个"罗马—日耳曼"的文化传统。
在这样的背景之下，超越地方规范之间巨大差异的同一个法律
体系，也就是内部和谐的共同法，便自然而然地浮现了出来。
在这个单一性的社会之中，尽管也存在内部的分歧以及极端的
地方主义，欧洲不同地区的基督徒甚至处于互相敌对的状态；
但总体来说，这个时代的人还是生活在一种比较单一的社会环
境之中。新世界变成了一个共同体。

然而，到了 15 世纪至 16 世纪，关于共同体的信念开始面
临前所未有的巨大压力。欧洲的政治分离主义倾向愈演愈烈，
各国的王室不遗余力地彰显其主权，他们不仅强行将国王的主

权凌驾于各地封建领主之上，而且把矛头直指罗马教皇和神圣罗马帝国的皇帝，强调国王的主权也应当优先于这些传统之中的普世性权威。这一时期，各国国王努力地控制在他们眼中被定义为"王国领土"的疆域，并且努力地确保他们得以在这一疆域之内独享统治大权。他们认为，王权不仅高于其他政治权威，而且高于法律。到了16世纪，随着新教改革和天主教会内部的教派分化，欧洲的政治分裂变得更加剧烈。在这个原有政治和宗教体系濒于破碎的时代，曾经被长久地视为同一个基督教欧洲的共同法思想，也就自然地受到了攻击与挑战。

人文主义法学家与罗马法的语境化

在当时的欧洲，政治和宗教冲突迭起，这让人们越来越难以认同"同一个世界"的观念。那种在文化上、宗教上，甚至某种程度上也在政治和法律层面上保持着高度同一性的社会共同体那时似乎已经一去不复返了。需看到，最早从"同一性"观念之中撬开一道裂缝的人是欧洲的知识分子。从我们今天的知识体系出发，这批知识分子也就是所谓的"人文主义者"。

人文主义是文艺复兴的产物，具体来说，人文主义萌发于14世纪意大利出现的一场关于智识、政治和艺术的运动。这场运动声势浩大，并且迅速席卷了整个欧洲。文艺复兴颂扬了古典时代的精神，同时也将"人"置于关注的焦点。那些把注意力逐渐从法律、医学和神学等领域转向"古典七艺"（语法、逻辑、算术、几何、音乐、天文学和修辞）的一批学者，也就是我们今天所说的人文主义者。有一些人文主义者对于语言学十分感兴趣，倾力对欧洲各地的方言进行专门研究；另一些人文主义者则对历史学以及古代的物质文化产生了浓厚的兴趣，他们培养出一种对于古物的特别爱好，尤其热衷于讲述那些精湛的民间手艺、各地人们的特殊癖好、少数族群独有的观念是怎样随着时空流转而发生变化的。人文主义者普遍相信，人类的经验总是受到这些经验发生的时间、地点和方式的局限，因而对于人类经验的理解永远离不开包含着这些具体因素的语境。

人文主义者不断强调着欧洲不同地区之间的差异性，这强烈动摇了当时人们对于欧洲文化"同一性"传统的信奉与坚持。人文主义者鼓励大家用欣赏的眼光看待周围的种种不同，他们坚定地认为，特殊性已经取代普遍性，成为人类认识世界的出发点。

当人文主义者把他们的信念灌注于法律研究的领域，自然萌生出对于共同法理念的强烈反感。他们认为，共同法体现了一种完全无视历史语境的法律观。在人文主义者看来，那些经过大学氛围熏陶的法学家一直在对罗马法进行过度的解读以及缺乏根据的滥用，他们在运用罗马法解决纠纷之前，其实根本就没有把心思放在正确理解罗马法的精神内涵这个问题之上。人文主义者批判这种本末倒置的做法，他们认为，法律永远是创造它的特定社会环境的产物，因此，要想了解法律是什么，就必须对法律进行历史性（研究法律的历时变化）的还原，也就是说，必须首先将法律置于历史语境之中（在历史的上下文中研究法律）。

121　　人文主义者一方面指责当时的法学家未能关注罗马时代以来的社会变迁和语言发展，另一方面指责他们误读了那些被奉为经典的法律文献。共同法时代的法学家对于调和不同罗马法渊源之间的矛盾有着极大的热情。他们秉承经院哲学的方法论，把所有的推论建立在一个假定的前提之下，即认为表面上存在矛盾的各种法律渊源从本质上来说是一个内部连贯、和谐的整体。对于共同法来说，这一假定的前提当然有着举足轻重的意义，但是人文主义者却认为，这一假定的前提根本就站不住脚。事实上，摆在法学家面前的《民法大全》，特别是其中的《学说汇纂》，包含着大量偶然性和碎片化的段落。不同的作者在不同的时间写下这些段落，导致这些段落之间根本毫无连贯性可言。与此相反，每个作者都从自己所处时空的具体情况出发对某个问题发表意见，因而这些意见常常相互矛盾。

　　综上所述，人文主义者认为，支撑共同法存续的方法论上的假定前提已经不复存在了。法学家要想真正理解罗马法，就必须首先把罗马法放到历史语境之中，然后再展开审视。法学家必须考虑到他们自身所处时代与罗马时代之间的巨大差异，把罗马法当作一种不断经历着变迁的历史现象来看待。因此，法学家应当了解每一个重要文本的具体创作情况，把历史渊源不同的罗马法文献纳入若干不同的历史分期，然后按照不同地域把这些文献进一步区分开来。法学家还应当勇于承认这样的事实：罗马法内部不仅存在着多个法学流派，而且存在根本性的矛盾。

"高卢方法" 的出现

人文主义者的质疑声浪究竟对于欧洲法的发展起到了什么样的影响？今天的历史学家对这一问题争论不休。有些历史学家认为，人文主义者的批判直接催生出新的法学方法论，也就是一种源于法国的所谓"高卢方法"（mos gallicus）——之所以这样命名，主要是为了区别于既存的那种源于意大利的法学方法（mos italicus）。这种新的法学方法论是由法国人文主义法学家创造出来的。[56]与生活在11世纪的法学家全然不同，这些人文主义法学家运用一套历史语源学的方法来解读罗马法。借此，他们开始重新建构那些值得研究的经典文本。他们宣称现有版本中存在着大量的错误，为了清除这些错误，他们将一批极具批判性的新版本公之于众，并且试图毁掉那些他们认为存在重大错误的原有抄本。有些人文主义法学家甚至对那些形成于11世纪的经典文本进行重组，他们把原本按照主题分类的文本顺序打乱，然后按照谱系学的规则重新排列。

当人文主义法学家终于完成了重建罗马法这一重大任务之后，他们便积极投身于对重建文本进行具体分析的工作之中。

当他们将新的方法论用于解读罗马法的文本时，罗马法内部瞬间就涌现出数量惊人的矛盾。这是因为，新的方法论并不排斥矛盾的存在，反而充分地利用这些矛盾，借以说明身处时间长河之中的法律如何不断地变化、发展，并且说明法律如何在不同地区之间发生分歧。

122　　人文主义法学家似乎把他们的法学研究当成某种形式的考古学，他们费尽心力地考证罗马法在每一个特定历史时刻的具体含义。他们针对历经数个世纪积攒起来的法律解释进行细致的发掘，然后得出结论：这些法律解释其实并不能清晰地阐明法律的含义。人文主义法学家把罗马法文本还原到历史语境之中，界定罗马法术语的原始含义，探究罗马法规范如何随着时间发生变化，并且对每一个罗马法文本的片段进行孤立的研究。他们不期望像 11 世纪至 12 世纪的法学家那样，重新建立一个内容连贯的规范体系，而是期望发现一个不断变动的鲜活的规范世界。

　　人文主义法学家在对重建文本进行仔细阅读的过程中，无法回避将那些存在于古老时代的知识运用到他们的分析之中。他们同时阅读那些与法学毫不沾边的历史文献，从而加深对于古代世界所遗留的物质文化的理解。他们还阅读那些早在罗马法诞生之前就已经存在的古希腊文本，与此同时，他们也很关心拜占庭帝国的法律渊源。他们虽然以罗马法为主要研究对象，但也常常顺带研究封建法和教会法。人文主义法学家通常在他们的作品中，把中世纪欧洲的法学研究描绘为一种"天大的误解"，因为在他们看来，中世纪的法学家对于古典文化一无所知，对于时间的流逝视而不见，而且他们最要命的错误莫过于竟然迷信"法律是内部和谐的永恒智慧"这样的鬼话。

新教改革

　　随着新教改革的到来，人文主义法学家的理念迸发出极为强大的能量，对欧洲法产生了极为深远的影响。1517 年，马丁·路德针对赎罪券（一种为了减少在炼狱中停留的时间而向教会购买的契券）发表言辞激烈的《九十五条论纲》。一般认为，这就是新教改革的开端。事实上，路德既不是第一个抨击赎罪券的人，也不是最后一个，但是他的呼吁的确引发了基督教内部大规模的改革与反改革运动。且不论路德的抗议为什么能够引起如此巨大的波澜，以致教会从内部解体为天主教和新教两大阵营，仅从法律史的角度来看，新教改革能否算是一个法律发展的转折点？今天的历史学家对此持有完全不同的观点。不过，在试图解答这一问题之前，我们首先需要思考，欧洲是否真的存在一个单一的信仰共同体？其次，即便存在这样的共同体，那么这个共同体是否真的可以依靠一个单一的共同法来加以治理？对此，16 世纪中叶的知识分子当然会给出否定的答案。从某种程度上来说，普世主义的单一教会法已经被彻底颠覆，新的宗教教派（现在被称为新教）开始酝酿自己的法律规范，至于共同法能否安然渡过这场危机，局势在 16

123

世纪中叶还不明朗。

新教改革也间接地暗示教徒们要遵从法律的引导，但是并没有言明是遵从哪一种法律的引导。新的教派依然信仰上帝，但是在改革之后的新教教会里，救赎变成了一件不需要通过法律就可以解决的私人事务。法律无法像从前那样帮助信徒获得信仰，因此，法学家也不再是信徒之友，相反，变成了信徒的仇敌。对于各国当局来说，除暴安良、匡扶正义不再具有任何宗教上的意义，而转变成他们的一项世俗义务。无论如何，正如马丁·路德在他的著名文章《论基督徒的自由》中所指出的那样，信仰完全依赖于上帝的恩典，而不依赖于对法律戒条的盲目而机械的顺从。由于《圣经》当中已经包含了基督教徒需要知道的所有东西，因此人们要做的只剩下按照上帝的吩咐将《圣经》翻译为各地方言，并确保人手一册。

新教改革更新了人们的世界观，并对欧洲的规范性秩序产生了潜移默化的影响。这场改革从根本上否定了欧洲只存在一个单一的信徒群体的命题，也否定了所有基督徒都共同地遵从一个单一教会法的可能性。由于新教认为教徒获得救赎既不能依靠法律，也不能依靠法学家，这导致既有的规范体系几乎完全被边缘化了。从政治上来说，新教改革导致天主教和新教处于激烈的对立状态，各种新教教派之间也存在着重大的分歧，这直接导致了长达一个世纪之久的宗教战争。不同阵营的教徒时常因为教义上的分歧而兵戎相见，当然，宗教战争的背后往往也潜藏着各种实权派在经济、政治和社会等方面的野心。无论如何，宗教战争以极端暴力为特征，将家庭、城市、地区和王国撕扯成无数碎片，进一步削弱了人们对于基督教世界的普世性和同一性的信仰。

人文主义与新教改革的复合影响

人文主义与新教改革的结合体具有极端颠覆性。共同法所倚仗的单一宗教已然支离破碎，不过共同法所倚仗的另一个对象，即罗马法，却依然屹立不倒。罗马法长期以来在欧洲享有极高的权威，其原因在于，罗马法可能是解决欧洲不同地区之间法律冲突的唯一手段，也是协调欧洲不同地区之间法律矛盾的重要工具。当然，罗马法的权威也来自于其众所周知的光辉历史，以及教会的鼎力支持。不过到了这一时期，教会的支持变得无关紧要，因为许多教徒都不再遵从《圣经》以外的教义。此外，中世纪法学家被认为滥用了那些歪曲事实的方法，不免坠入错误的深渊。这种情况之下，共同法的地位遭遇挑战也就不足为奇了。

起初，人文主义与新教改革的结合体似乎并没有那么强烈的颠覆性。例如，在信奉新教的德国和荷兰，人们继续坚持研究和运用罗马法，甚至加深了对于罗马法的依赖。[57] 不过，到了 16 世纪中叶，人文主义法学开始与新教思维融汇成一股强大的思想潮流。宗教改革家挑战教皇的权威，主张复归早期基督教的无政府状态（据说能够体现出更为纯真的信仰）；人文

124

主义法学家则秉持十分类似的观点，只不过他们挑战的对象不是教皇，而是法律的权威。他们希望新时代的法学家能够挣脱由前几代法学家悉心打造的法学牢笼，去寻求一个所谓的"真正"的罗马法。此外，宗教改革家和人文主义法学家都认为，只要正确地理解那些源自古典时代的文本，就可以返璞归真。约翰·加尔文对于《圣经》的评注（1540年至1557年）就显现出这样的观念。加尔文曾经在大学中接受正规的法学教育，他深受"高卢方法"的影响，深深认同"历史与当下之间存在差别"的观念。在这一观念的基础之上，他进一步形成了关于阅读和理解古典文献的独到理论。

地方法的新形象

人文主义法学家奋力挑战宗教权威，抨击宗教法律的戒条，与此同时，他们也针对当时的政治趋势展开了十分尖锐的批判。他们对于欧洲各地不断扩张的王权感到忧心忡忡，尤其难以接受的是各国国王对于"君主至上论"的大力鼓吹。法国是"高卢方法"的策源地，为了批判王权扩张，这里的人文主义法学家不约而同地将目光聚焦于地方法。他们认为，既然所有的法律都是社会的创造物，那么法国就一定存在某种在性质上仅仅属于法国的纯粹的法律，这种法律既不同于共同法，也不同于欧洲其他地区的地方法。

本着这样的信念，法国的人文主义法学家开始对"纯粹属于法国"的法律进行想象和构建工作。他们搜集了大量的地方法，并且试图理解这些地方法之间的共性与差异。他们在比较、甄别这些素材的时候，并没有停留于"就法律而论法律"的层面，而是时常论及与法律相关的政治问题。这些人文主义法学家主张，真正植根于法国传统的纯粹的法国法应当拥有凌驾于一切其他法律渊源之上的最高权威。因此，法国领域之内 125 的所有人，自然也包括国王本人，以及其他王室成员，都必须受到这一规范体系的同等约束。

为了寻找纯粹的法国法，法国的人文主义法学家也把目光转向了封建法。他们从封建法中意外地发现了很多十分重要的素材，完全可以用来帮助他们表达对于政治和宗教的批判性意见。通过对封建法的研究，他们总结出一个相当重要的观点：领主与封臣之间的关系是通过一个协议形成的。尽管达成协议的双方有可能地位完全不平等，但是这一协议仍然包含了对双方都有约束力的义务。由于政治上的支配与被支配关系可以建立在协议之上，因此，如果国王不能妥善地履行他与臣民之间的政治协议，臣民就可以顺理成章地将他视为暴君，并且可以顺理成章地把他赶下王座，另立新君。这一理论后来演变成一种相当激进的政治哲学，它使得臣民对于君主的激烈抵抗和暴力革命获得了合法性。17 世纪的英格兰和 18 世纪的法国各有一位国王被送上了断头台，他们便是这种政治哲学的牺牲品。

法国的习惯法

弗朗索瓦·霍特曼（1524 年至 1590 年）是法国的一名人文主义法学家，也是一名新教徒，从他的作品之中，我们可以清晰地看到当时不停涌动的思潮。霍特曼就读于奥尔良大学，后来在巴黎的大学讲授罗马法。曾有一段时间，霍特曼被流放于日内瓦和洛桑，在此之后，他返回法国并继续他的法学教师生涯。霍特曼毕生致力于发现纯粹而独特的法国法，他把这样的规范界定为"习惯法"，并且认为法国的习惯法并非源于罗马法，而是源于日耳曼法。

霍特曼在其著名作品《反特里波尼安》（*Anti - Tribonian*，1567 年）中大胆地主张摒弃罗马法和教会法对于法国法的影响，他把罗马法和教会法视为外来因素。霍特曼倡导改革当时的法学教育，他批判大学对于法学教育的垄断，并建议大学教授们应当向学生们传授法国法的知识，而不是一味地教授罗马法。霍特曼坚信，通过研究《民法大全》来揭示罗马法的概念纯属无稽之谈。这是因为，《民法大全》的颁布时间相当晚近（6 世纪），而且根本就是产生于罗马世界的外部（东罗马帝国）。因此，《民法大全》其实根本就不能诠释罗马法的真正含义。

霍特曼晚年的作品，例如《法兰克—高卢》（*Franco - gallia*，1573 年），则进一步阐发了他的这些观念。他在这本书中试图揭示法国政治制度的起源。最后他得出结论：对于法国来说，一切政治制度都发源于君臣之间缔结的政治协议，而正是这一政治协议的存在，从根本上瓦解了"君权至上论"的合法性。霍特曼指出，根据这一政治协议，法兰克人在君主制建立之前就享有某些自由，而且这些自由一直存续至今，从未被彻底废弃。事实上，国王与臣民之间的政治协议早已体现为习惯法，国王不能通过援引罗马法来违背法国的习惯法，因为后者对于法国人来说，乃是一切合法性的来源。

习惯法为何独享殊荣？

最早发现习惯法具有强大力量的学者，其实并不是霍特曼所处时代的人文主义法学家。我们在第一章曾经谈到，当罗马的市民法（罗马市民的身份）被扩展到帝国全境之后，罗马的法学家就承认各种地方法律体系的有效性，并且通过重新分类的工作将它们纳入罗马法的单一体系，将它们统称为"当地习惯"。进入共同法时代之后，法学家们对于习惯法有了全新的认识。上溯至 12 世纪至 13 世纪，很多法学家都有搜集各地口述习惯法的爱好，他们把这些弹性十足的习惯改造成正式的、成文的规范。14 世纪至 16 世纪之间的法学家努力地清查欧洲各地的习惯法，乐此不疲。他们挖地三尺，把那些潜藏于乡镇、市井以及王国各个角落中的习惯法找出来进行验证，厘清其中的规范性因素，然后用文字将它们固定下来。从理论上来说，清查习惯法的工作仅仅是将那些既存的民间习惯按照其本来面貌登记造册，但是在具体操作的层面，这些淳朴的习惯已经在很大程度上被负责记录它们的法学家篡改了。

当然，对于习惯法加以改造的进程是极为缓慢的。在中世纪早期，发生在基层的冲突往往由乡镇集会或是陪审团（集体宣誓作证）来解决。时至今日，几乎所有的历史学家都认为，基层裁判必然依赖于某种相当朴素的是非观念，同时，裁判者还必须考虑某种决策在本地是否能够行得通，他们很少会用那些抽象的法律原则来说事儿。我们掌握的证据虽然不多，但也能隐约地看出，绝大多数裁判要么是在参审的本地人集中讨论之后做出的，要么就是由某一个把持权柄的个人根据他的个人好恶而独断地做出。没有任何证据能够表明，这些基层裁判的依据是某些先例，或是某些既存的规范。

不过，这只是习惯法一开始的样貌。13 世纪之后，经过那些共同法学者的加工，习惯法发生了根本性的转变。欧洲各地的基层治理大多都是依靠"习俗"，也就是说，那些长期存在于实践之中的做法已经成为不言而喻的规定。今天的法学家普遍认为，乡镇集会或陪审团用以解决纠纷的那些并不是被无中生有地"创造"出来的，因为那些规则早就存在于田间地头、寻常巷陌，裁判者不过是临时"发现"了它们，并把它们运用于化解冲突的实践之中罢了。根据这一观点，地方法并不是为了解决特定问题而被商议出来的新规则，而是基层社会在漫长演化的过程之中自发生成的一系列规范（习俗）的

127

集合。

如果这种观点是正确的，那么乡镇集会和陪审团内部的协商活动就有着完全不同的性质了。也就是说，中世纪欧洲的基层民众之所以聚在一起，并不是为了就某一些具体问题进行讨价还价，以防止暴力事件在本地发生，而是为了一起确认和运用那些既存的本地规范。从 14 世纪之后，乡镇集会便不再把注意力放在为具体案件寻找特定的解决方法之上，也不再过问某种解决方法是不是能够让争议双方同时满意，而是直接向法学家询问本地的习惯法究竟是怎么规定的。这一时期，法学家将会对参加乡镇集会的民众或是陪审团中的陪审员进行预先询问，调查他们是否充分了解本地的公共秩序，进而分辨他们所了解到的地方习惯是不是真实和准确的。为了做到这一点，法学家首先需要收集大量的相关陈述，然后进行比对，最后才能总结出什么是"真正"的地方习惯法。法学家总结出来的地方法往往是稳定的、古老的、经久不变的法律规范，他们认为这就是在本地一代一代传承下来的具有公共属性的制度遗产。这些法律规范中通常包含着专由当地人享有的各种特权。

根据这种理解，地方法代表着那些历久弥坚、古老到难以追溯源头的乡土习惯，法学家开始对这些规范进行抽象化、类型化和一般化的塑造。他们将散乱分布于广阔时空中的纠纷解决方式进行系统化整理，并且主张所有这些纠纷解决方式都有着完全一致的机理。法学家希望从中提炼出一些能够摆脱时空条件约束的地方法规范，并试图用这种地方法规范统一应对所有情况类似的案件。对于地方法来说，从抽象化到集中化的发展趋势不仅相当迅猛，而且有着重大的意义。到了 14 世纪晚期和 15 世纪，某些本来发源于某一个小地方的习惯法开始突破了原有的地理边界，迅速成为通行于整个地区的基础性规范。

在这一发展过程之中，那些以共同法为根基的法学家发挥了重要的作用。此外，王国内部的各级官僚机构也同样重要，他们开始重新界定地方与中央之间的政治关系。王国这种大型政治体的内部存在着不计其数的诸如村、镇等较小的政治体。随着地方法的发展，人们开始关注这些较小政治体的内部组成情况，以及成员所享有的特权。事实上，对于生活在欧洲每一个地方的每一个人来说，他们都有必要认清自己所处的地方有着怎样的传统，同时有必要了解中央政治权力究竟在多大程度上限制了本地人的行动自由。基于这种需求，各地方纷纷制定政策，将本地的规范性秩序记录下来，当然，有的时候仅仅是为了单纯地保存这些传统，有的时候则是为了改变它们。王国内部的各级政府十分努力地推进地方习惯的规范化，并且大力拓宽地方法的适用范围，减少每个乡镇各行其是的混乱现象，从而有效地降低了整个法律体系内部的复杂性。

除了政府机构和法学家的助推之外，新出现的文本记录技术也发挥了重要的作用，以往口耳相传的习惯可以被快速地转化为白纸黑字的规范。然而，源于习惯的地方法不断流行于欧洲各地，并且受到人们的瞩目与欢迎，这似乎表明，法律完全可以自发形成，而无需经过国王和法学家的刻意创制。有趣的是，这恰好也证明了站在地方法对立面的共同法的生成逻辑。德国的法律史学家曾经认为，德意志民族神圣罗马帝国直到15世纪至16世纪才投向罗马法的怀抱，他们把这一过程描述为罗马法的"继受"（Reception）。据他们分析，德国之所以会走上"继受"罗马法的道路，就是因为本地的日耳曼习惯法太过分散和混乱，以至于很难付诸实践。但是，现在看来情况并非如此，德国早在16世纪之前就早已受到了共同法的深刻影响。事实上，那些有着共同法背景的法学家在14世纪和15世纪曾经对日耳曼的习惯法进行了大刀阔斧的规范化改造，他们不仅搜集、记录这些地方习惯，同时也在不断地修正它们。到了中世纪晚期，无论在德国，还是欧洲的其他地方，共同法与习惯法这两个本来相互对立的规范系统开始发生了融合。需看到，此二者的融合到了19世纪再次变得至关重要，当时的德国法学家在推动法典化的过程中几乎完全倒向了罗马法一边，但他们的根本目的其实在于发展出一种系统地理解和编排地方习惯法的机制，以便将散布于德国各地的日耳曼法有机地整合起来（参见第十二章）。

君主制与习惯法的成文化

习惯法的成文化普遍发生于欧洲各地，由霍特曼开创的法国传统则极具代表性地体现了成文化的特征。早在13世纪至

14 世纪，很多法国的法学家就开始着手对地方法进行汇编。他们以本地语言为载体，按照《民法大全》的结构框架将地方法编排起来，在当时产生了广泛的影响。到了 15 世纪至 16 世纪，法国国王投身于习惯法成文化的进程之中，全面开启了官方清查、编纂习惯法的巨大工程。首先，编纂委员会将不同的习惯法地区划分开来；其次，编纂委员会在每一个地区召集三个社会阶层的人士（贵族、僧侣和平民），组织他们与委员会成员以及本地的律师一起开会座谈。座谈的内容首先便是确认什么可以算作本地的习惯，而后把这些大家都认可的地方习惯逐条记录在纸面上，对其加以详细的解释。到了 16 世纪后半叶，法国各地的习惯法大多被记录在案。

通过参与这一旨在清查习惯法并将它们编纂起来的国家工程，法国的法学家获得了更多的灵感，他们初步把法国划分为两大法律区域：一为成文法区（pays de droit écrit），罗马法在这里占据着主导地位；二为习惯法区（pays de droit coutumier），当然，这里也并不是除了习惯法之外什么都没有。这两大区域的划分显然在表面上把罗马法与习惯法对立起来了，似乎前者是成文的，后者仍然停留在口头上，当然，实际情况并非如此。法学家对两大区域的划分依据主要与当地习惯法成文化的修辞方式有关。除此之外，当时有很多学者宣称法国的习惯法早在遥远的过去就被创造出来了，并一直延续至今，但是官方汇编的习惯法调查报告表明，这种说法只是一个主观臆断的谎言。在 16 世纪，编纂委员会制作了很多习惯法调查报告，这些报告的内容非常丰富，不仅包括委员之间的各种争论，还包括这些委员针对各地民众的访谈记录。我们从这些报告中得知，委员们并不只是客观忠实地记录他们在各地所采得的规范，而是相当主观地把那些他们认为值得写下来的规范记录在案，同时相当主观地按照他们认为合适的方式对这些规范加以修补。经过一番取舍和剪裁，各地的习惯被重新塑造了一遍。此外，当时法国的罗马法学者大量参与了搜集地方习惯的工作，受到他们思维模式的影响，这些地方习惯迅速脱离了原本的口头属性。

我们没有理由认为，法国的某些地区存在着纯粹的口头习惯法，而其他地区就绝对不存在这种类型的法；同时，我们也没有理由认为，法国的习惯法与罗马法处于相互对立的状态。实际上，法国的法学家会相当熟练地运用罗马法中的术语、标准和原则来记录和诠释各地的习惯法，这与在欧洲其他国家发生的情况并没有什么显著不同。在习惯法被编纂为法典之后，其自然而然地变成了学院派的研究对象，或者说，变成了法学家注释和评论的对象。因此，即便我们可以在头脑中假想出一个没有沾染过一丁点儿罗马法的纯粹的地方习惯，那么这样的地方习惯也不可能存在于法国，至少不可能存在于中世纪晚期至近代早期的法国。

结论: 习惯法的政治效用

霍特曼原本希望通过习惯法的成文化来约束国王的行动，使其不至于为所欲为，进而达到限制王权扩张的目的。然而，法国国王却借助习惯法成文化的进程达到了与之完全相反的目的。客观而言，国王在推进各地习惯法成文化的过程中接管了地方的规范秩序，并且对这些秩序进行了釜底抽薪式的改革。参与习惯法成文化的王室官员们都深深懂得这一工程背后的政治目的。通过辨别哪些习惯值得保留，哪些习惯必须铲除，这些官员不断地把中央的意志强加于地方。与此同时，这些官员建立起一套通行于法国各地的习惯法，进而有效地将原本奉行不同习惯法的各个地方整合了起来。对于王室御用的法学家来说，对习惯法进行成文化改造就意味着将这些规范固定了下来，它们也就再不会不受控制地野蛮生长了。地方习惯一旦停止自发生长，中央与地方之间也就无所谓什么冲突可言。更为重要的是，习惯法一旦转换为成文法，就变成了王室法的一部分，同时也就脱离了原本滋养它生长的乡土环境。也就是说，它之所以具有合法性，而且人们之所以遵从它，并不是因为它代表着乡土的秩序，而是因为它代表着国王的意志。

长远来看，习惯法成文化的目的并不在于维持和保存习惯法，而是引入法律变革的一种手段。习惯法的成文化并没有像霍特曼所预期的那样，让社会基层维持一定程度的自治状态，也没有将民间的口头文化保存下来。与此相反，习惯法的成文化开启了一个以王权扩张为特征的全新时代。经过官方的大规模清查和登记，法国的地方法不再植根于乡土社会。因此，本地人不再是本地习惯的专家，反而是那些从未在本地生活过的人变成了本地习惯的专家，只有他们才能告诉本地人什么是本地的习惯。讽刺的是，尽管人文主义者与国王势同水火，但他们竟然对习惯法抱以同样的期待，那就是希望习惯法能够取代共同法，获得权威性的地位。对于霍特曼而言，经过成文化的习惯法意味着一个可以用来抵制王权扩张的纯粹的法国法；对于国王们来说，习惯法的成文化是一种增强其政治支配力的重要方式，他们可以打着恢复古老法律传统的名义实现对地方的有效控制。然而，这个故事的结局不免让人文主义者与国王们大失所望：共同法不仅成功地渡过了 15 世纪至 16 世纪的危机，而且，通过将成文化之后的习惯法纳入研究范围，共同法迈入了新的辉煌时代。

第八章

普通法的危机与重塑

　　16 世纪的英格兰经历了一个在宗教、政治、社会和经济等各个方面冲突尤为激烈的历史时期。国王与教皇的对抗导致了英国圣公会的诞生。由于国王亨利八世没有男性后裔，国家陷入了王位继承的危机，数位竞争者摩拳擦掌，站在他们背后的则是各路强大的政治派系。一时之间，政客们关于王位继承的争论甚嚣尘上，这不仅涉及谁是合法继承人的问题，更为关键的问题是，究竟谁有权决定王位继承的规则。需看到，新教改革同样把英格兰人划分为天主教徒和新教徒两大阵营，而在新教内部又包含着多个不同的教派，因此，政治斗争往往与宗教上的对抗裹挟在一起，难分彼此。刚进入 17 世纪，英格兰又出现了新的问题。英格兰与苏格兰联合（1603 年）的政治事件引发了大范围的社会争论，人们弄不清楚，苏格兰国王升任英格兰国王之后是否会导致两种法律体系的合并与统一。新国王詹姆士一世在加冕典礼上正式宣称，所有古代的法律在事实上都是无效的，对于这一宣言又该如何理解呢？不仅如此，詹姆士一世还宣称，国王并非屈居于法律之下，而是凌驾于法律之上，国王只向上帝负责；而且，国王的权力并非来源于人民，因此国王的权力也不会受到所谓君臣之间政治协议的约束；国王之所以是国王，完全源于神的指派。

詹姆士一世的这番言论导致国王与议会之间爆发了激烈的冲突，这进一步加剧了政治环境的复杂性。1611 年，詹姆士一世解散了议会。在接下来的几年时间里，以爱德华·科克等一批法官为代表的英格兰司法系统针对这位自命不凡的国王展开了顽强的抗争。这些普通法法官一致认为，国王在法律之下，而绝非在法律之上，因此他们这些法官可以针对国王行为的合法性进行审查。这场权力之争一直延续到詹姆士的儿子查理在位的时期，包括科克在内的一大批杰出的法官遭到了解雇，另外有一些人遭到了弹劾，某些法院机构则被裁撤。与此同时，英格兰司法系统的内部也发生了分裂，适用普通法的王室法庭是议会的坚定支持者，因为他们常常赞同议会针对国王的指控；与此同时，当时的人们普遍认为，适用衡平的大法官法庭站在国王的一边。与普通法法官不同，衡平法官在就任之前一般接受过罗马法和教会法的正规训练。由于衡平法官的任务往往是在普通法法官无法针对某些当事人提供一般救济的情况下为他们提供超乎寻常的救济，从理论上来讲，衡平这一规范体系本身就建立在超出普通法管辖范围的那部分国王权力的基础之上。[58]因此，普通法的法官和律师很自然地就把衡平法官视为国王权力的代言人了。他们指责这些衡平法官在英国适用外来的法律体系（罗马法和教会法），并认为这一举动无论

132

在政治方面，还是在宗教、文化等方面，都具有相当大的危险性。詹姆士一世在 1616 年宣布，如果普通法与衡平相冲突，则优先适用衡平。不过，这一举动显然无益于改善普通法与衡平之间本来就不太正常的关系。

随着苏格兰和爱尔兰先后叛乱，加上时断时续的外敌入侵，英格兰内部的各种冲突终于演化成为一场内战，代表查理一世的国王军队与代表议会的议会军队终于兵戎相见。内战期间的英格兰一直处于无政府的状态，直到 1648 年，议会指控查理一世违背了国王与人民之间的政治协议，判决他犯有叛国罪并处以死刑。查理一世在 1649 年被送上了断头台，国会宣布废除君主制，裁撤上议院，同时建立起一个由奥利弗·克伦威尔——议会军队的统帅——出任国家元首的共和制国家（英格兰联邦）。1660 年，查理一世的儿子成功复辟，并恢复了王权，但国王与臣民之间的关系已经被永久地改写了。

尽管内战以议会的胜利告终，但长期存在于英格兰内部的政治与宗教冲突并没有因为 1649 年的到来而彻底解决。1688年，为了防止天主教徒继承王位，议会邀请娶了信奉新教的玛丽公主的荷兰奥兰治公爵威廉前来英格兰秉持国政。威廉指责英格兰国王詹姆士二世滥用权力，于是亲赴英格兰，陈兵于野，对抗詹姆士二世的军队。一场大战之后，詹姆士二世落败而逃。议会宣布王位空虚，希望威廉和玛丽能够共同继承英格兰的王位。当然，这是一个附加条件的邀请，议会在一份文件中十分详细地罗列了如果这对夫妻登上王位必须接受的各种条

133

件。这份诞生于 1689 年的文件被后人称为《权利宣言》（*Bill of Rights*），其中最重要的事项就是规定了对国王行为的各种限制。

今天的历史学家通过回顾这段历史来解释现代性（modernity）的起源，他们认为 16 世纪至 17 世纪的英格兰开启了一个全新的时代。很显然，与过去相比，新时代的意识形态、行动策略、关注对象、文化形式与实践活动都发生了根本性的变化。这些历史学家试图在 16 世纪至 17 世纪的英格兰历史中搜寻个人行为与社会关系网络的演变历程，以便对现代性产生的原因做出些许有价值的论断。接下来我将探讨以下问题：现代性究竟形成于哪一种法律框架之下？法律自身又因此发生了怎样的变化？

不尽人意的法律体系

正如我们在前文谈到的那样，形成于 12 世纪至 13 世纪的普通法本来是王室司法权发展的直接产物。随着王室法庭的管辖范围逐渐扩张到王国全境，国王需要解决一些最基本的问题，例如，确定哪种类型的案件可以由王室法庭受理；再例如，确定王室法庭处理案件应当依循什么样的程序；等等。这些重要的规则具体被规定在令状之中，国王通过签发令状指示王室官员们按照特定的程序受理特定的案件。从理论上来说，王室官员需要做的事情仅仅是适用现有的法律，但随着令状数量的成倍增加，这些王室官员成为法律创制的实际主体。在普通法的逻辑当中，能够将案子诉至法庭就意味着能够从法官那里得到救济，能够获得救济就意味着确认了一种权利。反过来说，如果无法找到有效的救济方式，就意味着无法确认这种权利，或者根本就不存在这样的权利。

这一王室司法体系适用的法律，也就是我们所说的普通法，在 12 世纪至 13 世纪迅猛发展，但是从 14 世纪开始，便遭遇到不小的压力。封建贵族和领主们越来越激烈地抵制王权的扩张，这导致接下来的几代国王被迫承诺停止创制新的令状。然而这样一来，王室司法体系便无法创设新的救济，也就难以满足新的社会需要了。面临停滞的压力，国王只好选择变革，他们授权大法官直接以正义为宗旨，在一些新的案件中给予当事人超常规的救济。此外，国王也开始通过制定成文法的方式影响法律秩序，设置新的规则和程序。

134　　英格兰的法律开始变得错综复杂，各种各样的法律渊源纠缠在一起。今天有一些历史学家认为，到了 16 世纪至 17 世纪，情况进一步恶化，英格兰的法律变得十分僵化难用；另有一些历史学家指出，英格兰的法律完全失去了透明度，各种司法程序和救济方式穿插交织在一起，对于门外汉来说，简直就是一团乱麻，即便对于业内人士来说，也很难分辨得清楚。法庭上的官方语言是拉丁语和法语，而不是本地人使用的英语；而且，法官总是采用一种特殊的注释风格（被称为"法庭之手"）来阐发意见。这使得法官的工作变得无法被常人理解。

很多临时应对社会变化的规则从未经过系统化的加工，散乱无序地安插在法律体系的内部。从这时起，英格兰的法律体系开始出现了连锁性的症候：法庭案件审理的过程中存在着巨大的不确定性，谁都无法预见裁判的结果；处理纠纷的成本极端高昂，效率却极度低下；整个体系功能紊乱，甚至达到了无法运转的地步。

当时的人们还普遍抱怨多种管辖权并存的混乱情况，各种司法权相互倾轧，各种类型的法庭相互拆台，不同性质的规范体系之间存在着巨大矛盾。普通法和衡平的法庭都源于王室司法权，与之并列的还有数以百计的各种封建法庭、教会法庭和城市法庭，每一个法庭都遵循着完全不同的规则和程序。当然，时值王室司法体系建立的中世纪，司法管辖权多元并存的局面被人们视为一种常态。这一时期，绝大多数律师、法官和知识分子都相信，多元并存是一件好事，因为这种局面相当灵活，而且准确地反映了社会本身的复杂性：国王尽管从名义上凌驾于封建领主和城市贵族之上，但是却不能实际控制他们。然而，随着现代性的降临，商业活动变得愈发活跃，移民数量不断增加，坚持多元并存就不合时宜地成为了一切混乱的根源。于是有些人提出要对法律秩序进行整合，改变这种混乱的局面。他们认为，英格兰的法律需要经过理性化的加工，日积月累的法律知识需要经过体系化的改造，各种司法管辖权以及各种规范体系应当明确相互之间的层级关系，由此才能保证英格兰的法律具有更大的确定性和可预见性。

对于 "国王正义" 的质疑

时人针对司法审判缺乏透明度、高成本低效率、多重规范体系并存等问题的质疑之声甚嚣尘上，虽然这些批评十分尖锐，但并没有触及普通法体系的核心问题。当时绝大多数的律师、法官和知识分子都乐观地认为，只要采取一些必要的改革措施，情况就会发生根本性的好转，普通法还可以持久地存在下去。然而，到了 16 世纪至 17 世纪，一个更危险的因素被添加进来：君主制在剧烈的宗教和政治动荡中受到越来越多的质疑和批判。对于普通法来说，这才是致命的威胁，因为普通法在 12 世纪、13 世纪乃至 14 世纪的发展历程中，始终与王室的权威牢牢地绑定在一起。换句话说，普通法之所以能够扩张，就在于当事人相信王室法庭更公平，相信国王委派的法官能够比其他类型的法官或行政官员更加无偏私地、高效地处理他们之间的纠纷。国王有着追求公平正义的强烈意愿，而他的臣民也希望把纠纷交给国王来处理，这两个因素共同促成了王室司法权的形成与发展。随着越来越多的人选择绕开封建法庭和城市法庭的管辖，投向王室法庭的怀抱，王室司法令状的生成速度越来越快，普通法的影响也就越来越大。

然而，到了 16、17 世纪，国王（女王）自身变成了社会争议的焦点。时人对于如何产生王位继承人这个问题存在着很多种不同的意见。随之而来的，还有针对现任国王的所作所为是否具有合法性的质疑，有不少人指责国王（主要是针对查理一世和詹姆士二世）滥用职权。另一个引人关注的问题是国王与法律的关系，究竟是王在法上？还是王在法下？这一问题的答案有着现实的意义，它决定了国王立法是否立即生效，还是必须经过议会的批准才能生效。普通法法官与衡平法官之间的紧张关系是这一问题的另一种表征，这两种法官都是王室官员，但是他们却常常陷于严重的冲突之中，他们给出的法律解释大相径庭，这实际上是把政治辩论引入了法律适用的领域。普通法与衡平体系之间很难说谁高谁下，前者独特的专家队伍和规则体系得到议会的大力支持，后者的背后则站着国王，还站着一大批负责维护运营的罗马法和教会法的专家。如果国王不满意法律体系的变革，他能够左右变革的进程吗？国王干预法律的举动究竟是可以容忍的，还是完全非法的？17世纪的英格兰人把他们的国王当成暴君，或是将其送上断头台（查理一世），或是驱逐出境（詹姆士二世）。

国王名誉扫地的境况导致"国王正义高于一切"的命题岌岌可危。法律专家试图从人们既往对于王室权威的依赖之中拯救没落的普通法，他们指出，个别君主的堕落不会损害法律体系的整体声誉。他们试图将衡平纳入普通法的体系。为此，他们对普通法进行了全新的塑造，他们希望新的理论能够使普通法重新变得重要起来。

司法系统对于危机的回应

136   为了缓解这些压力，维持普通法的有效性，16、17世纪的法律专家提出了三个重要的主张。尽管这三个主张起初并没有得到所有人的一致认同，而仅仅代表了一小部分人的意见，不过从长远来看，这些主张还是相当深入人心的，它们不仅令人吃惊地扭转了普通法在当时的颓势，而且将这一改良的效果延及后世。

第一个主张，就是在普通法与王权之间划清界限。法律专家们宣称，普通法其实并不是王权干预司法的产物，而是植根于早在诺曼征服之前就遍布英格兰各地的习惯法。尽管国王指派的法官们在解决争议的过程中把这些习惯法重新捡了起来，但这些规范本身是由基层社会创造出来的，因而反映着古老的地方习俗。第二个主张，则是把普通法视为英格兰本土唯一有效的规范体系，认为普通法派生出了英格兰所有其他的规范体系，也包括衡平在内。因此，普通法应当凌驾于其他规范体系之上。第三个主张，则是宣称普通法规则不仅规定了国王可以做什么，而且规定了国王不能做什么。法律专家们指出，只要国王能够尊重传统，保障个人权利和社群的权益，那么民众就理应遵守与国王之间的政治协议。

这三个主张叠加在一起，显著地改变了人们对于普通法本质属性的认识。普通法的历史开始被大规模地改写。到了18、

19 世纪，普通法的新形象已经牢固地树立起来，不再受到质疑了。这一时期，无论是本国还是外国的法学家，都将普通法视为曾经存在于英格兰的唯一的规范体系。他们相信，普通法对英格兰古老的习惯法进行了全新的塑造，也有效地改变了英格兰的政治结构。

直到最近数十年，历史学家才开始挑战这种观念。普通法到底是不是来源于习惯法，这个问题变成了学者们讨论的焦点。他们指出，适用地方法、城市法、封建法和教会法的司法机构曾经在英格兰与王室法庭长期并存，这是不应忽略的事实；此外，衡平体系的相对独立性也应得到充分的重视。这些历史学家试图说明，17 世纪的英格兰学者对于宪法政治的论证实际上基于一种对于真实历史十分狭隘的，甚至可以说是错误（但是非常情愿）的解读。

第一个主张：普通法与王权的分离

16 世纪至 17 世纪英格兰的法律专家们明确意识到，这一时期频繁爆发的政治事件有可能危及普通法存在的基础，因此，他们针对英格兰的法律传统展开了一种别具创意的、在某种程度上颇具"利己"色彩的全新解读。根据时代的特殊需要，这些法律专家首先要让法律脱离王权，他们主张对国王的活动进行全方位的审查，这样一来，普通法法官就自然而然地被摆到政治系统的核心位置了。尽管这样一种解读包含着相当 137

大的虚构成分，它几乎颠覆了人们对于"法"的最基本理解，不过，由于这样一种解读蕴含着很高的政治智慧，而且体现出显著的政治效用，它很快就成为了人们理解普通法的性质及其历史进程的标准答案。

这种观念转变主要归功于爱德华·科克（1552 年至 1634 年）。事实上，早在科克之前，学界对于普通法展开重新解读的势头已经显现出来，而且与科克同时代的许多法律人也在努力推动这一新观念的发展和普及。科克明确指出，普通法并不是国王通过颁发令状的方式人为创造出来的；相反，普通法的核心是早在诺曼征服之前就普遍存在于英格兰的习惯法，这与以令状为表征的王室司法体制相比，当然要早得多了。普通法之古老，几乎无人能够追溯到它的源头，早在诺曼人来到这里施行统治之前，这种古老的习惯法一直主宰着英格兰。从渊源而论，这种习惯法植根于盎格鲁－撒克逊人（即日耳曼人）的生活，而与罗马人的法律毫无关系。诺曼人起初接受了这种习惯法，并在后续的统治过程中不断加深对这种习惯法的认可和尊重。与所有的习惯法一样，普通法不是由国王强加的，而是由社会生活自然创造出来的；普通法也不是在王室法庭上被塑造出来的，而是由法官们在"发现"之后得以承认的。简言之，普通法不是诺曼人带来的法律，而是一种真正发源于英格兰的土著法律。

这种对于普通法的重新塑造使得英格兰的法律不必再因王权而存在。根据这种全新解读，英格兰国王和他的法官们必须遵守普通法，这不仅因为普通法是一种习惯法，而且因为国王的先辈们曾经持续不断地承诺要遵照普通法行事。根据这样的理论，17 世纪的政治动乱正是因为临政的国王们突然拒绝尊重这一古老的法律传统而爆发的，他们无端地要求改变这一传统。这些国王违背了他们与臣民之间的政治协议，理应被罢黜，甚至被推上断头台。

这番全新解读的目的不仅在于促使普通法脱离王权，否认 138
普通法是王权的造物，而且要将普通法的法官置于司法系统的核心位置。根据这一新的观念，普通法的法官不再是依附于王权的奴仆，他们也无须再根据国王做出的指示（令状）对正义进行分配。相反，他们的职责在于忠实地发现并且适用那些自古以来就存在于英格兰的法律规范。这些法官努力地营造出一个旨在抵御王权侵袭（这种来自于王权的压力确实存在）的重要堡垒，只有在这里，真正的英格兰本地法才能得以保全和延续。普通法的法官隶属于一个具有自治性的官僚机关，他们在行政上依赖于王权，但在法庭审判中只听命于法律。

科克及其同时代很多的法律专家为了促成这一惊人的观念转变，创造了包含诸多虚构情节在内的全新解读，这不仅改变了人们对于普通法性质的理解，同时也改变了人们对于普通法历史的理解。为了主张普通法是一种早在诺曼征服之前就已经存在了很久的本地习惯法，以科克为代表的法律专家首先需要重新书写诺曼征服的历史。他们指出，其实从来就没有发生过真正的诺曼征服，因为诺曼人本来（可以被看作）是英格兰王位的合法继承人，此外，诺曼人来到英格兰之后，也从未像征服者那样行事：他们没有像征服者惯常所做的那样"无理"褫夺本地居民的权利，他们愿意以合法继承人的身份继续服从既有的规范秩序，而不是对社会的正常状态加以破坏。通过把诺曼征服转化为一个"正常事件"，这些法律专家指出，从法律角度来看，所谓的"诺曼征服"并不具有任何变革的意义。也就是说，诺曼征服这件事是否发生过，对于英格兰的法律发展来说并无实际意义，因为它从未改变英格兰法律的基本特质。

这种全新的解读以某种奇怪的方式重申了第一代诺曼国王曾经提出的主张，因为这些国王的确曾经宣称，他们的首要目标是确保法律秩序在英格兰的延续。然而，这种说法似乎完全忽视了 12 世纪至 14 世纪发生在英格兰的法律革命，而事实上，正是这场革命导致了普通法的诞生。与此相反，这种说法坚持认为，王室司法体系与令状体系二者之所以能够结合在一起，原本是发源于古代的一种制度性延续，根本算不上什么深刻的法律变革。

对诺曼征服的否认塑造了以古代传统为内容的普通法的延续性，同时也变成了反对 17 世纪王权肆意扩张的有力论据。苏格兰的詹姆士在其兼任英格兰国王（1603 年）之后希望建立一个新的法律制度，或者至少对现有法律制度进行实质的修改，从而将这两个王国统一起来。英格兰的法律专家坚决反对这样做，他们提出的理由是：就连诺曼人都不敢这么做；此

139

外，自罗马时代到诺曼征服之前，英格兰经历过无数次外族入侵，曾经入主英格兰的统治者不管来自哪里，全都不敢这么做，而是统统选择维持英格兰既有的法律。

全新的解读认为，普通法并不是在律师主导之下由令状和司法程序结合而形成的秩序体，而是在诺曼征服之前就存在的习惯法，这导致了一场相当深入的意识形态变革。这一时期的法律专家认为，如果说普通法是由国王创造的，并且被平等地适用于他的封臣，或者说普通法是法官和律师在庭审中创造的，那么这样的普通法根本就谈不上有多么"普通"；不过，如果说普通法发源于英格兰的社会生活，那么"普通"的涵义就变得清晰了。和所有其他起源于习惯法的法律体系一样，普通法是由生活在最基层的社会成员自发创制出来的。同时，普通法极为典型地表达了英格兰的基本精神，这又使其具备完全不同于其他国家法律体系的风格和气质。普通法所体现的并不是个人（国王）的意志，而是代代相传的经验和智慧，这些经验与智慧十分完美地满足了英格兰社会在不同时代的基本需求。这些凝结为习惯法的经验和智慧主要通过口耳相传的方式流传后世，因为它们必须通过社会成员的外在行为和内心信仰才能获得相应的规范性。

由于普通法被认为起源于益格鲁－撒克逊时代，而不是起源于诺曼征服的时代，因此普通法从根本上说是日耳曼法的一部分，与罗马法传统无关。法律专家指出，普通法形成于中世纪早期，早在罗马法复兴（11 世纪至 12 世纪）之前就已经形成了，因此普通法并没有受到教会法和罗马法这些纯粹"外来法"的影响。在这种观念的支配之下，科克拒绝将罗马法引入英格兰，他对于衡平法庭大加挞伐，因为在他看来，衡平法庭的法官们适用的法律都是"外来法"。通过把普通法重新塑造为一种日耳曼法，这些法律专家成功地把普通法与教皇权威区隔开来，他们用普通法反对教皇，尤其用来反对教会对于王室特权的侵犯。

尽管此种观念非常激进，甚至可以说是具有革命性的，但英格兰的法律专家几乎在第一时间就接受了它。例如，威廉·布莱克斯通（1723 年至 1780 年）曾经撰写了《英格兰法律评论》（1765 年至 1769 年）这样一部在 18 世纪至 19 世纪的英格兰极为流行的法律手册，他本人就是此种观念的忠实信徒。布莱克斯通相信，普通法本质上是由不成文的习俗构成的；同时，他相信普通法起源于盎格鲁－撒克逊时代，因而其早在 11 世纪诺曼征服之前就已经存在了很久。布莱克斯通指出，这些与"布列吞最早的原住民"同时存在的习俗一直以来都是"纯粹的"和"不可改变的"。布莱克斯通还认为，尽管英格兰曾经先后遭受罗马人、撒克逊人、丹麦人和诺曼人的入侵、移民和征服，但英格兰本土的法律体系从未正式地被外来的法律体系取代。[59]英格兰居民的种族身份不断地发生着变化，英格兰的政府也如走马灯一样轮替，唯独保持不变的只有英格兰的法律。

有趣的是，今天的历史学家发现，科克对于普通法的全新解读十分成功，他使得人们相信，法律起初是以口头形式存在的，然而人们之所以能够萌生出这种信念，恰恰是因为在那个时代，以书面形式出版发行的论著能够得到广泛的流通。科克借助印刷术推进大众观念的转换——他出版了相当多的庭审报告，其内容都是他刻意遴选出来的判例。科克发表了一系列演说，希望对律师的知识结构和身份认同产生实质性的影响。此外，每当科克试图提出一套规则的时候，他都要给出明确的理由，并且借此向他的读者们传达这样一种观念：普通法不仅古老，而且从来都具有一种独特的优越性。科克的庭审报告对于律师会馆的日常活动产生了极大的影响力，当律师们开会讨论法律问题的时候，或是当律师们教导他们学徒的时候，都要参照这些报告。律师们甚至已经把科克个人的见解转化为一种具有权威性的针对普通法的解读。通过这些公开发行的出版物，科克俨然变成了普通法的"教父"。人们深信不疑，"普通法根本就是爱德华·科克爵士所说的那样"。[60]

于是，在整个 17 世纪，英格兰的法律专家处心积虑地构建出一系列新理论，使普通法能够免受当时政治风波的不良影响，甚至使普通法的地位能够借助这些政治事件得到进一步的巩固。当普通法渐渐摆脱了王权，摆脱了令状制度的束缚，法律专家开始把法庭置于规范体系的核心位置。他们相信，法官践行法律的力量根本就来源于法律自身。也就是说，普通法源于一个由基层社会自发产生的极为缓慢的过程，人们很难察觉到其间一点一滴的变化，整个过程或许耗费了数个世纪才最终完成；负责适用普通法的法官们需要肩负起重要的责任，一方面，他们有责任"发现"那些长期存在于习惯之中的纯粹本土性的规范；另一方面，他们有责任保障这些来之不易的规范不被任意地改变或废除。

科克对于普通法的全新解读还潜在地解决了当时困扰很多英国人的另一个棘手的问题：如果王位处于空虚状态，暂时无人占据，这对于普通法意味着什么？根据科克的理论，王室法庭固然需要国王的权威，但法律本身总是独立于国王而存在着，这种独立状态为一代又一代的英格兰人所承认，一直延续至今。通过维护并宣传这些包含着一定虚构成分的学说，16世纪至17世纪的法律专家将这一时期普通法的深刻变化掩盖在"连续性"的面具之下，他们宣称他们所做的只不过是试图矫正国王的胡作非为，而根本就谈不上什么"创新"。

141

对第一个主张的质疑：普通法是习惯法吗？

普通法真的是习惯法吗？用来考察这一问题的最简单的方法，就是追问普通法是如何出现的。沿着这一追问，我们能够清晰地看到国王及其委派的官吏在创制令状和发明救济方式等方面所发挥的关键性作用。从源头上来看，普通法与国王的联系显然比普通法与基层社会的联系更加密切。除此之外，不难发现，16世纪至17世纪英格兰的法律专家对于习惯法的描述显然受到了来自12世纪至14世纪的深刻影响。那些精研共同法的法学家应当对这这一影响负责（参见第七章），他们致力于对法律秩序进行系统化的构建，为此，他们把广泛分布于欧洲各地的地方秩序统称为"习惯"。这些法学家把习惯法描绘为一种在地方公共集会中反复运用于不同案件中的基本原则，这些基本原则是被公众"发现"出来的，而不是被制定出来的。在这种观念之下，各式各样的习俗自发地呈现于基层社会成员之间，当足够多的成员认可某种习俗的规范性，这样的习俗就变成了习惯。

在 14 世纪、15 世纪和 16 世纪，共同法的法学家开始用文字记录存在于他们周边的所谓"习惯法"，并试图对这些规范进行系统化的整理。这些法学家最终一致认为，习惯法最重大的价值莫过于被当作一种抵制王室司法权扩张的有力工具。习惯法之所以能够限制政府的权能，其原因就在于，习惯法总是内蕴着某种宪法性的秩序。

欧陆法学家提出的这一观念包含着相当奇妙的价值重塑，事实上，他们重新界定了中世纪早期的地方法。如果我们认为，英格兰的普通法与中世纪欧陆法学家所描述的习惯法存在本质上的差异，那么普通法也就完全不同于 16、17 世纪英格兰律师们的大胆想象。无论是欧陆法学家的塑造，还是英格兰律师的想象，都体现出极为类似的目的性：他们希望对既有的规范性秩序加以掌控，并在适当的情况下做出修正。法学家（也包括立法者）之所以要提出对于习俗的新见解，其目的并不在于原封不动地还原这些良善的旧法，而是希望从根本上改变它们。无论是对于欧陆还是对于英格兰来说，这样的潜台词都十分贴切，事实上，用"习惯"重新诠释法律的做法只不过在欧陆出现得稍微早一些罢了。

142 　　我们现在有充分的证据可以证明，诺曼国王在入侵英格兰之后打着"连续性"的幌子推行法律变革，这只是他们尽快在英格兰立稳脚跟的一种策略。在这一方面，最值得注意的就是"忏悔者爱德华的法律"。这一立法宣称，诺曼人曾经在1070 年对一批地方陪审员进行意见征询，并把他们谈到的规范用文字记述下来，目的在于对"本地的法律"加以保存和重现。然而，今天的历史学家认为，关于这一立法形成过程的描述完全是虚构出来的。与此相反，爱德华的法律根本就不是征询民众意见的结果，而是在 12 世纪由一位法学家经国王授意完成的作品。尽管有的历史学家并不同意这一结论，但是很显然，这些立法者的目的并不是为了保障什么"连续性"，而不过是努力推行有利于诺曼人的法律罢了。格兰维尔和布莱克顿把普通法说成是一种习惯法，很可能也是基于同样的动机。[61]不过，需要看到，格兰维尔和布莱克顿受到欧陆法律文化的较大影响，他们的想法与欧陆的法学家十分相似。因此，他们之所以把英格兰的法律界定为一种"习惯法"，并不是因为他们认为普通法发源于英格兰的基层社会；事实上，格兰维尔和布莱克顿仍然站在王权的一边，他们认为，普通法实际上是通行于王室司法官员和法律专家之间的一种"习惯法"，简而言之，他们认为此种习惯法的缔造者只能是王室法庭，而不是基层社会。

到了 15 世纪中叶，一种思潮席卷了英格兰：人们开始把普通法视为一种习惯法，认为它早在诺曼征服之前就由英格兰的基层社会创造了出来。这样的思潮可以向上追溯到一批特定的学者——这些学者认为，真正的"国家法"（lex terrae）必然蕴含着本地的习惯。[62]他们由此得出结论，英格兰人"用他们的智慧和经验制定了自己的法律"。[63]在普通法发展的历程之中，这是短促但意义重大的一步。

第二个主张：把普通法打造成国家法

为了满足"连续性"的要求，关于普通法的历史叙事不得不发生相应的转变，普通法在性质上最终变成了一种"习惯法"。对于 17 世纪的法律专家来说，还有一个转变具有同等重要的意义，那就是把普通法塑造为英格兰的国家法。为此，既存的教会法、城市法、封建法，甚至衡平的体系，都被新理论安置于普通法的框架之下，或至少被说成受到了普通法至关重要的影响，因而必须被纳入普通法的规范体系。这一理论指出，普通法从一开始就凌驾于其他规范之上，并对它们进行监督。这是因为，不管怎么说，普通法代表着王室的正义，而国王总是凌驾于其他政治体之上，并对这些政治体加以监督。

于是，法律专家试图说明，适用普通法的王室法庭是英格兰最重要的法庭，而普通法自然也就是英格兰最为重要的法律

143

体系。在论证这一观点的时候，科克首先承认，英格兰存在数以百计的法庭，其中每一个法庭都适用完全不同的原则和规则，因此，普通法之所以在这些规范体系中至为重要，就在于普通法是"国家法"（lex terrae）。科克的意思大概是说，只有普通法在适用范围上能够覆盖整个王国，但科克的这番话却被后世的学者们赋予了全新的含义——他们从字面上来理解这番话，并指出普通法是唯一的国家法。

很多后世学者都是这一理论的忠实拥护者。19世纪的律师及法学教授——弗里德里克·威廉·梅特兰（1850年至1906年），同时也是一位著名的法律史学家，指出早在中世纪晚期，绝大部分封建法庭都已经采纳了王室法庭的司法程序，因而也就自然而然地采纳了普通法所设定的各种实体规则和救济手段。根据他的理论，尽管封建法庭在那时仍然存在，但实际上其已变成了统一适用普通法的地方司法机构。教会法的情况在某种程度上与此类似，英国教会法庭委员会在1883年宣称，教会法庭的工作仅仅受到教会法的"指引"，而并不能由教会法所"决定"。根据这样一种历史叙事，英格兰的国王和公爵们早在14世纪就已经把教会法收编到"英格兰法"的体系之内了。因此，从那个时期以来，奠基于英格兰习惯的普通法开始发挥类似于宪法审查的功能，它确保被视为一种"外来法"的教会法不能与普通法相违背；一旦与普通法发生抵触，相应的教会法规则就无法在这个岛屿上继续存在下去。

对第二个主张的质疑：普通法拥有至高地位吗？

对于今天的历史学家来说，普通法之于其他法律渊源的优越性究竟在何种程度上存在，或者说，普通法对于其他类型的司法管辖权究竟产生了多大程度的影响，仍然是一个处于争论之中的话题。有一些历史学家提出，以绝大多数的英格兰农民为例，他们一生中几乎很难踏进王室法庭的门槛，因而他们对于王室法庭适用的法律规则毫不了解，也没有任何需求；对于他们来说，封建法庭适用的规范可能才是最有意义的法律体系。这些历史学家宣称，将封建法庭视为存在于地方的王室法庭的"克隆"版本，是一种毫无依据的推测。与此相反，他们指出，那些为了解决领主与封臣之间关系而由封建领主设立的法庭之所以存在，主要原因在于封建领主将其他种类的政治权力排斥在封地之外，因此，这些封建法庭完全没有理由效仿王室法庭的司法程序，也没有理由允许王室法庭适用的标准和规范对本地法官做出裁决产生影响。事实上，地方法的规则通常严格禁止当地人把案件诉诸封建法庭之外的其他法庭。不过，依据同样的史料，有些历史学家反倒认为，这些禁令的出现恰好证明了越诉是当时的一种常见现象。

这些历史学家还断言，即便封建法庭的裁判与普通法规则之间存在着一些相似之处，也不能武断地判断这就是谁模仿了谁，较为合理的解释是，基于同样的社会、经济和政治条件，

144

封建法庭和王室法庭针对类似的问题做出了类似的决断。不仅如此，在面对那些棘手问题时，封建法庭的法官们总是试图找到那些最便于推行而且最不容易引发争议的解决方案。某种程度上，他们的裁判并不依赖于既存的任何规范体系，甚至也不依赖于习惯，而仅仅是根据具体的时间、地点以及案件的具体情况，而做出具体的决定而已。英格兰各地活跃着数以百计的封建法庭，却没有两个法庭适用完全一致的规则。如果每个封建法庭都各行其是，而并不存在贯穿所有封建法庭的统一规则，那么我们凭什么相信它们都被纳入了普通法的体系？如果说影响力本身具有一定的流动性，那么真实的情况应当是封建法庭对于适用普通法的王室法庭产生了影响，而不是相反。毕竟，王室法庭每一次对于封建法或地方法的支持都有可能赢得额外的利益，也就是使王室司法管辖权的范围得到进一步的扩张。在某些案件之中，当地证人的宣言或是被当作证据整理起来的地方习俗（custumals）先是得到王室法庭的认可，而后逐渐成为王室法律秩序的一部分。这一融合的过程突出地显示出地方性规范的耐性和韧度，事实上，地方性规范为案件提供的解决方案具有相当的特殊性，它们与王室法庭可能提供的解决方案通常完全不同。

由于地方性规范一直顽强地发挥着效力，在近代早期，当地人总是努力地想要把这些专属于本地的地方性规范辨识出来，他们无视习惯法汇编这类已有的证据，并试图重新书写地方性规范的历史。然而，他们在这一过程之中遭遇了很多挫折，在大多数情况下，他们本来想要恢复那些据说从上古流传至今的法律秩序，然而，他们最终塑造出来的却是前所未有的新规范。当地人把注意力完全集中于本地秩序的发掘，他们建构出一种全然不同于普通法的规范体系。那些支持这一做法的人们相信，这些规范在地方不仅真实地存在着，甚至发挥着比普通法还要更高的效力。

　　与此相似，围绕教会法的研究也表明，英格兰的教会法庭直到宗教改革时期都忠实地遵循教会法的规范。后来，英格兰王室与罗马教廷之间的关系破裂，国王创立了英格兰国教，自此以后，教会法开始被视为由罗马教皇强加于英格兰民众的一种"外来法"。尽管如此，教会法仍然继续在英格兰发挥着法律效力。直到宗教改革之后，英格兰的教会法庭发起了一项至为重要的变革，也就是用全新的上诉审程序取代了以地方名义向教皇提出申诉的传统程序。尽管英格兰的教会从未发展出独立的教会法体系，但是与适用普通法的王室法庭相分离的教会司法管辖权却从未被废除。

　　衡平的情况稍显特殊。今天的历史学家认为，衡平自 16 世纪开始便产生了与普通法融为一体的趋势，但是直到 17 世纪，衡平似乎仍然是一个游离在普通法之外的规范体系。这是一个令人不解的现象。事实上，衡平与普通法的疏离程度相当之大，衡平法庭的所作所为足以激起普通法法庭和议会的愤怒。从另一方面来看，詹姆士一世国王力挺衡平，为此，他做出著名的指示：衡平应当凌驾于普通法之上，而不是屈居于普通法之下。

简而言之，普通法在英格兰的法律体系中也许是一个最重要的甚至是关键性的组成部分，但保守地来说，普通法直到17世纪都不能独立地发挥作用。普通法并没有真正凌驾于任何其他的规范体系之上，更谈不上是诸多规范层级的顶峰。举例来说，普通法法庭其实并不能受理其他司法体系中的上诉案件。除此之外，鉴于英格兰存在着复杂的平行司法体系，我们有理由相信，这些不同体系之间的相互作用将会从各个方向影响到司法体系的运行，也就是说，司法体系绝不会仅仅受到（或主要受到）普通法法庭针对其他法庭的单向作用的影响。受到这一点误导的历史学家很可能得出错误的结论，即否认普通法与其他规范体系之间存在相互吸收或相互影响的可能性。

第三个主张：古代的宪法

17世纪的法律专家认为，隐藏在所谓"英格兰习惯法"中的一个重要组成部分构成了约束个人、社群以及国王之间关系的规范性因素。据此，诺曼的国王们通常都要通过履行一长串正式的确认仪式，来公开承诺遵守既存的盎格鲁－撒克逊法律体系。17世纪的法律专家将这样的确认仪式重新解读为包含着一项庄严约定在内的"古代的宪法"：这是一个双向的政治协议，一方面，君主承诺遵守现有的体制和法律；另一方面，民众也承诺向国王效忠，并遵从国王的命令。这样的政治协议在某种程度上有力地将国王的权威树立了起来，它规定了臣民服从君主的义务，并且使国王的命令获得了合法性；但是与此同时，从另一个方面来看，这一政治协议也限制了国王行动的范围。如果国王没有遵从他对臣民做出的承诺，打破了协议，他就变成了一个暴君，那么他的臣民就将从这一政治协议中自动获得反抗国王统治的权利（甚至是义务）。而且，由于这一政治协议以不成文的形式隐藏在古老的习惯之中，即便有的国王想要修改它，也根本无从下手。

然而，这似乎只是一个关于"连续性"的神话，其中并 146 没有明确揭示君臣政治协议之中的具体内容。17 世纪的法律专家相信，这些重要的内容隐藏在口耳相传的习惯法之中，但他们仍然试图寻找书面上的证据。为此，他们找到很多传世文献，并且指出，这些文本包含了政治协议的核心内容。这其中最具代表性的历史文本就是《大宪章》（1215 年）。从 17 世纪开始，《大宪章》逐渐成为一种重要的象征，它意味着国王同意遵守现有的法律秩序；同时意味着国王同意通过各种方式限制自己的权力，包括允许同侪审判、禁止任意逮捕，以及在征收新税之前需要征得民众的同意。

对第三个主张的质疑：为什么是《大宪章》？

《大宪章》本来只是一部用拉丁语写成的封建法文献，事实上，它是一个和平协议，或者说，是内战结束时国王对于他的封臣的一项政治妥协。因此，《大宪章》只不过是封建贵族试图纠正国王滥权行为的一种尝试，并不能代表"人民"的利益。实际上，《大宪章》里面提到了一些涉及封建关系的重要内容，例如土地权益、继承、债务和税收等。《大宪章》颁布于诺曼人在英格兰殖民的时代，这一时期，无论国王还是贵族，他们都是诺曼人，而居于他们之下的臣属才是盎格鲁－撒克逊人。从这个角度来看，对于《大宪章》的制定者来说，他们最不关心的恰恰就是保障这些臣属的利益。相反，《大宪章》的目标是保障国王与其麾下的贵族、自由民继续保持合作的关系，以便诺曼人能够继续维持对当地盎格鲁－撒克逊居民的压迫。

《大宪章》是国王为了平息封臣的愤怒而被迫写下的文本，其内容显得冗长而且随意。在《大宪章》之中，我们既看不到关于法律原则的声明，也看不到任何法律规范或习惯的罗列。在《大宪章》颁布之后的数个世纪之中，从未有人将它视作一部具有宪法意义的文书，也从未有人考虑过其中的条款如果遭到违背应当如何救济。因此，与其说《大宪章》是一份开启法律程序的文件，倒不如实事求是地认为，它只是一份政治文件，最初不过是贵族和议会用来向国王施压的一件政治工具。

然而，时至 17 世纪，法律专家开始将《大宪章》视为论证英格兰自古以来存在宪法性习惯的最佳证据。这些法律专家似乎根本看不见该文件中的大部分内容，他们也拒绝将《大宪章》置于特定的历史背景中来看待它，相反，他们仅仅把注意力集中在这一文本的少数几个段落上，因为唯有这些内容才能够满足他们的需要。例如，《大宪章》第 39 章宣称，任何自由人未经与他身份相当之人的合法审判，不能被逮捕或被监禁，国家法律另有规定的除外。对于近代早期的法律专家来说，从这一章的内容之中能够总结出陪审团审判（同侪审判）原则，大概还能总结出正当程序（按照国家法律的规定进行裁判）原则。他们指出，不仅贵族可以享有这些权利，所有英格兰民众，无论身份高低，都可以享有这些权利。还有一些法律专家看得更为深远，他们认为，这一章在实质上形成了关于"人身保护权"令状（habeas corpus）的先例与合法性基础，它保护个人免受任意的逮捕。与第 39 章同等重要的还有第 12 章，这一章指出，任何税赋在征收之前必须经过"王国公意的认可"。

147

　　法律专家对于《大宪章》的解读建立在高度剪裁的基础之上，不仅如此，他们还把那些起源于 16 世纪至 17 世纪的思想大量地注入《大宪章》体内。起初，人们并不认为《大宪章》包含着对"陪审团审判"和"人身保护令状"的永久性承诺，而只是在这里举了两个例子而已。此外，我们也没有理由相信 17 世纪才出现的对于《大宪章》起源的一种解释：面对贵族们的不满情绪，国王向臣民承诺通过诉诸国家法律来限制自己的权力，并且还臣民以自由。

　　《大宪章》究竟为什么被选择？为什么最终能够成为如此重大的历史意义的唯一载体？今天有很多历史学家都对此感到

疑惑不解。这些历史学家回溯《大宪章》在 14 世纪兴起的历史，并且考察这一历史文本在 16 世纪至 17 世纪声名鹊起的具体原因。有些历史学家指出，也许因为《大宪章》本身是一份有点怪诞而且充满了矛盾的文书，所以比较容易从中分辨出性质截然不同的文字，便于人们断章取义。另有一些历史学家认为，《大宪章》之所以在后世被关注，很可能因为它是在普通法形成的时期出现的，其内容表达了贵族对于王室司法权扩张的愤懑和抗议。且不论上述这些说法是否正确，绝大多数的历史学家都承认，《大宪章》是一个服务于 17 世纪特定政治目的完美的历史文献。之所以说它是"完美"的，原因在于，《大宪章》后来总是在国王与贵族进行协商的过程中被提及，总是在议会的各种不同类型的法案中被解释，而且总是在历任英格兰国王的发言中被认可。《大宪章》具有超强的可塑性，事实上，早在 17 世纪的法律专家宣扬《大宪章》的价值并把它包装成英格兰自由的象征物之前，人们对于《大宪章》的理解就一直在发生着各种倾向的变异。

且不论《大宪章》为什么在英格兰的政治文化中起到如此重要的作用，我们都可以看到，《大宪章》造成的影响是非常明确的：英格兰存在这样一部体现为惯例形式的古代宪法，国王有义务无条件地尊重它。原本仅仅用来调整国王与其臣僚之间关系的习惯法，现在变成了捍卫所有英格兰民众个人生命和财产权利的武器。这些习惯法变成了一项重要的法律遗产，当今在世的一代人享受着它的恩惠，并且还在维护它，努力地将它传承下去。《大宪章》之中其实并没有包含被后人解读出来的这些要素，不过，这一点已经不再重要了。

英格兰议会：习惯法的捍卫者

于是乎，英格兰有了这么一种习惯法：它以政治协议的形式约束着国王与臣属之间的权利与义务关系；而且，这种习惯法存在于诺曼征服之前，并在诺曼征服之后，仍旧被一代一代的国王无条件地遵从着。这样一个政治协议蕴含着英格兰王国宪法政治的诸多基本设置。但是，谁又来保障这一政治协议的履行呢？

在17世纪，英格兰议会很好地充当了保护伞的角色。今天的历史学家一般认为，英格兰的习惯法是指由法官们在解决具体纠纷的过程中逐渐发现并揭示出来的古老规范，因此也只有法官们才能断言什么是法律。然而，法官们无力捍卫这些法律不遭受侵犯，唯有议会才能肩负起这样的重任。议会之所以能够有效地履行法律监督的职责，因为它在名义上代表着整个王国。议会是由一些个人聚集在一起组成的集会，它享有广泛的权力，包括对公民请愿书进行答复、发出命令和决定征税，等等。议会的这些活动都是其作为一个立法机构而进行的。后来，议会获得了认可、阐释和颁布法律的重要权利，因而它可以维护既存法律体系在政治生活中的至高地位。从理论上来说，议会与国王之间是合作关系。因此，议会主张，国王不能擅自立法，若想通过某一个法案，他就必须与议会合作。

从《权利请愿书》（1628 年）到《权利宣言》（1689 年），议会手中的权力越来越大，这一变化的过程是显而易见的。《权利请愿书》由议会向当时的国王查理一世提交，为了通过该法案，议会满足了国王向公民征收额外税赋的要求。作为一种请求，《权利请愿书》是以自下而上的姿态向国王提出的，而国王对这一请求的批准则是一种自上而下的恩典。这份请愿书从不同的法律渊源中寻找证据，竭力证明自古以来就存在某些特定的权利和自由，例如，没有代表就没有税收，或是没有陪审团和正当程序就没有审判，等等。然而眼下，这些权利和自由却正在遭受着侵犯。

到了 1689 年，政治形势已经发生了天翻地覆的变化。与《权利请愿书》不同，《权利法案》不再是由国王单方批准生效的法律文件；相反，《权利法案》是由议会发布的一份庄严宣言，正是因为它，威廉和玛丽才被推上了英格兰国王的宝座。《权利法案》就像是一份最后通牒，它把英格兰议会摆到了政治舞台的中央，并且宣称，议会是依法代表人民利益的合法集会（这个问题在当时根本没有得到解决）。《权利法案》审查了废君（詹姆士二世）的所作所为，指责他违背了古老的、真实存在的、不容置疑的法律，破坏了英格兰人民的自由；同时，《权利法案》同意另立新君，前提是新君承诺不会重蹈覆辙。《权利法案》罗列了很多自由，其中不仅包括各种传统的自由（陪审团、正当程序、征税），还规定了很多新型

149

的自由，其目的在于确保议会的言行免受王权的非法干预。鉴于新王室全盘接受议会开出的条件，议会宣布威廉和玛丽登上宝座，成为英格兰的新国王和新王后。根据《权利法案》的规定，议会不仅肩负着捍卫全体英格兰公民基本权利的责任，而且获得了选择和任命君主的大权。自此以后，国王侵害民众权利的行为就不仅仅是不当行为了，而变成了彻头彻尾的违法行为。

有些法律专家认为，议会不断增长的权力还有另外一个重要的表征，那就是重申法官在政治生活中的核心地位。法律专家通常认为，普通法是一种习惯法，因此，他们坚持这样一种立场：立法不能改变法律。所以，议会通过的成文法并没有"创造"出新的法律，而仅仅是对已有法律的一种"发现"。这种观念最终催生出极为重要的法律后果，它决定了今日的法律曾经存在于历史之中，也决定了法律无法被人为地创造出来。这意味着，所有的立法行为必须被理解为对既有法律的一种有效的揭示，其中不存在对法律的改变，只存在对法律的澄清。除此之外，议会的权力在 18 世纪至 19 世纪不断增长，最终催生出以戴雪为代表的一批著名法律学者。戴雪在《英宪精义》（1885 年）一书中宣称，议会享有国家主权，因而有权制定或者撤销任何法律，其他任何个人或团体不得无视这一规则。[64]

先例具有约束力，这是一个重要的观念，它确保法官在政治生活中能够处于核心地位。早在 13 世纪至 14 世纪的英格兰，先前生效的司法判决就可以被用来说明法律的意义，或者对未来的裁判产生实质性的影响。受到这种观念的激励，很多从事法律工作的人热衷于研究判例法，或是编撰与判例相关的庭审报告。不过，这种观念并不具有任何强制性，法官完全可以拒绝遵守先例。然而，随着时间的推移，援引既往判例的做法在司法实践中显著地增加了，并且形成了一种强大的趋势。在印刷术的推动之下，判例法得到了更大范围的传播，法官们在决策过程中对于判例的重视程度越来越高，律师会馆的会员登记人数也在不断攀升。这样一种趋势促使以爱德华·科克为代表的一批法官经常援引和适用先例。判例法甚至帮助法官们树立起自身的权威。科克坚持认为，法律专家理应对他们自己掌握的技艺充满信心。科克在著名的加尔文案[65]中表达了这一重要的观念。他指出，法官必须学会观察案例、判例，并且理解前辈在类似案件中为什么做出这样或那样的判决，唯有如此，才能懂得什么是法律。

尽管如此，适用普通法和衡平规范的司法机构直到 18 世纪才正式引入了这一制度，承认判决先例具有约束力，也就是说，法官在其裁判过程中必须受到既已存在的相关判例的约束。随着时间的推移，越来越多的法官确信英格兰的法律发源于习惯，具有强制性的先例也逐渐改变了司法决策的性质。司法裁判不再被当作应付特定状况的临时处断，而是被重新界定为包含着一长串规则的链条，它历经数十代积累而成，其中每一个片段都阐明了普通法的本质。经过这样一番观念上的转变，今天的普通法便颇具"法官造法"的意味。或者说，法律变成了一个仅仅通过研究案例便可以认知其基本原理的规范系统。

英格兰是一个例外吗？

将地方规范塑造为习惯法，强调其中蕴含着宪法性的协议，并且试图用这两种手段对王权加以有效的遏制——这一切不仅发生在英格兰，同样发生在欧洲大陆。事实上，习惯是一把双刃剑，它既可以瓦解王权，但在有些情况下也可以强化王权（例如在法国）。这一点很容易理解。然而，17世纪的法律专家却不这么认为。他们开始鼓吹英格兰法律的特殊性，并且认为，英格兰与欧洲其他国家的法律体系截然不同，前者显然优于后者；他们指出，欧陆法的主要组成部分是共同法（ius commune），而英格兰的法律则是纯粹的本土习惯法，能够最真实地反映出英格兰人民的精神风貌，这正是英格兰法律具有优越性的根本原因。

很显然，上述观念忽略了共同法学者对于普通法的创建之功，也无视他们推动普通法体制化发展的贡献（参见第六章）。同样地，英格兰的法律体系曾经在相当大程度上受益于那些经历过大学教育的法学教授——这一点也被无情地忽视了。必须承认，直到14世纪，绝大多数普通法的法官都没有经受过大学的学术训练；大学生在离开校园之后往往来到律师

会馆接受培训，并在培训之后受雇于衡平法庭，或是受雇于教
会法庭。此外，那些擅于对法律进行语义分析和语境分析的人
151 文主义者也对英格兰的法律发展产生了深远影响。事实上，欧
陆的法学家以及那些从欧陆舶来的法律观念同样具有极为重要
的意义。16 世纪至 17 世纪英格兰的法律专家有着很多令人瞠
目的言行，这些言行大概可以被理解为是对于欧陆思想的一种
回应，至少可以被理解为是与欧陆思想之间的一种对话。16
世纪至 17 世纪英格兰的法律专家逐渐把英格兰与欧陆的法律
体系明确地区隔开来，不过与此同时，他们对于二者之间若隐
若现的相似性，以及二者之间相互渗透的复杂关系，其实并非
一无所知。

　　尽管海峡两岸存在着很多相似之处，尽管英格兰一直大量
沿用法语和拉丁语的法律术语，并大量接受来自欧陆的观念和
学说，但是在近代早期，英格兰法律"例外论"的神话依然
根深蒂固。虽然学术研究已经明确揭示了英格兰与欧陆在法律
上的同源性，不过这一神话依旧延续至今。今天的历史学家指
出，即使认为英格兰的法律在某一个时期走上了与欧陆完全不
同的发展道路，这个时期也不是中世纪，而是近代早期。因
此，我们不应当讨论，曾经的英格兰法究竟是怎样的；而应当
讨论，英格兰法如何被重新塑造成今天的样貌。

第九章

从"万民法"到自然法：
欧洲法的全球化（一）

从近代早期开始，许多欧洲国家竞相投身于海外拓殖的事 152
业。引领这股潮流的国家是葡萄牙。早在 14 世纪，葡萄牙的
航海家和商人便开始探索非洲大陆的西岸；至 15 世纪中叶，
葡萄牙人建立起以黄金和奴隶贸易为中心的商业网络，并且和
当地商人结成了盈利丰厚的贸易伙伴关系。就在这之后不久，
1487 年，巴托罗缪·迪亚士（Bartolomé Dias）的船队第一次绕
过了好望角；1492 年，哥伦布得到信奉天主教的西班牙王室
的支持，带领他的船队到达了加勒比海；1497 年，瓦斯科·
达·伽马（Vasco de Gama）登陆了卡利卡特（印度）；1500 年，
佩德罗·阿尔瓦雷斯·卡布拉尔（Pedro álvares Cabral）到达了现
在的巴西。早期的冒险家赢得了巨大的成功，他们在海上的航
迹引得无数后来人竞相追随，最终导致欧洲霸权扩张到非洲、
亚洲以及美洲的部分地区。这一过程就是我们所说的近代早期
殖民。

全球化的进程衍生出许多复杂的变化。非洲、亚洲以及美

洲的部分地区被彻底地改变了，与此同时，欧洲在经济、政治和文化等方面也受到了极为深刻的影响。我将在本章中解释这些变化对于欧洲法律的塑成性作用。我认为，欧洲与非欧洲世界发生的强烈碰撞，以及欧洲拓殖者之间发生的激烈竞争，不仅导致了罗马法重获新生，也激发了人们对自然法燃起重新讨论的热情，这一切的变化使得欧洲法获得了全球化发展的机遇。

前身： 罗马时代和中世纪的 "万民法"

153　　正如本书第一章所云，早在古罗马的时代，罗马法就确认了一种能够普遍适用于所有国家的规范体系，也就是所谓的"万民法"（ius gentium，按照字面意思，即所有国家、民族、外邦人和部落都必须遵守的法律）。万民法之所以能够普遍适用，原因在于，它仅以人类的理性和经验为依据，如此，其适用的结果便不会因时因地而异。

　　罗马人在处理事关非罗马市民的法律问题时，只能适用万民法。在古罗马，人们经常需要对万民法和自然法做出明确的区分。他们对于万民法的理解基于这样一种假设，即所有由人类组成的社会都在一定程度上共享着抽离于具体情境的某种共性，这可以说发源于人类固有的属性，因此万民法本来就是自然法的一部分。从理论上来说，那些试图给万民法下一个定义的法学家也身处于特定的社会之中，因此，他们除了观察自身熟悉的法律秩序之外，还不得不针对不同的法律秩序展开对比，以便发现何种规范才能具有普遍适用的特征。然而，在实践之中，罗马的裁判官在创制万民法（praetor peregrinus）的时候却并不会这样做。他们总是事先设定一个符合理性的标准，并由此推论，这一标准能够适用于所有的国家和人民。

在公元前 1 世纪，由于罗马法学家倾向于把他们自己的法律体系（市民法）视为一个具有纯粹性的、超越时空的、普遍而又永恒的法律体系，他们开始把市民法与万民法区分开来，随后又把这两种法律体系与自然法区分开来。这一举动使得帝国的所有居民都处于罗马法的约束力之下。毕竟，如果市民法（ius civile）存在的原因并不是立法者的权威，也不是法学家的论著，而是一种用理性来处理各种事务的超然、普遍的形式，那么它就没有理由成为一种少数人的特权，也没有理由不适用于外国人。

受到罗马帝国全面皈依基督教的影响，万民法与市民法开始同化，这两个法律体系与自然法之间的边界也不再那么清晰了。这是因为，在基督教之中，上帝既是造物主，也是立法者，他取代人的理性成为规范性体系的唯一核心。这意味着自然法被当作神圣的命令、造物的一部分，其来源只能是上帝。这一法则深深地铭刻在所有人心中。对于任何人来说，无论他们是不是基督教徒，都可以通过质疑内心的良知，来发现自然法的原则。

早在公元前 1 世纪，圣奥古斯丁（354 年至 430 年）就在

154 他的著作中表达了这样的自然法观念，并且得到了众多中世纪学者的忠实追随。很多基督教思想家，譬如托马斯·阿奎纳（1225年至1274年），都曾认为，善与恶既不是由人类恪守的惯例所决定的，也不是在人类理性擅断之下的产物。相反，善与恶的区分早就被上帝镌刻在人类的心中，正因如此，人类才能理解这些神圣的命令。

基督教的自然法也被视为永恒和理性的正义，但自然法的力量并非来源于其内在的善，而全然来源于创造了它的上帝。上帝创制的自然法凌驾于所有规范体系之上，当然也可以用来批判存于人间的各种社会制度。自然法俨然变成了一个可以用来评价其他法律体系的基本标准，人们甚至可以借助自然法旗帜鲜明地反对并声讨一个不遵守宗教规约，或是不履行神圣义务的世俗政府。

欧洲的扩张：从伊比利亚开端

很多欧洲国家的政界和学界都面临着一个棘手的现实问题，那就是如何在海外领地适用法律。第一个正面着手解决这一问题的国家是西班牙王国。这是因为，当时已经有大量的非欧洲人口处于西班牙人的控制之下，为了维系早期殖民主义政治的蓬勃发展，西班牙就必须思考这个问题。基于这样一种跨越大洋的新型统治，西班牙的君主、官员、知识分子以及臣民都会产生相似的疑虑，西班牙人究竟应当在多大程度上把他们享有的权利延伸到海外领地，究竟应当对这些地区适用何种法律，又该如何指引当地民众的生活。

早在哥伦布第一次航海之后，这些问题就已经浮现出来了，除了显露出重要的道德价值和政治意义之外，这些问题还具有极为重要的法律意义。那些发挥识别作用的规则是最为关键的，它们一方面决定了西班牙人将如何与欧洲人相处，另一方面也决定了西班牙人将如何与居住在海外领地的非欧洲人相处。欧洲法的效力能否延伸到大洋彼岸？这些规范能否用来调整西班牙殖民者与当地人之间的关系？如果答案是否定的，那么什么样的规范才能调整这一关系呢？

起初，西班牙人试图通过从教皇那里取得授权的办法使他们的殖民行为具有合法性。1493 年，教皇以谕令的形式颁发了著名的"子午线"（Inter Caetera）特许状，宣称信奉天主教的西班牙国王正在伊比利亚从事旨在推动基督教扩张的伟大事业，主要打击的对象是穆斯林。[66] 与此同时，西班牙人希望借助这一谕令使他们在大洋彼岸发现的新领地也能够得到普遍的承认。1493 年的谕令最终赋予西班牙人以传播基督教为名义在新占地区行使垄断性的统治权。这意味着，其他欧洲人不得进入这些地区。为此，一条从北极延展到南极的地球经线被划定出来，这是一条位于亚速尔群岛—佛得角群岛以西 100 里格（League，长度相当于 3.18 海里）的经线。谕令规定，这条经线以西的区域为西班牙专属，经线以东的区域则向所有欧洲殖民者开放。

155

然而，这一方案几乎立即招致西班牙国内外各种势力的一致反对。在西班牙国内，无论是宫廷臣僚、知识分子、法学家还是神学家，他们都强烈反对教皇将权力的触手伸向拉丁基督帝国以外的地域和人民，因为这些地域在历史上从未处于罗马帝国的控制之下，这些人民在历史上也从未受到基督教传教活动的影响。另一种反对意见认为，掌控着精神世界的教皇不应当把权力的触手伸向世俗事务，因而教廷无权对特定的地域和人民进行统治。还有第三种反对意见则担心，西班牙的特权有可能因为该谕令而受到潜在的限制。如果西班牙对于新殖民地的统治被视为协助教皇履行一种宗教意义上的皈依义务，西班牙人的拓殖事业就受到了约束，据此，如果西班牙人不再努力促成当地人民皈依基督教，那么他们自然就失去了在当地进行统治的合法性基础。

由于谕令中的"子午线"方案不能使各方感到满意，翌年，西班牙王室与当时唯一有实力参与扩张竞争的葡萄牙人签订了一个双边条约，也就是《托德西拉斯条约》（the Treaty of Tordesillas）。1506年，教皇认可了这份签署于1494年的条约，因为该条约大幅吸收了1493年教皇谕令中的内容，不同之处在于重新划定了具有区分意义的地球经线，将这条经线原有的位置，即佛得角群岛以西100里格，进一步扩大为佛得角群岛以西370里格，最大程度地限缩西班牙独自垄断统治权的区域，这使得葡萄牙获得了更为广阔的拓殖空间。

新的方案依然招致各方的不满。不过，鉴于这个方案仅仅出现在由两个欧洲政治体缔结的双边条约之中，其他欧洲国家并没有遵守该条约的义务。此外，该条约事实上也并没有规定欧洲人应当如何与殖民地的非欧洲人相处，同时也并没有解释为什么欧洲的法律规范可以跨越性地适用于大洋彼岸的地域和人民。

面对这些疑虑，法学家提出，解决欧洲人与其殖民地之间关系的最佳办法就是直接论证征服行为的合法性。他们找到了罗马法中的"正义战争"原则，将所有的战争区分为正义的（当然也就是合法的）和非正义的两种。这样的区分十分重要，因为在罗马法中存在这样的观念，只要战争是正义的，征服者便有权对被征服者任加裁断，例如占领他们的土地，剥夺他们既有的权利，甚至将他们变为奴隶。 156

根据近代早期的观念，判断一场战争是否符合正义的标准，首先需要考察发动战争的目的是不是出于自卫，或者是不是为了对敌人很有可能发动的攻击加以预先的阻止。早在中世纪，当人们试图与那些"熟悉"的敌人大动干戈的时候，就会运用这一理论来说明己方采用暴力行为的合法性。举例来说，欧洲的基督教徒常常援引这一理论来证明他们对穆斯林的战争是合法的，因为穆斯林一直以来都被认为是基督教徒的永久敌人。然而，如果用"正义战争"理论来诠释宗主国针对"新大陆"发动战争的合法性，显然就说不过去了。除此之外，其他的问题也浮现出来，例如，植根于罗马法的欧洲法应当如何适用于欧洲之外的非欧洲人；再例如，如果殖民地民众武装抵抗欧洲人的入侵，那算不算是一场正义的战争呢？对于欧洲人来说，殖民地的土著显然不同于穆斯林，算不上什么"熟悉"的敌人，因此从理论上来说，西班牙人对殖民地的攻击很难被描述成一种自卫行为。

为了解决这个难题，西班牙人设计出一套全新的法律理论，以便把他们对土著的武力征服描述为正义的行为。这就是所谓的"占领声明"（requerimiento），这其中包含着一套内容大致固定的说辞，殖民者一般会在正式开战之前将这套说辞交给当地土著阅读，让他们知悉外来征服者的想法，如果必要的话，还会预先翻译成当地的语言文字。有趣的是，这套说辞竟然包含着一部极其简短的世界史：它从创世纪开始，之后讲述亚当和夏娃、人口不断增长并且分裂为不同的民族、耶稣基督的降临、教皇制度的建立，一直谈到教皇授权西班牙垄断地统治那些皈依基督教的土著人民。就在这一套说辞行将结束的时候，殖民者明确地指出，土著人有服从的义务，他们应当接受西班牙人的善意，不得抵抗西班牙人对他们的征服。殖民者同时发出警告，告诉土著们如果不接受这样的条件，接下来将会发生什么：如果他们"怀有敌意地"看待教皇谕令，并且拒绝接受"占领声明"，西班牙人就获得了武装入侵土著国家的正当权利，并且可以向土著们发动战争，迫使他们屈服，夺走他们的财产和自由。

"占领声明"理论试图把印第安人抵抗欧洲人入侵的活动视为一种违法行为，这样，欧洲人就可以在这里发起一场"正

义"的战争了。巴托洛梅·德拉斯·卡萨斯（1484 年至 1566
年）是一位多明我会的修道士，他于 16 世纪的 20 年代至 30 157
年代在美洲传教。据说，当他第一次听说"占领声明"的时
候，简直是哭笑不得。但是，无论这一套说辞多么荒诞无稽，
我们都有足够的证据可以证明"占领声明"的存在，因为当
时很多征服者都随身携带着这样的文件，而且他们在发动战争
之前真的会向土著人民宣读这一文件的内容。

万民法的重生

　　起初，西班牙人对于殖民主义合法性的理论性创造在范围
上相当受限，而且缺乏想象力，不过到了 16 世纪的 30 年代至
40 年代，一些新的理论浮现了出来。当时有一批多明我会的
修道士在萨拉曼卡大学执教，他们阐发的新理论彻底改变了欧
洲人对于权利和义务的讨论方式。以弗朗西斯科·维多利亚
（Francisco Vitoria，1486 年至 1546 年左右）为首的一批知识分子
参与了新理论的创造。时至今日，我们把这批学者称为"第二
代经院哲学"的代表人物，或者称为"萨拉曼卡学派"。这一
波思想运动致力于为道德神学争取一个自律和自治的地位，并
宣称神学家的责任是为当时最紧迫的政治问题和道德问题提供
解决办法。

　　维多利亚最有影响力的一篇文章可能写于 1539 年。这篇
文章第一次正式回答了如下难题：人们能否违背一个没有信仰

的人的意愿，为他的孩子进行洗礼。此外，这篇文章也开始为西班牙在美洲的拓殖寻找法律上的支撑。维多利亚一口气列举了七个传统的理由，然后逐一指出这些理由是站不住脚的。他解释道，西班牙的国王（查尔斯五世）并不是全世界的主宰，因而他也没有统治新世界的权力。维多利亚还指出，教皇并非普世君主，他不享有对于世俗事务的管辖权，因此，那个著名的教皇谕令实际上并不能赋予西班牙人以任何实际的权利。维多利亚指出，从法律上来说，"先占"有可能是使西班牙人获得权利的最重要的基础，然而话锋一转，他又指出，先占取得只能发生在被发现的土地上没有任何人类居住的前提之下，美洲大陆显然并不符合这一要求。传统观念认为，西班牙人在美洲殖民具有正当性的另外两个重要理由在于：其一，土著居民拒绝皈依基督教；其二，土著居民有着与生俱来的原罪。维多利亚认为，这两个理由也站不住脚。如果当地人自愿服从于西班牙殖民者的统治，这当然是一个完全合法的理由，但事实上，并没有任何证据能够证明这一点。维多利亚抨击的第七个理由是，上帝将美洲作为一份特殊的礼物送给了西班牙。关于158 这个假说的讨论毫无意义，因为这个假说完全不是以法律和理性为基础，而是建立在一部分人的宗教信仰之上的。也就是说，有人相信存在这个宗教信仰，也有人根本不信。

对这些为西班牙人在美洲拓殖提供正当性论证的传统理由大加贬斥之后，维多利亚提出了一个全新的观点。依据托马斯·阿奎那的教诲，维多利亚认为，无论西班牙人还是新世界的土著居民，都属于人类的范畴；作为人类，大家都应当合理地组织社会，并遵守自然法。所谓自然法，也被称为存在于民族国家之间的万民法（ius gentium），具有普遍适用的效力。自然法能够自动适用于所有的人类群体，而不论这些人类群体的成员是否知晓其内容，是否同意其规定，也不论这些人类群体的成员是否居住在欧洲，是否信仰基督教。

维多利亚坚信，自然法包涵着人类的几项基本自由。由于人类是一种社会动物，维多利亚认为，人类普遍享有相互沟通、四处旅行、进行贸易以及居住在任何自己想居住的地方的自由，西班牙人也是人，因此西班牙人便当然合法地享有这些自由。正是基于这一自由，西班牙人不仅有权利来到美洲大陆，有权利在这里居住，而且有权利在这里和当地人做买卖。自然而然地，西班牙人也拥有对当地人传播真理的自由，这就解决了维多利亚所关注的另一个问题：如何审视向当地人传播上帝福音的宗教义务。维多利亚最后总结道，当西班牙人航行到美洲大陆之后，他们就享有与土著居民进行贸易、建立具有一定防御性的居住地，以及努力地改变当地人精神面貌的自由。自然法赋予西班牙人这些自由，因此，如果土著居民拒绝接受，乃至暴力反抗，那么他们就违背了自然法，就会受到合法的制裁。维多利亚还解释说，自然法中包含的另外一些条款授予西班牙人相应的其他权利，例如，西班牙人应当努力促成印第安人皈依基督教，引导他们选举出一位信仰基督教的国王对当地人施行统治，或是率领当地人，同时帮助他们的朋友和盟军，反抗暴君的统治。

最终，维多利亚的论证和先前的解释产生了几乎完全相同的结果，即授权西班牙人对美洲的土著居民发动正义的战争。不过，维多利亚的论证逻辑的确具有一定的突破性。为了解决问题，他引入了一个观念，即援用"自然的"万民法来规制欧洲殖民者与美洲土著居民之间的关系。与此同时，他设定了一个独立的权利义务体系，这个体系根本无需外在高级法的授权即可成立。也就是说，无论是来自于教皇和皇帝权威的谕令，或是利益相关各方之间的协议，都不会影响这个权利义务体系的独立存在。维多利亚所描述的这一存在于民族国家之间159 的法律直接来源于"自然"，这样的法律因而可以自动并且平等地适用于全人类。只要对人类社会进行观察，人们就可以认识这样的法律。不过，根据亚里士多德和阿奎纳的学说，这样的法律首先是造物主在人们心中打下的烙印，或者说，是上帝赐予人类的理性认知当中的一部分。

万民法的殖民

在16世纪，欧洲人对于"万民法"（ius gentium）的认识完全不是建立在实证研究基础之上，而是停留于一种想象，他们相信万民法体现着绝对的正义与理性。因此，尽管维多利亚（Vitoria）坚持以往罗马法学家的观点，认为国际法乃是整个宇宙创造的，而且可以适用于所有人的法律，但是他同时也认

为，他本人所在国家的规范才是最合乎逻辑的法律，因而才是
最有资格被推而广之的法律。[67]在那些极为特殊的案例中，他
不遗余力地要证明这一观点，于是便出现了这样的情况，他为
之辩护的一些所谓"普遍"规则甚至在整个欧洲范围内都很
少得到适用。例如，维多利亚曾指出，自然法承认移民的自
由，而且这种自由早在 15 世纪初的西班牙就是一项基本权利
了。然而，欧洲其他国家并不买西班牙的账。[68]毫无疑问，这
一自由对于维多利亚来说是完美的，因为它不仅构成了维多利
亚日常生活经验的一部分，而且十分符合他的信仰，所以当维
多利亚在设计他理想中的国际法秩序时，自然就要把这一原则
置于重要的位置。

关键的问题在于，维多利亚通过他的理论将万民法进一步
推向了自然法的领域，并使之获得了普适性。罗马人曾经把源
自一个地方的法律强行适用于外邦人，与此不同，维多利亚把
国际法想象为界定政治体之间关系，以及界定政治体所辖各个
成员之间关系的一种工具。这种新型的国际法观念认为，国际
法应当约束的对象并不是个人，而是主权单位。这一观念是当
代国际法的先驱，因为它关注的乃是公权力的活动，而不再是
私人的活动。这一观念具有不言而喻的正当性，因为它完整地
表达了当时欧洲人所信奉的自然而且普世的法则。也就是说，
这一观念认为国际法规范不应局限于传统、地域、宗教等社会
系统，而应当从这些系统中解析出来，形成具有绝对属性的
法律。

这一时期有很多知识分子沿着维多利亚开辟出来的路径继续前行。首先，葡萄牙人把维多利亚的观念进行了法理化的转换，随后，荷兰人和英格兰人也跟上了脚步。在英格兰，阿尔贝里克·贞提利（1552 年至 1589 年）在其《战争法》一文中将国家之间的法律视为自然法。荷兰人胡果·格劳秀斯（1583 年至 1645 年）在其《论海上自由》（1609 年）和《战争与和平法》（1625 年）两本书当中也采纳了同样的观点。不列颠的国王和殖民者也立刻融入了这一全新的话语体系，以使根据这一理论形成他们与土著居民之间以及他们与其他欧洲国家之间的相处之道。随着万民法的观念慢慢渗入英格兰，最终，英格兰的法律专家不得不将国家之间的法律视为普通法的一部分。

这些新观念的成功与它们在解决具体问题方面的强大能力密不可分。与此同时，这些新观念也得到了不同国籍的欧洲人的一致认同，因为这些欧洲人正面临着激烈的政治对抗和宗教冲突，他们试图寻求某种能够让他们搁置争议、握手言和的规范。基督教统一体已经分裂，新教的派系层出不穷，随后，一连串的战争接踵而至。对于经历了这些战争的欧洲人来说，他们不仅希望能够在自身与殖民地土著居民之间建立起稳定的法律关系，而且希望地处欧洲的竞争者相互之间能够借助新的规范实现和平共处。

当相互之间的博弈尘埃落定，绝大多数欧洲人都同意用法律来规范那些在欧洲之外大肆拓殖的欧洲人与殖民地土著居民之间的关系。他们就若干法律原则达成了一致意见，并且同意将包含着这些法律原则的新型法律通称为国家之间的法律，或称为自然法。起初，欧洲人试图从《圣经》、传统习俗或者罗马法之中寻找这几项法律原则的原型，但是到了最后，他们仍然只是凭借着理性来验证这几项法律原则。他们坚信，这些法律原则能够充分地自我证成，也就是说，其正当性不需要借助任何外部的力量便可以独自成就。

让不言而喻的真理成为王者

今天的历史学家通常认为，率先将这种完全不需要经过论证的真理推上王者宝座的人是格劳秀斯。为了达到这一目的，格劳秀斯大量引用了前人的著作，这其中不乏宗教性的论著以及罗马时代的文本。尽管如此，格劳秀斯也并未忽略现实，他针对当下的问题进行合理的分析，并在此基础上得出常识性的结论。他相信，这些结论如此符合"自然"的要求，让所有人都能够轻松地理解。具体来说，无论是欧洲人，还是生活在欧洲以外的殖民地居民，无论是法律人，还是从未沾过法律衣襟的门外汉，都能够无障碍地理解这些结论。事实上，罗马法并没有对既存的法律规范进行系统化的处理，而只需通过对社会和自然进行细致的观察，而后运用人类的理性进行演绎推理，便可以推导出来。罗马法根本没有那么复杂，相反，罗马法是简单明了的法律。

为了解释私有财产是如何产生的，格劳秀斯把《圣经》搬了出来，他是这样进行推导的：上帝先是将这个世界整全地赠与人类共同体，以便人类能够在此生存和繁衍；久而久之，人与人之间起了争端，于是产生了将这一共同财产分割为个人所有的需求。这导致了私有制的产生。人们开始接受这样的现实，即每一个人都能够把那些由他占有的财物变成"他的"财物。与此类似，为了论证海洋自由，格劳秀斯先是将财产定义为人们可以占有之物，而后他指出，由于海洋不能被占有或者取得，因此海洋就不能被任何人拥有。最后，他得出结论：葡萄牙人关于他们垄断欧亚海上航线的主张是非常荒谬的，因此，荷兰也可以在这一区域建立自己的贸易网络。

格劳秀斯一开始希望引用权威论著来论证自己的观点，不过后来他抛开了那些长期约束人们思维的既有教条，转向了一种基于常识阐释的逻辑论证方式。格劳秀斯的这一方法论转向可能与当时的社会实际状况有着密切的关系。轰轰烈烈的宗教改革导致新教派的数量激增，这一形势迫使欧洲人放弃原有以宗教戒律为核心的话语平台，转而形成以共同境遇为扭结的社会共同体。曾经由教皇和皇帝所发布的响彻欧洲的统一号令已然不复存在，解决不同族群之间纠纷的重任也就很难再由主权者们一肩承担。欧洲人在全球范围内的拓殖进一步加速了知识分子转向世俗化的脚步，因为他们面临一个非常现实的问题，就是如何打造一个能够同时以非欧洲人和非基督徒为适用对象的规范体系。但是，如果说新教改革和民族国家的兴起在自然法重塑的过程中发挥了至关重要的作用，那么，所谓的17世纪的科学革命就更是如此，因为这一革命催生出全新的认识论：人们只有通过客观地观察才能够获得真正的知识。换言之，只要妥善地收集到事实资料，人们就可以通过这些资料分析出其背后潜藏的各种原因。

至于科学革命如何影响了包括法学家在内的知识分子，一个最极端的例子莫过于法国哲学家勒内·笛卡尔（1596年至1650年）的著作。笛卡尔在《第一哲学沉思录》（1641年）中指出，人们只有彻底忘却他们所知道的一切，才有可能得到真正符合逻辑的结论。笛卡尔提出了"系统性怀疑"的口号，希望同僚们能够重新验证哪怕是最基本的假设，甚至是关于我们自身"存在"的假设。笛卡尔认为，只有完全排除了混淆人类理性认知的惯习，彻底解放了人类的思维，我们才能保证我们的知识、我们对于世界的理解，能够建立在事实和理性的基础之上。植根于一个首要的并且被证实的前提——我们自身 162 的真实存在——笛卡尔一步一步地重构那些曾经为人们习以为常的前提。

笛卡尔长篇大论地说服人们应当克服自己的偏见，他坚信，人类只要能够控制自己的肉体和精神，就能够寻找到真正的理性。同时代的很多知识分子对此都深信不疑，他们不仅相信纯粹理性的存在，而且相信纯粹理性可以为全人类所共享。如果运用得当，纯粹理性将把所有的人引向唯一正确的结论。

到了17世纪晚期，包括法学家在内的学者们开始运用这一全新的认识论来分析社会问题。这一时期，很多被我们今天界定为"启蒙主义"的思想应运而生。为数众多的启蒙思想家认为，人类社会需要摒弃繁冗的传统，回归简单和自然的状态。如此一来，人类才有望获得纯粹的理性。唯有知识阶层普遍理解了自然的性质，法学家才能将这些启蒙思想转译为法律的语言，据此创设一个旨在保障人类福祉的全新的规范体系。

因此，如果说寻求海外拓殖的正当性是欧洲人探索真理的一个重要动机，那么，重塑欧洲内部秩序的企图就是另外一个重要的动机。为此，17世纪晚期欧陆的政治哲学家和法学家开始全神贯注地讨论这样一个命题：自然究竟决定了什么？他们大胆地提出各种假说，指出人类认识理性的能力在受到传统和历史的遮蔽之前是什么样的，并试图重建人类社会形成之前的初民状态。这些学者在头脑中构想出一个抽象的人类个体——这个人没有经历过去和现在，完全不具有任何文化特质，同时也是一个不会发生任何改变的、不受时空限制的、普遍存在的自然人。这是一个身处"前社会"状态的人，他早在家庭和社群出现之前就已经独立存在了。他是一个理性的存在，但是，他最终决定委身于特定的社会关系，这应当被解释为他为了实现个人利益和满足基本需求的无奈之举。

处于"前社会"状态的远古人类虽然只是一个假想，但这个假想得到了当时大多数学者的高度关注，不过，他们对于这些远古人类在自愿结成社会之后究竟遵循哪些规范，则并没有取得一致的意见。托马斯·霍布斯（1588年至1679年）认为，由于"前社会"状态意味着无政府条件之下的永无止境的战争，所以初民自愿放弃许多自然权利以换取人身方面的安全，人类社会正因此而形成。约翰·洛克（1632 年至 1704年）则认为，"前社会"状态不仅非常舒适，而且井然有序，所以当初民结成社会之时，他们大概只情愿做出很少的让步，同时希望尽可能地使他们的自然权利得到完整的保护。洛克指 163 出，初民自愿结成社会的原因并不像霍布斯所说的那样，出于无尽的恐惧，相反，他们结成社会的动机在于社会组织能够使他们的权利得到更为妥善的保护。借助"前社会"这一前提之下的分析和推理，霍布斯认为，社会契约意味着每一个人对于国家的无条件服从，洛克则认为，社会契约是每一个人保护自身权利和利益的一种手段。

这些完全建立在假想基础之上的理论论争非常激烈，并且得到了 17 世纪和 18 世纪学者们的高度重视，他们用这些理论来审视时下的社会。这些理论当然并不具有意识形态中立的性质，而是有着强烈的政治寓意。这些理论要么为新兴的社会、经济和政治结构大加辩护，要么则是对其提出深刻的质疑。然而，无论身处哪一个政治营垒，近代早期的学者们全都不再援引上帝的律法，也不再遵循传统的谕令，与之相反，他们只提到理性，而且只对理性产生兴趣。他们营造出全新的叙事，这一叙事的中心便是人。这个人被描绘成一切出于私利的个人，他有能力做出明智的决定，社会秩序正是由他所做出的各种决定构成的。

革命的道路

上述基于假想的讨论催生出全新的自然法，其不仅充满了个人主义的气息，而且十分符合理性的精神。新自然法的理论建立在这样的前提之下：人们为了合理地促进其个人利益的增长，有意识地结成了社会。因此，时至18世纪，法律变得焕然一新，新的法律尤其注重将人以及以人为中心的各种需求，置于规范秩序的核心。一方面，个人被理解为能够自我管理并且有能力决定自身命运的人类个体；另一方面，社会被理解为个人决策的产物。处于理性主导之下的个人可以自由行动，他们根本不需要外部权威来为其行动提供正当性的说明。从理论上来说，每一个人类个体都可以根据自己的理性来判断什么是对的，什么是错的。很显然，个人无需诉诸外部力量的认证就可以采取正确的行动，完全没有必要费力证明已经发生的事情是合法的，更没有必要费力证明那些即将发生的事情具有合法性。换言之，每一个人只需轻松地指出，这些已经发生或尚未发生的事情符合"不言而喻的真理"，或是符合"毋庸置疑的原则"，就足够了。

以理性和个人主义为特质的现代自然法同时也是相当激进的。这一时代有很多人以所谓"自然的"和"不可剥夺的"权利为依据，大张旗鼓地为他们正在从事的某些活动加以辩护。由于社会的意义就在于保护个人的权利，因此社会的主要

功能就是化解不同社会成员在权利上的冲突。因此，规范秩序 164
的目的应当只有一个，那就是尽可能地协调不同个体的权利冲
突：只要一个人在行使权利的时候不会对他人造成困扰，就应
当允许他自由地采取行动。将理性、个人和权利置于政治和法
律体系核心地位的观念随即导致了爆炸性的连锁反应，甚至激
荡起极端的社会混乱，例如，这一时期的美洲和法国就曾陷于
此种混乱之中（参见第十章和第十一章）。当然，也有很多人
认为，人类正是借助这种混乱才勇敢地揭开了新世界的一角。

　　关于海外殖民的大辩论肇始于西班牙，随后迅速蔓延到欧
洲的许多国家，这些国家无论有没有直接卷入海外殖民的浪
潮，都积极地参与到了这场辩论之中。这是因为，这场辩论的
结果至关重要，它不仅影响了各国对海外殖民地的占有，而且
也影响到殖民地土著居民被迫遭受的权利限制。不仅如此，这
场辩论还涉及欧洲人在海外殖民地所享有的相对于当地土著居
民的特权，这不仅极大地改变了欧洲，也极大地改变了欧洲
法。这一时期的法学家努力将罗马时代和中世纪的万民法改造
成为自然法的一部分，并且使二者都获得普遍适用的效力。这
些讨论最初只是停留在假想的层面，但是后来则变成了一种事
实。在那些提出假想的知识分子看来，凡属自然的事物全都是
合乎理性的。

第五部分

现　代

第十章

北美的历史进程

　　北美的十三块英国殖民地在 1776 年宣布独立，它们用宪
法秩序取代了原有的殖民秩序，缔造了全新的共和政府。1787
年，在原有殖民地基础上成立的各州委派代表共商政事，最终
制定了一部联邦宪法，为他们共同的政府提供最基本的制度框
架。1789 年，联邦宪法的第一批修正案正式出台。这十二个修
正案当中的十个修正案得到了数量足够多的州的批准（1791 年），
被统称为《权利法案》。

　　自从这些事件发生以来，历史学家就从未停止思考，究竟
应当如何解释这些事件背后的原因。他们深入分析了当时可能
诱发这些事件的社会、文化、经济、知识和政治背景，并且调
查了这些事件可能造成的后续影响。大多数历史学家都注意到
当时存在于英国内部的宪法分歧，这一分歧导致英国本土与北
美殖民地渐行渐远。双方的争议主要在于，应当如何认识英国
议会与殖民地的关系？英国议会究竟能否代表殖民地？接下来
的争议便是，经由议会批准的税收是否可以成为施加在殖民地
人民身上的新义务？此外，还有另外一些争议，应当如何认识

殖民地议会的法律地位？又应当如何认识殖民地政府对本地进行治理的权限？对此，殖民地人民普遍相信，英国国王和议会的行为侵犯了他们根据古老习惯所享有的自由，而且已经严重到了足以让他们揭竿而起的地步。

在得出这一结论之后，殖民地人民主动采取了一系列的行动：他们宣布脱离宗主国的统治，创造一个完全自治的政治体；他们还选举本地议会，委派议会起草本地政府与人民之间的政治契约。本章主题就是讲述这一历史进程，以及这一历史进程对于欧洲法的发展产生了怎样的意义。在本章中，我还想要追问以下两个问题，欧洲的法律先驱凭借什么思想推动了北美的历史进程？反过来，这些思想对于欧洲法又产生了何种影响？

奠基性的法律文件

1776年，《独立宣言》切断了北美十三块殖民地与大英帝国之间的政治纽带。为了说明这么做完全正当，《独立宣言》首先简要地阐述了人类社会形成的历史原因，并且宣称：人为造物，生而平等；每一个人都享有不可剥夺的权利，包括生存的权利、自由的权利、追求幸福的权利；政府唯有经过被统治者的同意才能存续，其任务在于为上述权利提供保障；如若政府怠于履行这一职责，那些曾经对政府表示认可的人们可以改变主意，终止他们与旧政府之间的政治契约，然后建立一个能够履行职责的新政府，让他们的安全和幸福能够得到保障。其次，《独立宣言》具体列举了英国国王对殖民地人民造成的"伤害和掠夺"，表明英国已经践踏了将殖民地与本土紧密连接在一起的政治承诺。最后，宣言明确地指出，酝酿并发动这一系列暴力事件的幕后主谋，正是"各殖民地的善良人民"。

各殖民地纷纷依照《独立宣言》的精神起草宪法（个别殖民地甚至早在宣言之前就已经起草了宪法）。有些殖民地主动地展开了制宪行动；另一些殖民地则响应大陆会议（由十三个殖民地委派的议会代表所组成）的号召，要求地方议会通过成文宪法，并在其中宣布殖民地的自由与独立。可以说，制宪在当时被各殖民地视为与其他殖民地建立正常交往的必不可少的前提。大多数州的宪法保存了本地既存的政治安排。这些成文宪法运用启蒙主义的新话语对传统的政治结构加以重申，坚决摒弃了殖民地对于国王的依赖，使殖民地完全独立于英国；但与此同时，这些宪法也大幅度地保留了当时看起来一直运作良好的本地政治和法律体系。共有八个州在其成文宪法之后附加了原则性的宣言。[69]这些宣言通常也被界定为当地的"权利宣言"，其中不仅列举那些普适性的原则，而且将一些发源于普通法的特殊制度也囊括了进去。那些主张制定权利性法案的人们认为这非常必要，因为"人民"已经把他们手中的权力毫无保留地交给了新政府，因此，能否把政府列为审查的对象，就有着至关重要的意义。

经过一场旷日持久的激烈辩驳，新成立的各州最终接受了

169

一部成文宪法。这部宪法规定了各州需要遵循的一般性制度，并且规定了州与州之间的相互关系。这部起草于1787年的宪法建立了联邦制的政治框架，同时搭建起由行政部门（总统）、两院制立法部门（国会）和司法部门组成的权力运行机制。在"我们，人民"（We the People）的至高名义之下，这部宪法规定：立法机构由参议院和众议院组成，两院议员有权领取薪俸，并享有一定的豁免权。宪法赋予总统以行政权力，并详细描述了这些权力的具体内容。宪法还设立了最高法院，法官也是领取薪俸的国家公务员。

这部联邦宪法的前十个修正案（权利法案）详尽地罗列出受保护的基本权利，政府不得侵犯这些权利。这些权利具体包括：宗教信仰自由、言论自由、集会自由、诉愿自由；组建民兵组织的权利、携带和持有武器的权利、防止军队驻扎民宅的权利；防止无理搜查和扣押的权利、重申刑法中的若干项权利保障措施（不经大陪审团起诉不为罪、一罪不二罚、不得自证其罪、保障正当程序、禁止酷刑和非正常刑罚），以及在刑事和民事案件中均由陪审团进行审判的权利。《权利法案》中还包括两个涉及一般性原则的修正案。其中一个修正案（第九修正案）表明，人民享有的权利并不局限于《权利法案》中所列举的各项权利，而是同时享有那些没有列举出来的其他权利。另一个修正案则表明，那些没有明确赋予美利坚合众国的各项权力，以及那些明确禁止由每一个州享有的权力，全都保留在"人民"的手中。

全新政治体的创立

《独立宣言》、各州宪法、联邦宪法和《权利法案》中有相当多的制度安排来源于英格兰的政治和法律传统，但也有很多是前所未有的创造。例如，分权原则为当时很多学者所推崇——阐述这一原则的最著名的作品可能要算孟德斯鸠（1689年至1755年）撰写的《论法的精神》（1748年）。美国首次将分权原则付诸政治实践。此外，联邦政府和州政府之间在职权上进行明确的分工；每一个州的公民在任何一个其他的州也同时享有公民待遇。从某种意义上来说，联邦宪法塑造了一个不同于以往的全新政治体。

170

尽管上述革新具有重要的历史意义，但这场革命并非仅仅体现在对宪法文本的创建上，更为关键的一步则是推动了美国法律自身的转型。正如第八章所述，英国人大约在17世纪形成了一种认识，即认为他们的宪法来自于遥远的古代，最初发源于中世纪的政治协议。在经过无数法学家的论证之后，国王与臣民之间的政治协议被视为古老习惯法的一部分，并通过口耳相传的方式流传至今。个别具有象征性的政治文件，无论是《大宪章》还是1689年的"权利法案"，都在反复印证这一政治协议的客观存在。不过，这些政治文件并不是这一政治协议的缔造者，它们只不过是以成文的形式重现了这一政治协议中的部分内容。英格兰的宪法让人难以捉摸，因为其中既没有对法律原则的明确列举，也没有就社会秩序应当如何规划提出长远的建议，而仅仅包含着一大堆毫无头绪的具体制度。

在英国的法律体系之下，个人权利的保护一般是通过司法机关的活动来实现，法院可以就个人权利所遭受的侵犯提供必要的救济，但并没有哪个机关或个人可以发起对议会的审查。英国议会被称为国家的主权者，因而从理论上来说，议会可以通过立法的方式侵犯最基本的公民权利。当然，这种极端的情况并不会发生，因为代表了普通民众利益的下议院总是以保护公民权利为己任。从某种程度上来说，监督和制衡的机制也存在于议会内部（既包括上议院，也包括下议院），并保障议会的正常运行。但是，监督和制衡的机制并不属于英格兰宪法体系中的固定组成部分，而仅仅是一种以自律（议员们需要考虑到即将到来的选举）为中心的权利保障模式。

相比之下，北美的十三块殖民地全都采纳了与英国殊异的宪法体制。尽管殖民地的人民同样相信，他们的基本权利一直在得到古老政治协议的捍卫，但是他们试图寻找一个完全不同于英国的保障方式。他们把来自于习惯的制度安排与合乎理性的制度革新结合起来，从中吸取一系列有利因素，重新塑造政府与人民之间的政治契约（宪法）。换言之，他们宣称他们拥有改造社会的绝对权力，因而也可以无所顾忌地废立法律。

北美的殖民地声称他们一直保持着英国的传统——由那些具有奠基意义的宪法文件可以看出来，他们指责英国国王是破坏宗主国与殖民地之间政治协议的罪魁祸首，他们则努力地维

系这一政治协议。然而，事实上，这些殖民地已经彻底颠覆了
英国的传统，他们推进了一些非常重要的制度变革。可以说，
这算得上是第一项重要的革新。各殖民地在《独立宣言》中
确信，他们有权根据新的社会契约理论缔造一个前所未有的全
新政治体。此后，他们开始把新的社会契约转变成为一部宪　171
法。虽然这部宪法中依然保留着不少让人颇感熟悉的传统要
素，但从本质上来说，这部宪法已经脱胎换骨，与那种经过历
史性的演化并最终成型的习惯法意义上的政治协议已经毫无关
联。相反，这部宪法根据当时人们所相信的最有效率的方式设
计政府、为政府安排任务。新的社会契约不再是由繁多的具体
制度拼凑起来的大杂烩，而是包含着一系列内涵明确的基本原
则，人们因而可以清晰地理解写在宪法里的那些最重要的制度
安排。因此，与其说这部宪法因循了传统，倒不如认为，它深
深地陶醉于对人类理性的信仰之中。这部宪法坚定地相信，人
类不仅拥有反思历史的能力，而且拥有改变未来的能力。

　　第二项革新是殖民地人民宣称，他们之所以勇敢地跨出这
一步，并不是因为什么抽象的理由，而是因为他们已经遭受了
太多的苦难。他们根本无需从那些古老的文献、法律、教条，
或是司法意见书中寻找证明自身存在价值的依据。与此相反，
唯一能够支撑起人们付诸革命行动的理由便是"不言而喻"
的真理。[70]《独立宣言》、各州宪法以及联邦宪法的起草者们将
这一真理称为"全世界的最高法官"，并且声称"他们本着正
直的意图"，借此说明文本中的主张和愿望具有无可置疑的正

当性。在这里，似乎根本就不存在怀疑的空间。他们指出，自然法赋予他们创造一个属于自己的政治体的权利，同时也赋予他们创造一个能够满足自身利益需求的法律体系的权利。不仅如此，他们还认为，那些源自传统的习惯法上的权利其实也是自然权利，也需要以人民的名义付诸实践，他们试图为他们自己，也为后代子孙"塑造一个更加完美的政治统一体，建立社会公正，保障家庭安宁，捍卫共同安全，促进普遍福利，保障自由的福祉"。[71]除此之外，无需多言。

成文法的引入可以算是第三项革新。新成立的各州委派代表共同筹备起草基本法，他们试图为全新的政治体设计出这样一套机制，一方面对政治机关的权威和权力加以明确规定，另一方面通过列举公民的权利来限制这些机关的活动。把这些观念——记录下来，形成固定的文本，本身就具有革命性的意义。据说，古老的英格兰宪法以口头的形式存在。这样一种宪法无序地分布于纷乱杂多的法律渊源之中，其中虽不乏成文法渊源，但绝大多数渊源都是不成文的。至于自然法，更没有任何官方发布的法律汇编将其包罗其中，也没有哪一部立法文件将其申明。18 世纪 70 年代左右，哲学家、神学家、政治家、律师以及法学家不约而同地著书立说，想方设法说明自然法为何物，以及自然法包括哪些内容。然而，毫无疑问，这些论著都是一家之言，缺乏规范本身应有的强制力。

第四项革新是由美洲居民提出关于自身权利的主张，本身就是一件新鲜事，因为这些人从来就没有从国王那里获得过任何与自由有关的特别授权。因此，他们所主张的权利可以说是 172 每一个人与生俱来的权利，或者说是自然赋予的权利。有些州试图把普通法的传统权利观念与自然法的抽象权利观念糅合起来，例如，弗吉尼亚州和宾夕法尼亚州的权利宣言（1776 年）就宣称，这种混合的权利观念将引导（而非得益于）人们搭建新的政治框架。这两个权利宣言时而阐发自然法的观念（所有人生而平等、自由、独立），时而表达传统的政治理想（选举应当自由）。这两个宣言声称，人拥有某些不可剥夺的固有的自然权利，例如生命、自由、财产、幸福和安全；所有权力都属于人民；政府应当为保护人民、国家或社会的共同利益与共同安全而设立，因此政府必须恪守公正、谦逊、节制、节俭等美德。此外，这两个宣言同时确立了人们的信仰自由和言论自由，还维护了公正审判的权利。

然而，试图把源于习惯法的传统权利与自然法中那些不言而喻的法律原则同时写入一个文本，然后使之具有法律约束力，却是一件极度危险的事情。毋庸讳言，著名的《权利法案》就是一个相当突出的例证。起初，《权利法案》只是打算对重要的法律原则作宣示性的声明，主要目的在于明确一套用以衡量政府行为合法性的标准，以此教育公民，让他们知道自身拥有哪些需要保护的权利。经过一段时间之后，这些宣示性的声明开始被人们理解为一种具体的法律规范。自 19 世纪以来，这些规范在联邦层面适用，至第二次世界大战结束之后，这些规范也可以在州的层面适用。因此，很多问题必须得到明确的回答。《权利法案》当中所列举的各项权利仅仅意味着这些权利已经（自然地）存在，还是意味着这些权利必须转化为具有法律约束力的制度？我们应当如何审视那些没有为法案所列举的其他权利？被这一基本宪法文件遗漏的其他权利究竟是否享有同样的强制力？还是说它们根本就不存在？如果成文化并不能改变什么（因为自然权利的依据是更高级的外部规范，这一外部规范不仅先于《权利法案》产生，而且独立于《权利法案》而存在），那么《权利法案》的意义究竟又是什么？如果《权利法案》的确有着独一无二的意义，那么那些没有被罗列在其中的自然权利如何才能发挥其应有的作用？我们又应当如何看待那些现阶段尚不存在，但是今后有可能出现的权利呢？

尽管第九修正案试图回答这些问题，明确肯定了那些额外的、未被列出的基本权利的存在，并指出这些潜在的权利不会受到文本中所罗列的权利的排斥，但无论是律师还是学者，一直都对这个修正案充满质疑，因为他们根本不知道应该如何运用这一规范。[72] 为什么要将这些基本权利以文字的形式记载下来？难道仅仅是为了美国独立之后的一段时期人们方便对某些权利进行保障？还是说，由基本宪法文本开列出来的权利比那些没有被开列出来的权利更加重要？立法、行政和司法机关能否运用这一修正案为人民增添新的权利？这些有可能被增添的新的权利必须是世所公认的自然权利，还是说，可以是从未有过的新型权利？

173

276

由于这里面的问题太复杂，美国的联邦法院干脆全部放弃适用第九修正案，取而代之，他们倾向于通过深入阅读既有的法律条款发掘并确认新的权利。例如，他们通过这种方式发掘并确认了隐私权。从20世纪20年代开始，美国联邦最高法院开始从若干修正案中发掘这一权利，例如，第一修正案禁止国会制定涉及宗教事务的法律，同时保障言论自由（这被理解为信仰是一种个人隐私）；再例如，第四修正案保障公民"不受无理搜查和扣押"（这被解释为对涉及个人、财产和家庭的隐私权的保护）。联邦最高法院还试图从第十四修正案（1868年增添）中挖掘出隐私权的理论基础，该修正案中的"自由条款"禁止州政府剥夺任何人的生命、自由或财产权利。

第五项革新，可能算得上是最重要的一项革新。这十三块殖民地（后来的十三个州）委派的代表们共同宣称，新建立的宪法制度是凌驾于一般法律之上的高层级的规范秩序。根据这一观念，宪法绝不仅意味着政府治理的基本框架，而且肩负着约束法律制定者手中权力的重任。由于宪法现在已经规划出一个全新的、更高级的合法性范畴，没有任何法律或政府行为可以与之相抵触。英国的情况正好与此相反，在那里，古老的宪法是普通法的一部分，其功能主要在于帮助议会对国王进行审查；而在美国，宪法是层级最高的法律，其地位超越一切其他规范渊源，因此宪法也能有效地限制国会的权力。在英国，议会与国王在理论上共享国家主权；而在美国，国会和总统都不是主权者，因为二者都受到宪法的制约。美国宪法的意义不仅仅在于保护"人民"免受政府的侵害（与英国相似），而且在于保护"人民"免受多数人决定的侵害。毕竟，国会议员可以运用合法的权力在联邦或州的层面进行立法，并以此危害"人民"的利益。

为了主张自身的权利，北美十三块殖民地建立了一个全新的政治体，他们以传统政治协议的观念为基础，融入了新的社会契约理论，宣称他们的自决权完全不需要任何理由的验证。在此之上，他们创制了成文宪法，并赋予宪法最高的效力，使174其凌驾于其他法律法规之上。尽管上述创举颇具新意，但是若想了解其中的原委，仍需从头开始，认识最初来到北美的一批拓殖者，理解他们在这里安身立命的本意。他们之所以能够做出这样一番壮举，有赖于在此地传播宗教信仰的知识分子，有赖于熟悉法律知识的法案起草者，更有赖于在这里与艰辛岁月抗争的拓荒者。

来自英国的先驱

北美的拓殖者为什么走上革命之路？他们如何塑造出一个全新的政府？为了阐释这些问题，大多数历史学家都会率先指出，17 世纪的英国与 18 世纪的北美殖民地之间存在着十分紧密的联系。事实上，英国王室的专制统治在 17 世纪遭遇了巨大的合法性危机，持不同政见者曾经发起了一场革命性的运动。在这场革命中，他们宣称，早在远古时代，英国就有一部古老的宪法，根据这部宪法，国王和他的臣民之间存在一个保护与服从的政治协议。宪法设置了对国王进行审查的机制，同时也对臣民的权利加以保障。17世纪的革命者通过解读《大宪章》和其他一些法令，认为这些古代文献是重要的书面证据，它们向世人展现出这样一种政治协议的面貌。古老宪法中最值得称道的闪光点，就是规定了正当程序原则、陪审团审判的原则，以及无代表权不纳税的原则。

北美的殖民地几乎完全复刻了英国本土的革命。在这里，国王和议会同时卷入一场合法性的危机之中，当地的拓殖者指斥国王和议会根本没有权力阻挠他们维护自己源于古老宪法的权利。为了保护这些权利，他们宣称要斩断与英国本土的联系，并且建立一个受到宪法约束的新政府。他们采纳了一个全然不同于英国本土的宪法框架，试图将这部宪法打造成一种具有防御性的制度工具。不过，从初衷上来说，他们与英国本土的革命者并没有什么本质上的区别，因为这两地的反对派都认为，国王不能通过法令和特权恣意施行其统治，国王所有的行为都不得违背法律，更不能违背法律背后的宪法规则。

时至今日，大多数历史学家都会把发生在英国本土的革命与发生在北美殖民的叛乱联系在一起进行思考，他们认为，二者之间当然存在着紧密的逻辑联系，这甚至是不言自明的。这是因为，无论是从英国远渡重洋来到北美的拓殖者，还是在英国本土受到国王压制的民众，他们都会自然而然地在普通法框架之下进行思考，并且不约而同地产生废旧立新的愿望和需求。然而，这些关于两地在政治发展上存在着紧密关联的结论包含着若干并不严谨的假定，因此，这一结论的真实性并不一定禁得住推敲。这其中，最首要的一个假定便是历史学家们相信英国普通法曾畅行无阻地通行于北美的殖民地。这一被称为"移植理论"（普通法被殖民者从英国本土带到了北美殖民地）的观点曾经在历史学界占据主流地位，但是近年来，这一观点遭到了越来越多的批评。

质疑"移植理论"的历史学家提出了很多理由，以证明在殖民地运作的法律体系并不是英国普通法。首先，他们指出，普通法本质上是一个依赖于王室法庭存在的判例体系（参见第六章）。由于殖民地根本不存在这种类型的法庭，只存在地方（习惯）法庭，普通法也就不可能在这里得到实际的适用。这一观点其实并不新鲜，只是对近代早期许多思想家的观点的复述而已，而在这些思想家之中，普通法的革新者爱德华·科克无疑是重要的一员。科克在1628年曾经说过，普通法"对于在海外发生的一切都无能为力"。此外，科克尤其考虑到，古老的宪法传统只能在英国本土奏效。时至18世纪中叶，曾经撰写《英国法评论》的著名律师和法学家威廉·布莱克斯通也支持这一观点，认为普通法没有适用于海外殖民地的效力。[73]根据布莱克斯通的观点，如果殖民地的法律体系让人感到多少与英国本土的普通法有点相似，那么这种相似性也并不能当然证明北美殖民地的法律体系是对英国普通法的一种"移植"。与此相反，之所以存在这种相似性，很有可能仅仅是因为北美的殖民地刻意模仿了普通法中的某些片段（而不是其他的片段）而已。

科克和布莱克斯通之所以不赞同所谓的"移植理论"，原因在于他们两人都坚定地认为，普通法包涵着一套复杂的规则和原则，以至于并不是随便哪里的法庭都能够准确地适用之。普通法并不是普遍存在于英国各地的实体法（许多人直到今日仍然有这种错误的认识），而是只有专门的王室法庭（普通法法庭）才能适用的非常具体的法律程序的总和。然而，尽管科克否认英国普通法被完整地移植到北美的殖民地，但是他依然认为，即使国王的臣民迁移到其他王室领地，国王与这些臣民之间曾经建立起来的、规定着双方相互负担一定义务的古老政治协议（宪法）仍将继续存在。就如同那些从苏格兰移居到英格兰的苏格兰人一样（参见第六章），那些移居到北美殖民地的英格兰人并不会因此而切断他们与国王之间的联系；同样，国王也不能拒绝履行保护这些臣民基本权利的义务。因此，无论是普通法还是古代的宪法传统，都没有被移植到大西洋彼岸的世界，但英国国王仍然有义务对海外臣民的基本自由保持尊重，尤其是对他们的财产权保持尊重，具体来说，国王必须在征得这些臣民的同意之后，才能向他们征税。

这样一种理论在北美殖民地获得了认可，并且被纳入了本地的宪章和特许状，这些法律文件通常保证殖民地居民享有作为英国臣民的自由、特许经营权、豁免权以及其他特权。[74]然而，最终使殖民地居民真正享有英国臣民待遇的原因，并不在于国王许下的承诺（也许只是被迫的认可而已），而应当归因于普通法的观念转型。从 17 世纪开始，普通法不再被视为王室法庭审判活动的产物（然而这是事实），而被想象为一种自古以来便存在于英格兰的唯一有效的法律，一种作为英格兰制度遗产的习惯法（参见第八章）。如此一来，改头换面的普通法就可以被轻易地移植到大洋彼岸了。经过这场观念转型，普通法被当作一套确定的法律原则，也就是说，普通法变成了实体法，变成了一座收纳各种权利的制度仓库。于是，普通法不仅可以由殖民地的地方法院（并不是王室普通法法庭）适用，也可以由居住在北美的英国臣民据以提出他们的诉讼请求。

普通法经过这样一番演变，产生了匪夷所思的结果：随着时间的推移，北美殖民地的法律不但没有与英国本土的普通法背道而驰，反而愈发地趋于相似与融合。此外，随着来自殖民地的商人和商品在大英帝国市场上扮演着越来越重要的角色，北美各殖民地变得远比以前更加强盛，两地法律趋同的趋势得到了进一步的强化。当时流行着这样一种说法：北美的殖民地逐渐"英国化"。这意味着，北美殖民地的居民在他们获得独立之前的几十年间的确非常像真正的英国人。因此，在 17 世纪至 18 世纪早期的这一时间段里，"移植理论"很有可能是成立的，因为直到殖民地时代结束之前，普通法确实在北美各殖民地得到了非常广泛的流传。

不过，即便如此，真正流传开来的究竟是哪一种普通法呢？各殖民地仅仅结成了一个松散的同盟体，每一块殖民地都享有较大的自治权，这意味着，每一块殖民地都有着截然不同的法律制度。马萨诸塞的法律与英国本土的法律风格迥异，这不由得让人心生疑问：马萨诸塞的法律制度究竟是否与普通法存在任何实质上的关联？当然，只要殖民地的法律制度不与英国法"相抵触"（也就是实质上的矛盾），两地法律之间存在差异就不是什么大不了的问题。在这一背景之下，大西洋两岸的政治当局陷入了持续而且激烈的博弈，他们试图回答，在英国本土和北美殖民地之间，究竟哪些法律差异是可以容忍的？哪些则是绝对不能容忍的？这一原则还导致了进一步的分歧：英国法的哪些部分可以适用于海外领地？又在多大程度上可以适用于海外领地？

更为复杂的是，英国存在着极为多元的法律制度和规范体系，适用普通法的王室法庭与数百个地方法庭、封建法庭和教会法庭共存，其中每一个法庭都按照自己的规范秩序履行审判程序。据此，我们没有理由相信，规范多元化的复杂情形只发生在英国，而没有被带到北美的殖民地。此外，如果按照很多历史学家的说法，绝大多数普通的英国人这一辈子都很难奢望与王室法庭发生什么实际的联系，那么我们也没有理由相信，那些横渡大西洋来到北美殖民地的英国人就能有机会走进王室法庭。这些漂洋过海的英国移民后来成了北美的拓殖者，他们大都见识过英国的地方法或是封建法，但未必见识过普通法，因此他们很有可能对地方法或封建法充满了亲切感，却不会对普通法产生同样的感觉。

177

　　质疑"移植理论"的另外一些历史学家强调，很多渡海来到北美的移民根本就不是英格兰人。这些移民要么根本就不享有英格兰人的特权（如德国人和荷兰人），要么就是对这些特权懵懂无知（如苏格兰人），他们给殖民地带来了特殊的法律理念。不过，至于这些特殊的法律理念对于殖民地法律产生了怎样的影响，学界尚未展开充分研究。此外，那些生活在北美殖民地的非洲裔居民（自由人或是奴隶），以及北美的原住民，究竟对于殖民地的法律发展产生了怎样的影响？这也是遭到学界忽视的问题。简而言之，普通法，有可能是殖民时代结束之前主导殖民地社会秩序的法律制度，但在同一时期，这里还零散地存在着大量其他的规范和制度体系。这些规范和制度体系难道全都是无关紧要的吗？

　　这些质疑之声让我们认识到，即使在普通法被引入殖民地之后的一段时间里，普通法也肯定不是当时唯一存在的法律制度，甚至有可能不是当时最重要的一种法律制度。不过，尽管如此，时至18世纪后期，人们对于权利的要求开始持续增加，这导致普通法（恰好可以满足这样的需求）的重要性越来越显著。这也许可以解释为什么北美各殖民地的革命者在独立时刻率先想到了普通法。他们类比英国的法律做出了自己的选择，参照英国的传统建立了专属于他们自己的全新的政治体。革命者中的大多数人甚至认为，他们之所以反抗，是因为他们比英国的议会和国王更加忠诚于普通法，他们指责英国的议会和国王粗暴地践踏了源于古老传统的习惯法。然而，北美各殖民地最终采纳普通法，后来甚至对普通法形成依赖，也并不是一个自然而然的结果。事实上，这是一个相当漫长的过程，其中亦不乏政治层面的取舍与抉择。

启蒙之根

启蒙运动是18世纪兴起于欧洲各地的一场知识运动。如第九章所述，启蒙运动的核心是对人类理性以及人类所拥有的变革法律秩序的能力抱以坚定的信念。启蒙时代的思想家追随着先哲的脚步，共同提出了这样的理念：社会是生活在自然状态下的个体通过谈判达成"社会契约"之后才形成的。参与到谈判之中的个人富于理性，他们进行谈判的根本动机就是改善生存条件。本着这样的善良愿望，他们情愿服从于某些限制其利益的规定，承担相应的义务，因为这些理性的人能够理解社会运作的机制，他们也可以有计划地安排自己的行动。通过运用理性，他们不仅知道什么是自然法，而且能够把自然法的精神融入他们赖以为生的法律制度。换言之，启蒙运动肯定了人类的能动性，承认人类是理性的物种，他们意识到自己的权力（和义务），并且愿意为了一些非常重要的、有价值的理由付出代价，主动让渡自己的利益，使之受到一定程度的限制。

启蒙思想家热衷于探讨这样一个问题：究竟哪一种社会制度能够将人类引向最大的幸福？为了寻求这个问题的答案，他们试图从古老的传统和政治权威中寻求使人性获得解放的途

178

径。1784年，伊曼努尔·康德（Immanuel Kant）曾经做出极为精辟的断言：启蒙运动标志着人们从他人那里辗转获得知识的时代已经终结了，同时，启蒙运动标志着人们只需要依靠自己便可以进行独立思考和独立行动的时代已经到来。[75]

这一断言不仅震撼了整个欧洲，并且同时在大西洋的两岸都激发出热情洋溢的回响。在欧洲这边，启蒙思想最终导致了被我们称为"法国大革命"的重大历史事件。而在英国统治的北美，启蒙思想让殖民地的人民下定决心脱离宗主国的统治，建立一个全新的政府，以便更有效地保障他们的自由和权利。他们率先把启蒙主义的政治理念简要地写入了《独立宣言》。1787年，享有独立地位的各州委派代表签署了联邦宪法，他们向世人宣称，这部宪法不是来自于更高的政治权威，也不是发源于传统，而是来源于"我们，人民"的理性思考。

启蒙运动让18世纪晚期的革命者充满了信心，他们坚信，只要追随着经验与理性的双重指引，他们就有能力打造一个全新的社会。启蒙运动还让他们相信，他们为此所采取的一切行动（实话实说，这是相当极端的革命行动）都无需任何正当性的辩护。18世纪晚期的革命者把他们的行动视为自然法在其理性发展过程中的一个必然结果，并宣称这些革命行动的依据是不言而喻的真理。如此说来，他们所凭借的只不过是一个虚构的故事。《独立宣言》讲述了社会是如何形成的，然而，这只是一个哲学意义上的理念，而不是真实的历史。

为美利坚合众国奠定政治基础的宪法性文件宣扬了启蒙主

179

义的信念，这些信念并非专属于英国人或是美国人，而是一种泛欧洲化的信念。在法国大革命（1789 年至 1799 年）期间，这些信念再次得到宣扬，产生了更加令人意想不到的结果。北美十三块殖民地所经历的惊涛骇浪般的革命，没过几年就在法国重新上演了，这不由得让今天的历史学家心生疑问：在欧洲和美洲之间，究竟是谁影响了谁？又产生了多大程度的影响？对此，历史学家几乎无法给出确定的答案。不过，有一点是无比清晰的，那就是无论两地的法律传统和法律文本有着多么显著的区别，也无论启蒙思想对于两地民众的影响程度有多么大的差距，美国和法国最终都颁布了成文宪法，最终都维护了严格的三权分立制度，最终都罗列了不可剥夺的天赋人权，并且最终都明确地宣称这一切无需证明，因为它们本来就是不证自明的。对于我们来说，这里也许存在着更为重要的启发。美国与法国之间的高度相似性表明，我们仅仅站在英国本土和北美殖民地的角度来理解 18 世纪后期美国的变化，局限性未免太大了。事实上，我们也应该通过观察这一时期其他地区发生的事情来综合地理解这个问题。因此，尽管十三块殖民地位于北美，但这里发生的事情应当属于更大范围的欧洲运动的一部分，北美革命不仅被卷入其中，而且反过来推动了欧洲法的进一步发展。

转向自然法的国际法

《独立宣言》和联邦宪法的起草者们都是自然法的忠实信徒。对于英国的学者而言，特别在18世纪，启蒙哲学的思想库之中潜藏着取用不尽的宝藏（尽管这对于律师的工作来说并非那么有用）：自然法的悠久历史可以一直上溯到万民法（古罗马适用于外邦人的法律），它穿越神权法的时代（中世纪），从16世纪后期至17世纪开始，被视为由经验和理性引导的法律。在近代早期，自然法的主要任务是调整欧洲各民族国家之间的相互关系，也包括调整欧洲人与海外殖民地原住民之间的相互关系。自然法一开始被欧洲人当作他们经营殖民事业的有力武器，后来也被用来批判现有的政治结构和法律制度——人们指斥某些制度是如此"不自然"，言外之意，这些制度亟待修改，甚至不如早日废除。

持这种观念的典型人物是《国际法》（*Droit des Gens*, 1758）一书的作者爱默·德·瓦特尔（Emer de Vattel）。他认为，国家180 是一个政治组织，也是一个社会集合体，人们之所以选择生活在国家之中，是为了达成获取利益和保障安全的目的。为此，人们需要一部宪法，即一部能够真正决定公共权力行为方式的基本规范。

美国最初的十三个州由殖民地演变而来，他们各自委派代表来践行这些抽象的理论。根据这些理论，他们解释了各州与大英帝国决裂的根本原因（因为国王的所作所为不符合自然法），他们证明了这一全新的政治体是完全正当的（这是一个源于国际法，也同样源于自然法的正常的社会演进结果）。与此同时，自然法使得人们关于国家主权的假想变成了现实。根据自然法，当时的革命者坚信，作为一个合法政治体的代表，他们可以与任何承认其平等地位的其他政治体订立条约。

今天有些历史学家认为，这很有可能是《独立宣言》的最初目的。也就是说，《独立宣言》也许并不是直接针对本地居民的召唤，甚至也不是针对英国人隔空喊话，而是谋求建立一个"国际社会"（一个时空错乱的名词）的声明。对此，《独立宣言》的起草者开篇就直言不讳地说道，他们需要诉诸"全人类的意见"，之后，他们解释了殖民地的革命为什么必须按照这种方式进行下去。起草者在宣言的篇末申明，殖民地现在是"自由和独立的国家"，享有独立的主权，因而可以"发动战争、宣布和平、缔结盟约、建立商贸往来"。通过这种方式，北美的革命者试图把本质上属于地方冲突的事件（也许可以理解为他们与他们的政府之间的内战）升级为两个主权国家之间的战争。《独立宣言》最后言辞激烈地抨击英国国王乔治三世，指出他不仅对臣民多行不义（违背了古老习俗对自由的保证），而且其行径一贯地"不自然"（违背了自然法），严重破坏了规范主权国家之间关系的战争法和商业惯例。

与此同时，联邦宪法和州宪法也试图说服远在大洋彼岸的政治力量，试图让他们相信，这里已经形成了许多个新的国家，并且试图让他们理解这些新的国家之间存在着怎样的关联。应当看到，这些存在于联邦层面和州层面的宪法，不仅希望赋予新政治体以完全的合法性，而且向世人提供了一种建立在普世性（而非地方性）意识形态之上的新模式。这几乎完全是当时某种社会观念的理论化呈现。这些宪法把当时人们关于何种社会制度最优的讨论扩散到整个欧洲，因而成了许多人心目中衡量什么事值得去做，以及检测什么事情应当去做的试金石。不难看出，美国的宪法并不是以反对君主专制或者以反对殖民主义为中心诉求，而是以维护人的权利和规范政府结构为主要目的的。美国的宪法塑造出一个前所未有的范例，而且是一个可以推而广之的范例。

美国宪法的殖民地背景

181   刀兵相向的对抗发生在定居北美的拓殖者与大英帝国政府之间，从某种程度上来说，这一事件的特殊性质也影响到独立之后的美国的法律塑造。拓殖者旗帜鲜明地反对议会主权原则，因此，他们试图设计一种能够有效地限制议会代表手中权力的机制。对于拓殖者来说，既然有可能借助宪法限制议会的权力，那么将宪法落实于纸面之上就可以向前更进一步，将原本属于口头习惯法的宪法传统（在英国）改造成为更加正式、更加具有确定性的法律制度（在美国）。相比之下，成文法显然更为透明，也更便于人们清晰地理解其内容，不过成文法的确体现了一种专属于殖民地的传统，这里的居民习惯依据各种具有成文形式的规范来安排自己的行动。例如，殖民地宪章罗列着臣民享有的各种权利。此外，殖民地还颁布了很多成文的规范文件，详加阐述了什么是必须遵守的秩序。时至 18 世纪后期，殖民地宪章事实上已经被人们当成了某种具有宪法意义（关于政府结构的立法）的法律文件，这些宪章甚至也能在政府滥用权力的时候发挥某些防御性机能。须承认，这些宪章也对臣民的权利进行了确认，因为这些宪章在某种程度上就相当于殖民地与国王之间达成的一部政治协议。

美利坚合众国这些最基本的宪法文本反映出政治需求与历史传统之间似乎产生了一种奇妙的化合反应。《权利法案》尤其能够体现出这一化合过程的复杂性：客观地说，它罗列的各种重要权利确实属于英国传统的一部分，然而同时，人们又不得不承认，它罗列的这些重要权利又确实与独立战争爆发前后的某些历史事件有着极为密切的关联。毫无疑问，无代表权不纳税原则就是一个最明显的例证。不过除此之外，各殖民地当局还就一系列其他问题提出了异议，例如，军队是否可以驻扎民宅，各地有无在本地招募民兵之权利，地方法院是否应当尊重正当程序的原则，是否应当履行陪审团审判的程序，是否应当保持司法机关的独立地位，等等，不一而足。所有这些曾经为殖民地当局所质疑的问题最后都被吸收到《权利法案》之中，而那些在当时并没有被提出来的某些问题——尽管其重要性丝毫不亚于前述问题——就没有能够被该法案吸收。

美洲变局的法律意义

《独立宣言》、美国联邦宪法、各州宪法、《权利法案》开
创了人类政治史和法律史的全新时代。这些宪法性文件在18
世纪后半叶的几十年间颁布施行，自此之后，无数国家相继宣
布独立，它们在对旧的统治者大加控诉之后，几乎无一例外地
复制了北美殖民地的选择，即建立一个全新的政治制度。与此
182 同时，这些新近独立的国家大多制定了自己的宪法，有趣的
是，这些宪法在形式和内容上与美国宪法几乎别无二致。这些
国家的宪法同样包含了关于政府职能的设计方案，虽然与北美
殖民地最终选择的方案存在着诸多不同，但这些方案仍然吸纳
了分权原则，以及后来出现的司法审查原则。此外，这些国家
同样把它们的宪法置于最高规范层级，规定任何法律和政府的
行为都不得与宪法相抵触。

须承认，美洲变局对于欧洲法产生了重要的影响，但这一
影响的根源其实根本就不在美洲，而仍然在欧洲。毕竟，历史
悠久的英国法律传统、知识分子关于自然法和国际法的激烈争
论，还有启蒙主义哲学，全部这些事物都在欧洲。不过，很明
显，北美十三块殖民地委派的代表第一次把这些理念变成了明
确的法律制度。与此同时，他们还第一次把人类社会生活中最
重要的基本因素（政府结构）交给议会代表票决，让这些议
会代表浓缩地反映出广大"人民"的意愿。这种在伟大的构

想中设计完成的宪法受到来自传统和理性的双重引导，其最终目标是确保人类的幸福。

美国通过制定宪法获得独立，这为世界树立了一个可以效仿的榜样。直接或间接受到这一变局影响的国家数不胜数，它们同样通过制定宪法宣告独立。具体来说，受到影响的有以下国家（这个名单并不全面，而且包含了一些过时的国名）：比利时、海地、大部分曾经隶属于西班牙的美洲殖民地（哥伦比亚、委内瑞拉、阿根廷、智利、哥斯达黎加、萨尔瓦多、危地马拉、洪都拉斯、墨西哥、尼加拉瓜、秘鲁、玻利维亚、乌拉圭、厄瓜多尔、哥伦比亚、巴拉圭和多米尼加共和国）、利比里亚、匈牙利、新西兰、德国、意大利、日本、前捷克斯洛伐克和前罗得西亚。

北美的革命者最终获得了胜利，他们搭建起强有力的权利保障机制，至此，那些他们很早就深信不疑的理论构想终于变成了现实：由众人组成的社群享有自决权，他们可以建立新的政治体，可以修改社会契约的条款，可以规划和设计更有效率的政府，可以为了限制立法和行政权力而制定宪法，可以享有并且能够保障他们自己的权利。这些在我们今天看起来再正常不过的事情，可以说，的确是不言而喻的真理。

第十一章

法国大革命

　　1789 年 7 月 14 日，愤怒的人群像潮水一般涌向巴黎城东的巴士底狱，这一事件被后人视为法国大革命爆发的标志。自此以后，无数学者试图破译发生这场革命的真正原因，并且试图评价这场革命造成的近期及远期影响。这些学者详细地描述法国国王被迫放弃手中大部分控制权的过程，农民通过何种方式掠夺贵族的财产，新的宪法如何被制定出来，以及国王路易十六如何被推上了断头台。他们讲述了这场革命如何随着时间的推移变得越来越激进、越来越血腥，以及那些曾经抵制革命的人最后如何遭受了残酷的迫害。断头台的发明是这个时代的象征，许多遭受迫害的人在这里被处决，这样的惨剧尤为密集地发生在 “恐怖” 的时代。法国最初的几部宪法经历了一段暴力和混乱的时期，在此之后，拿破仑·波拿巴（Napoleon Bonaparte）于 1799 年最终攫取了法国的权力。有些学者认为，拿破仑登上历史舞台，标志着法国大革命的终结；另一些学者则认为，这一历史事件是法国人将大革命的主要成就向欧洲全面扩散的开端。

接下来，我将把讲述的重点放在这一重大历史事件的法律意义之上。我认为，法国大革命是一场激烈的变革，或许可以说，这也是欧洲法所经历过的最为彻底的一场变革。如前文所述，北美十三块殖民地的革命者为了达到他们的政治目的，一方面希望诉诸自然法的理念，另一方面仍旧坚守着许多传统。与此截然不同，法国人完全翻转了既有的逻辑，他们宣称要彻底改变原有的政治和法律系统。这意味着，法国人不仅要进行宪法变革（独立之前的北美各殖民地尽管政治局势动荡，但法律体系一直稳定地保持原状），而且要把原有的法律体系推倒重来。大革命的目标在于建立全新的社会秩序，因而所有规范都必须斩断它们与旧时代的联系，所有既有的习惯和制度都将被无情地抛弃。革命者对于未来的设想是无比清晰的——所有关于公法和私法的制度都必须以自然法和人类理性为基础，并且在国家意志的主导之下被制定出来。某种程度上，这种观念远比实际的法律变革更为激进，它把发生在法国的革命演化成一场大地震。不过，正是得益于这场大地震，今天我们所了解的法律才得以出现。

大革命的形成

这场激进的政法变革开始于 1789 年，最初的起因是法国三级会议（议会）中的部分成员宣布召集国民议会（National Assembly）。这意味着，法国的议会将不再是一个按照社会阶层

（贵族、神职人员和平民）将代表们严格区分开来的政治机构，也将不再是一个仅由少部分人代表（通常由平民代表）各地区利益的政治机构，而将变成一个代表着所有不同阶层和不同地区利益的统一议会。新的议会将以国家的名义发言，而这个国家也将不再是过去那个借助分散、复杂的法律秩序将各种利益团伙编织起来的腐朽的政治体，而将是一个以公民社会为基础的新国家。

根据这一宣言，国民议会的议员宣称他们已经掌握了修改既存政法体制的绝对权力。于是，他们开始废除法国各地的封建制度，取消了教会拥有的许多特权，例如征收什一税的权利；他们废除了卖官鬻爵的生意，宣称所有公职对一切拥有善良美德的公民开放；他们取消了贵族和神职人员免于缴纳某些重要税款的财政特权；他们迅速推行一系列的法令（称为"八月法令"），并在其中宣称，与其让某些省份享有特殊的权益，不如让所有法国人紧密地团结在一起，这对法国的前途显然更加有利。因此，曾经在法国各省、地区、城市和农村分散适用的各种特殊性规范将在同一时间全部废止，单一性的法律将取而代之，适用于法国全境。

此后，国民议会通过了《人与公民权利宣言》（1789 年）。这一宣言向世人申明，人类拥有不可剥夺的权利，包括平等、自由、财产权、不受压迫的安全、无罪推定、无代表权不纳税、言论自由和出版自由等。宣言还列举了一系列具有宪法意义的论断，其中包括：主权属于国家；国家立法是人民意愿的

185

表达；国家军队保护的不是国王，而是人民的共同利益。宣言还提出了某些一般性的法律原则，例如，不为法律所禁止即允许；除非法律明确规定，任何人都享有不受限制的行动自由。

对于法国人来说，这些法律安排是前所未有的。不过，《人权宣言》并没有为了证明这些崭新制度的正当性而展开鸿篇大论，宣言只是提到，它们是一些"自然的、不可剥夺的、神圣的……简单但是无可辩驳的原则"，它们是由法兰西人民的代表们"在上帝的主宰之下……通过一项庄严宣言提出来的"。[76]就像北美十三块殖民地的代表一样，《人权宣言》的起草者同样相当忠实地信奉这一不言而喻的真理，他们认为眼下所发生的一切改变都是对自然应有秩序的一种顺应和恢复。他们在《人权宣言》的序言中写到，正是因为人们对这些不言而喻的真理缺乏认知，或是充满了偏见和蔑视，才会遭遇无尽的公共腐败和灾难，正因如此，国民议会的代表们试图力挽狂澜。

到了 1790 年，国民议会废除了所有的宗教税赋，没收教会财产，并强迫神职人员成为国家雇员。此后，国民议会在很短的时间里迅速推出了几部宪法。这是一段极为动荡的政治试验期，在此期间，一部宪法迅速取代另一部宪法，而每一部宪法都对政府的结构进行了实质性的修改。事实上，各种不同的革命团体以及个人都试图通过宪法来确立一个最符合他们理念之中社会形象的政府结构。

1791 年，国民议会对第一部宪法进行了投票，其中包括了很多最基本的革命主张。这部宪法的序言声称，该宪法的基本任务就是要彻底铲除那些有损于人类自由和平等的旧制度，并使其永远得不到复辟的机会。在不远的未来，所有人都不再因为出身不同而存在区别，特权制度行将消亡，所有法国公民将被授予同等的权利。劳动也将获得解放，就业机会不再被限制在行会成员的范围之内，个人出身变得不再重要了，因为每一个人都可以凭借自己的美德和才干获得工作机会。宪法的目标很明确，就是保障所有法国人的自然权利和公民权利不受侵犯，包括获得稳定工作的权利；保障一个根据人们的财政能力来设定的公平的税收分配原则；保障同罪同判、同罪同罚的原则；保障人们的迁徙自由、免于非法逮捕的权利、言论和出版的自由、集会自由，以及对当局进行监督的自由。与此同时，1791 年宪法保障人们的财产不被非法侵犯，并且明确表示，除非有可能导致公共安全或第三方的权利遭受威胁，否则人们行使自己的权利在原则上不会受到限制。宪法同时宣告，法国是一个不可分割的单一政治体，不可剥夺的主权将与法国同在。宪法保障权力分立的原则，将权力划分为行政权（由国王行使）、立法权（由人民选举的代表行使）和司法权（也是通过选举产生官员）。法国公民则被划分为享有投票权的积极公民和没有投票权的消极公民，其中积极公民是指年满 25 岁的，而且已向政府支付了一定数量税赋的男性公民。

然而，一波接一波的激进变革接踵而至。1792 年，法国重新组建为共和国，国民议会由男性公民普选产生。1793 年，路易十六国王被处决，法国又通过了一部新宪法。根据这部宪法，国民议会应当由法国的全部男性公民选举产生，除此之外，法律议案必须要经过地方"主要议会"的批准才能生效。国民议会将从这些地方"主要议会"提议的候选人名单中任命行政官员。对于国民议会开会过程中发生的各种辩论，公众享有知情权，国民议会中多数议员的意见将决定辩论的最终结果。1793年宪法的最后几个条款列举了法国公民的主要权利，具体包括平等、自由、人身安全、财产权、宗教信仰自由、受教育权、获得公共援助的权利、出版自由、举行民众集会的权利，以及公民可以享有的其他权利。这部宪法同样宣称，它将确保人民对"忠诚、勇气、年龄、孝敬、命运以及其他美德"抱以必要的"尊重"。

1793年宪法在对"人民主权"这一概念的理解上是相当激进的，它率先规定了全民公投的制度，但是这一制度的实施日期被推迟，后来又因和平未至而被无限期地搁置了。法国在1795年又通过了一部宪法。这部宪法试图把国家最高权力赋予由五个人组成的所谓"执行委员会"，同时加强对政治决策过程的控制力度。这部宪法十分强调对于私有财产的保护，并且规定私人住宅不受侵犯，除非进入搜查者持有合法的搜查令。1795年宪法禁止人们结成以破坏公共秩序为目的的组织或协会，同时禁止人们结成以讨论现实政治问题为目的的社团。这部宪法指出，公民的政治权利只能在法律约束之下的基层议会或是公共集会中行使。因此，任何未经授权的集会都将

187 被视为对宪法的攻击，并将被立即驱散。此外，为了迎接这个前所未有的新时代，这部宪法将"法兰西时代"的开启时间确定为共和国成立的那一天，也就是1792年9月22日。根据新的历法，1795年宪法是在共和国成立之后的第三年颁布的，因而这部宪法也可以被称为"共和三年"宪法。

全新的法律观念

由大革命建立起来的新法律秩序在很大程度上是妥协的结果，因而显得混乱、破碎，其中亦不乏相互矛盾之处。需看到，那些相互敌对的革命团体或者个人，经常使用极端暴力的手段压制对手，新的法律秩序正是在这些力量激烈对抗的夹缝之中产生的。这些新的法律针对时下的社会问题给出了不同于以往的解决方案，但施行的过程却十分令人失望，由此，施行的效果也缺乏前后的一贯性，远远低于人们一开始的期待。很显然，18世纪80年代至90年代之间在法国涌现出来的很多社会变革的确太过激进了。尽管各派势力长期沉溺于你死我活的政治较量，但宪法和法律毕竟是一种超越政治特殊性的存在。因此，这一时期的法律发展仍旧有着重大的意义，人们至少能够更清晰地认识到法律是什么，法律从何而来，法律的依据在哪里。

吊诡的是，各派敌对势力虽然不共戴天，但他们都一致认同这一时期新生的概念化的法律观念。例如，很显然，他们都毫不迟疑地认同《权利宣言》中的这些内容：国家拥有主权，因此国家可以通过立法来贯彻其一般意志；任何没有被法律禁止的即被允许；除非法律有明确规定，否则任何人的行为都不受到他人的限制。

　　总的来说，这些革命行动试图向世人表明，只有在人民意志指引之下的国家立法，才能被视为唯一合法的规范性来源。至此，无论个人还是团体，都无需再理会那些既有的习俗惯例、学说教义、宗教信条、道德义务，甚至是一般性的法理。情况变得前所未有的简单：国家要么通过立法认可某一种特定行为，使其具有法律效力；要么不认可这种行为，使其消失于无形。可以说，法律秩序现在已如一张白纸，只要合乎理性的要求，不与自然法相矛盾（不过须承认，自然法的内涵和外延一直都是一个争论不休的话题），以及不与公众意志相违背，人们便可以按照自己的意愿在上面自由地书写。[77]自此之后，所有私人领域和公共领域（用了一个不合时宜的说法）的法律都将成为人民意志和人类理性的产物，也只有如此，才能被颁布生效。法律不再是那种在人类的群体活动中自发产生的偶然的规范（据说习惯就是这样产生的），而是经过充分的理性讨论，由人们深思熟虑之后得出的最终成果。法律将不再受到传统、专家意见以及司法活动的左右，而是由我们称之为"政治家"的新角色根据他们的需求加以取舍。这些法律的制定者是通过公民选举出来的具有理性思维的普通人，而不是法律专家，因此这些法律简单而且直白，以至于其内容完全可以写入一本让每个公民都能理解、让每个家庭都能买得起的小册子里面。在法律平易化的思路之下，法律专家失去了为民众充当知识中介的价值和意义，因此，那些专门经过法学训练的法官和律师也就不再有用武之地了。原本由专业法律人从事的许多活动现在被委派给具有理性思维的普通人，他们无需为从事这些活动进行特别的准备工作，他们也从未打算垄断这一行当。出于同样的原因，绝大多数的诉讼开始从主持审判的正式法庭，转向以和解为中心的非正式仲裁机构。

革命时代全新的法律观念与革命之前的法律秩序完全不能兼容。旧政权时代的法律体系有着繁多的法律渊源（习俗、教义、一般法理、宗教谕令和国家立法），但是革命时代的新法律只认可国家立法，并在理论上排除了所有其他法律渊源的有效性。法学家在旧政权的法律体系中享有垄断性，他们负责判断什么是法律，并且负责将他们所认可的法律付诸实践。然而，革命时代的新法律可以被任何拥有理性的一般人理解，因而也可以为这些人创制并且实施。在旧政权供职的法学家和法官担负着重要的职责，他们需要从繁多的法律渊源之中"发现"并适用一个既存的法律规范，这些法律规范要么潜藏在事物的本质之中，或是符合事物发展的基本规律（习惯），要么便是属于千百年积累起来的专业法律智识的一部分（共同法），再或者就是神圣的意志（教会法）。法国大革命之后，人们不再拘泥于"发现"法律，而是主张甚至提倡，直接创造法律。法律的目的不再是维持现状，而是推动社会的改良与变革。然而讽刺的是，这些充满了革命性的主张有很多都是由来自旧时代的法学家提出的。他们在大革命之后摇身一变，成了人民的代表。与此同时，他们将自身定位为技术专家，而非职业的政客；正因如此，他们相当成功地阻止了法学家作为一个曾经占据法律垄断地位的集团被连根拔除的命运。

如果法律的本质属性发生了改变，那么适用法律的社会也必将发生本质的改变。在旧政权的时代，法国同时存在着两种殊为不同的法律秩序：其一，是蔓延到很多欧洲国家的泛欧洲的法律秩序（ius commune，共同法）；其二，是极为本地化的法律秩序（ius proprium，地方法，现在也被说成习惯法）。大革命 189 时代，人们设想建立一种单纯的国家法，使之成为法国唯一的法律，人们希望，这种唯一的法律对于所有法国人全都一视同仁。人们生怕伏尔泰（1694 年至 1778 年）曾经描述的那种场景再度出现：在法国游历的旅客们更换法律的频率比更换马匹的频率还要高。[78]

法国大革命最终生成了一种规范性的秩序，法律只能由经过公民选举产生的代表来制定。立法应当受到理性的指引，同时应当满足时下的各种需求——的确，立法有时必须干预既存的法律秩序，进而改良社会，甚至重新设计这个社会。国家立法应当仅适用于国家领域之内，但同时也应当无差别地适用于全体公民。所有这些特征，都符合我们今天对于法律的理解。这些观念也许并不是人类与生俱来的观念，但可以肯定的是，法国大革命第一次将这些观念以法律的形式确立了下来。

法国大革命为重新界定现代社会的规范性秩序做出了巨大的贡献，除此之外，法国大革命还直接导致了另外三个对于法律现代性的崛起至关重要的重大变革。其一，法律主体的统一，使我们可以把法律主体简单地理解为享有同等权利和义务的完全一样的个人；其二，将各种权利统一纳入我们今天所说的"财产权"的概念之中；其三，国家权力统一，国家主权不可分割。

法律主体的统一

法国大革命通过颁布一系列法律文件宣布人人平等，人们不再因为在出生、职业、居所或宗教信仰等方面的不同而遭到区别对待，这就导致"每一个人都是不同的存在"这一长期被奉为圭臬的公理彻底破产。在实践中，这意味着那种根据人的不同身份分别被赋予不同权利或特权的旧制度走向了终结，取而代之的新制度不再承认人们在财产、职业以及居所方面的差别有什么法律意义，并宣布彻底废除社会中的等级制度。然而，关于平等的承诺并没有完全兑现。某些区别仍然保存下来，这体现为性别上的差别，也体现为财产、市民身份（被奴役或自由）上的差别，在某种程度上，还体现为宗教信仰上的差别。

在这场社会运动之中，为了达到废除等级特权制度的目的，人们需要在头脑中构想出一种前所未有的抽象人格。首先，

需要忽略他与众不同的经历与性格；其次，还需要忽略他可能 190
具有的全部特殊性；最后，把他视为与所有其他人完全一样的
人类个体。这个全新的人类个体将通过一种法律拟制的方式摆
脱他所身处的真实生活场景，法律将无视那些造成他与众不同
的各种因素，或是把这些因素当成一些无关紧要的事实。

忽略人与人之间的差异固然是必不可少的环节，接下来的
一个重要的环节便是要将这样一个全新的法律主体塑造成型。
我们仅用一个例子就可以很好地说明这个问题。在旧政权的时
代，如果一个在城市中居住的贵族供职于军队，那么他可能享
有多种不同的法律身份。作为贵族，他享有第一重特别的法律
空间；作为城市居民，他享有第二重法律空间；作为军人，他
还享有第三重法律空间。对他而言，每一重法律空间都意味着
一整套特权与义务。多重的法律空间能够得以维持，依赖于多
重的司法管辖权。贵族拥有专门的政治权威和法庭，使他们之
间的冲突得到调解和裁判，城市居民和军人也依照同样的逻辑
由专门机关处理纠纷。这些专门的政治权威和法庭仅仅能够适
用那些与特殊利益集团成员有关的特殊法律。这样的体制有时
候让人们不胜烦扰，但大多数情况下仍旧被当作一种有益无害
的秩序。

就像吉尔伯特和沙利文（Gilbert and Sullivan）在《米卡多》
(*The Mikado*) 一书中所描述的那样，波巴（Pooh‐Bah）同时顶
着无数的头衔，他是第一任财政大臣、首席大法官、总司令、
海军大臣、王室狩猎统领、内侍总长、大主教以及市长大人。

我们的这位贵族可以随时根据需要切换他的法律身份，但他无法把全部身份合并起来成为一种。也就是说，他可以选择他的贵族身份，这样他就可以获得那些适用于贵族的权利，并且为他所拥有的财产负担贵族的义务；或者，他可以选择他的城市居民的身份，这样他便可以得到市政当局的保护；再或者，他可以选择他的军人身份，这样就可以把问题交给军队法庭处理。在旧政权的时代，具有多样性的法律真实地存在着，并且实际地运行着，人们并不认为这有多么荒诞无稽。

当今社会其实也存在着类似的情况。例如，一个人（个体的人）在作为一家公司的职员为这家公司工作（他的第一个法律身份）的同时，也为作为一个私人（他的第二个法律身份）采取行动。如果他是一名受托人，那么服务于第三方（其他的公司或者个人）的他便获得了第三重法律人格。即便到了今天，这个人也无法把这三重身份合并起来，也就是说，他无法把作为公司总裁的权利与他个人的权利，以及他作为一名受托人的权利混淆在一起。尽管我们知道，他是拥有同一个肉体和精神的个人，但是从法律上来讲，既然他扮演着所有这些不同的角色，由此体现出三种完全不同的法律身份，那么他的每一个具体行为就必须置于某一个法律身份之下来理解，这时，他所具有的另外的法律身份仿佛根本就不存在。

191　　尽管具有多样性的法律制度一直延续至今，但这与法国大革命之前的情况还是有着天壤之别，因为在那时，整个国家根本就不存在一个可以与私人行为相匹配的单一的法律身份。除去与现在相类似的因供职于一间公司而获得额外法律身份的情况不谈，几乎每一个人在他们的私人生活中都拥有多个法律身份。回到前文所举的那个例子，我们的主人公既是一位贵族，又是一位城市居民和一名军人。因此，为了将这些不同的碎片拼凑起来，打造出一个单一的法律主体，人们不仅需要把所有人想象成没有区别的均一个体（因此才能平等），而且需要设计一个能够将林林总总的法律身份熔冶于一炉的制度体系。法国大革命先是摧毁了所有既存的法律秩序，同时取消了与这些法律秩序相伴左右的司法管辖权，然后把这些法律秩序剖解为具体的个人权利和义务（财产权、劳动权、在城市定居的权利、纳税的义务），再把这些权利和义务与构想的那个抽象的个人连接起来，使具体的个人权利和义务成为他能够得到法律保护的全部内容，最终完成对法律主体的塑造。

财产权的统一

如果说法律主体的统一只是这场变革的一个面向，那么，另一个面向就是财产权的统一。在旧时代，绝大多数在我们今天看来属于财产权的权利并不属于一个单独的人所有，而是分配给很多人共同享有。以土地权利为例，法学家将其区分为"直接所有权"（dominum directum）和"用益所有权"（dominium utile）两类，其中，直接所有权是指直接发生在土地上的那些权利，比如征收地租，以及对土地进行管理的权利；而用益所有权则包括那些对土地进行利用的权利，以及收获这块土地所产出的农作物的权利。法学家还指出，国王对于法国的全部土地享有一种抽象的总括性的权利，正是根据这一权利，国王授权每一个法国人在公共土地上按照他们的意愿行使他们个别的权利，使他们可以在这些公共土地上放牧或是采集。教会也享有在土地上征收某些费用的权利。对于被征收者来说，尽管这些费用并不属于他们应尽的个人义务，但他们也不得不如数缴纳。法国的大多数土地都被强行附加了各种额外的负担、征收以及劳役。这些土地权利之间的等级次序总是处于混乱状态，因此相互之间经常发生冲突。与此同时，由于土地权利破碎不堪，作为一种财产的土地就难以流通，也就是说，人们根本无法对土地进行买卖。更为复杂的是，有很多法律直接明确指定土地的使用方式，规定在某一片土地上可以种植什么作物，什么作物必须被清除，以及应当在什么时候种植，等等。土地权利还受到各地的本地法制约，几乎每两个地方的规定都不相同。此外，土地权利还要受到土地类型和土地获得方式的影响。

192　　大革命改造旧法的首要目标之一就是扭转这种混乱而且极为不公平的状况。革命者希望通过立法将土地本身的权利与土地之上的司法管辖权区别开来，也就是说，其一是针对土地的所有权，其二是针对土地行使管理的权力（例如领主在其领地内拥有的权力）。他们还希望根据理性原则尽可能简单地改革土地市场，把农民改造成为小农场主，改善农业发展状况，防止对土地的滥用。

大革命时代的立法者相信，财产权利应当尽可能完整，而且尽可能允许人们自由支配，因此，他们设想出一种全新的现代财产概念，目的在于把旧法时代那些分散在不同人手中的零散的权利统合起来。据此，每一宗财产都对应着唯一的所有者，也只有这个所有者可以对这一宗财产进行直接使用和收益。除非涉嫌有损于公共利益或他人的权利，否则财产权几乎是不受限制的。也就是说，所有者在行使其财产所有权的过程中将不会受到国家法律的制约，也不会受到来自第三方的干涉。正如《人权宣言》在第 14 条所宣称的那样，财产权是"自然的和不可剥夺的"，因而也是"神圣的和不可侵犯的"。正如 1804 年《法国民法典》最终规定的那样，财产权是一种"以最绝对的方式享受和处置财产的权利，但不得违背法律法规的禁止性规定"。[79]

国家权力的统一与不可分割的主权

大革命给法国带来了一项十分重要的变化，就是让人们相信国家主权是不可分割的，由此，革命者才能把旧时代那些原本分散在不同机构、组织和个人手中的公权力统合起来。最早提出这一理念的人是让·博丹（1530 年至 1596 年）。他看到，天主教徒与新教徒之间旷日持久的宗教战争（1562 年至 1598 年）使社会陷入混乱。对此，他提出了一套完整的理论。具体来说，博丹认为，法国需要建立一个能够统辖全体公民的、手中握有至高权力的政府。与其把公权力划分给许多不同的个人（国王、地方领主、教会、行会等），还不如由一个人（国王）把所有的权力一起揽到手中，让他拥有凌驾于所有其他司法管辖权之上的最高权力。具体来说，即让他拥有宣布战争与和平、对终审案件做出判决、任命和罢免官员、征收赋税及其他役务的权力，不过最重要的是，让他拥有无需他人同意便可以制定和修改法律的绝对权力。博丹认为，国王的行动不受除了神法和自然法（包括国际法）以外的其他限制，主权是所有政治体存在的基本前提。

尽管博丹的理论十分特殊，甚至有点让人厌恶，不过他的理论后来被格劳秀斯、霍布斯、洛克和普芬道夫等人反复讨论。与博丹相比，后辈学者仅仅多列举出来一些例子，就结出了法国大革命这样的硕果。据此，革命法制迈出了至关重要的一步，即强调国家主权不可分割的原则。在旧时代，有些人要么通过领主，要么通过教会，靠花钱的法子买到一官半职，新政权逐渐攫夺了这些人手中的权力。此外，新政权试图把碎片化的权力汇集起来，打造成一种无所不包、至高无上的新型的公权力。1791年的法国宪法明确规定："主权是一种不可分割、不可剥夺、不可撤销的存在。"[80]

与北美十三块殖民地所遭遇的状况十分相似，支撑着法国大革命的这些重要观念也并非起源于法国，也存在于别的国家，除此之外，也并非只有法国人真心接受了这些观念。然而，法国政治的特殊背景以及大革命的爆发方式决定了这些观念在法国变得异常强大。要想理解为什么会出现这种情况，我们有必要追溯启蒙哲学的影响，了解法国国王对于立法权的特殊癖好，并且了解法国民众与他们的国王进行对抗的方式和特点。

启蒙运动

17 世纪后期至 18 世纪勃兴于欧洲各地的知识运动被后人统称为启蒙运动。17 世纪后期的思想家相信，人类社会受到自然法的规制，他们认为，拥有理性的人类个体主动选择生活在一起，并主动选择生活在有组织的政治结构之下，社会正是由这些理性人结成的整体。这些理性人相互之间讨价还价，他们常常为了换取他人的东西而放弃自己的某些利益。尽管这些思想家对于社会形成的基本条件有着完全不同的看法，但他们大都承认，社会是人类有意识地并且有目的地塑造出来的产物，正因如此，特定社会必将受到来自基础性社会契约的约束。这意味着，蕴涵在基础性社会契约中的某些准则是不能改变的，除非这个社会发生了天翻地覆的变化。

到了 18 世纪，这一观念有了进一步的发展。人们相信，194 社会的组织形式和运行规则只要能够顺应自然规律，就会变得更加完善。而且，自然科学的研究方法也可以用来解释社会。这是因为，与自然界一样（作为自然的一部分），社会也正在按照步调一致并且有着一定节奏的自然法则运行着，因此人们可以通过理性来知晓这些自然法则的内容。发现这些自然法则是至关重要的，因为这些知识赋予人类一种本领，即对自己将要展开的行动进行事先规划，这使得人类有可能建立适当的规则和制度，将人类自身导向更大的幸福。如果说，基础性的社会契约本来就是由人类创造的，那么面临社会情势的重大改变，人类也能够相应地对这一契约加以修改。换句话说，进入18 世纪以来，那些基础性的社会契约不再像起初那样，简单地约束着个人和政府的行为，仅仅告诉他们什么可以做，什么不可以做，而是也可以成为推动社会变革的一种工具。因此，生活在同一政治体之下的人们当然拥有建立或解散他们之间的政治同盟的权力，也拥有修改存在于他们之间的政治性契约的权力。

启蒙思想中有一派更为激进的观点认为，既存的社会契约不仅不能促进人类进步，反而阻碍着人类追求幸福。因此，对社会的改造意味着改天换地，而绝非表面上的点到而止。为了对一个更加美好的未来进行构想，人们首先必须与过去划清界限，抛弃所有旧的观念。在持这一派激进观点的知识分子当中，让·雅克·卢梭（Jean - Jacques Rousseau，1712 年至 1778年）是较为著名的一位。他在《社会契约论》（1762）中总结道，与其认为当下的社会使人进步，不如认为它使人堕落，因此必须要在更完善的社会契约之上对社会进行改造。卢梭认为，在新的社会契约当中，人不应当像现在这样臣服于国家、国王或政府，人应当只服从于他所归属的社会；这种结构将确保所有人都是平等的，每一个人对于自己来说都是至高无上的，唯有这样，人们才能确保获得真正的幸福。

这些建立在启蒙主义信仰之上的观念，很可能受到了18世纪70年代至80年代之间由北美十三块殖民地制定的各种宪法和《权利法案》的影响。这些源自北美的宪法性文本在法国大量传播，有些人认为，这些文本其实是为了达到使暴乱合法化以及吸引国际支援的目的，而被某些人故意复制和翻译过来的。法国的王室官僚和知识分子也在阅读并讨论这些文本，他们中有些人开始相信，发生在北美的一系列事件仅仅是一个开端，而由此引发的社会变革将席卷整个文明世界。他们甚至希望，这场变革能够带领人类进入一个全新的世纪，而在这新的一百年里，人类将沿着北美十三块殖民地的革命道路继续前行。

启蒙主义的信仰具有革命性和开创性，但其中很多内容有着更为深刻的根源。这些信仰发源于17世纪的知识分子关于社会契约的争辩，同样发源于这一批知识分子关于其他社会问题的讨论，例如我们在前面所谈到的两个例子——围绕国家主权和财产权的讨论。努力追求这些信仰的法学家和知识分子对于既往的传统相当熟悉，他们的行动一方面强烈地违背这些传统，另一方面却在延续着这些传统。他们常常陷入激烈的争论：哪些事物是需要改变的，哪些事物应当维持原状？如果需要改变，那么应当在多大程度上改变以及如何改变？

195

本土性之一： 立法权

正如我们看到的那样，法国国王在 15、16 和 17 世纪的政治生活中逐渐获得了立法权。这些国王打着尊重传统的幌子，将干预立法的行为说成是对于传统习惯的尊重，他们软硬兼施，想尽各种办法把法国各地的习惯法用文字固定下来。在这一过程中，服务于王室的御用法学家把握着重要的权力，他们认为哪些习惯值得被人们铭记，就把这些习惯变成文字；至于那些他们认为必须被遗忘的习惯，就不会被记录下来。这些法学家还决定着这些习惯将以何种方式被记录下来，他们甚至可以决定将某些原本严格局限于特定区域的习惯推广至全国适用。因为这样的缘故，到了 17 世纪，法国的习惯法已经发生了深刻的改变：在此之前，习惯法脱胎于古老的民间实践，而且往往与具体案件中双方相互博弈的智慧有关，但现在的习惯法则是经过王室认可并记录下来的成文法，因此只有一部分习惯法以某种特定的方式呈现在人们的面前。

尽管从表面上来看，习惯法的成文化并没有在实质上改变这些规范的内容，而仅仅是对它们加以澄清和固定而已，不过从 16 世纪中叶开始，法国国王开始在此基础上进一步加强了对于法律秩序的干预力度。为了对法国的法律体系进行改良，新的王室立法修改了既存的司法管辖体系，改变了程序法的规则，并且重新界定了很多处于运行之中的法律制度。特别值得一提的人物是法国国王路易十四，他领导了 17 世纪中叶的法律改革。在他统治期间，法学家委员会起草了修改民事诉讼程序和刑事诉讼程序的一般条例，并对贸易、航海等许多其他方面的活动进行重新规范。路易十四把针对法国法的研究引入了本地大学的课堂，并且鼓励法学家编写专门的教材。法国王室在立法方面的努力延续到 18 世纪，受其影响较为显著的法律领域主要是私法，尤其是赠与和继承方面的法律。

御用法学家认为，王室干预立法实属必要，因为法国的法律太混乱、太难理解，而且太难适用于实践。正因如此，法国法需要系统化的整理，这就需要对过去的制度遗产加以检验，辨别出哪些制度已经完全过时了，哪些仍旧能够适用于当前的社会条件。显然，要实现这一目标，工作量已经相当庞大了，因此御用法学家并没有好高骛远地将目标设定为彻底推翻法国现有的法律体系；与此相反，他们认为自己的工作仅仅是按照当时的标准进行必要的干预和修正，以便法律体系看起来能够满足公平和效率的要求。

设定这样的改革目标不仅有其法律上和政治上的合理性，而且也得到了当时新出现的哲学思潮的支持。博丹（1530 年至 1596 年）及其追随者指出，公权力必须集中于一人（国王），唯有他才能通过立法来施展治国的才干。对于博丹和他同时代的很多人来说，法律仍然被视为一种基于神学的真理（Veritas），所以他们力主由君主接管法律，并使其服从于君主的意志（Voluntas）。这好似一团迷雾，主权理论仅仅是这团迷雾中的一部分，另一部分则是所谓的"国家理性"理论。根据这一理论，统治者应当极尽全力干预立法，哪怕是采取不道德的乃至非法的手段也在所不惜，因为这些努力的目的全在于保障王国的安全与福祉。简而言之，违背常规做事方式的正当理由便是为了获得更大的善。因此，国王对于规范性秩序的干预变成了他的一项义务，而非一项特权。

到了 18 世纪，国王干预立法已经变成了再正常不过的事情。尽管这种行动有时也会遭到人们的反对，但是国王干预立法已经成为了一种习惯，人们似乎都接受了这样一种观念，即将立法当作改变现实的一种最有效的途径。到了 18 世纪后期，立法活动基本上已经成为法国法在实际运行中的核心。法国还拥有一个强大的政治传统，即认为主权具有天然的合法性（矛盾的是，主权常常被理解为凌驾于法律之上的权力，它可以创造新的规范）；另有一种理论指出，政府不仅要尽可能保持现状，而且还要尽可能使人们获得更大的幸福。

本土性之二：　高等法院（Parlements）的功能

启蒙主义思想与法国王室的政治实践结合在一起，为这个时代的人们构想全新的法律秩序提供了灵感。不过，与之同样重要的是大革命前夕法国存在的特殊情况。正如我们在前面所讲到的，在大革命爆发之前的数个世纪里，法国国王的能动性越来越大，尤其表现为王权对于法律秩序的直接干预。与此同

197

时，法国还有一股势力竭力抵制王权的扩张，唯恐国王将自身塑造成为国家的绝对权威，这股势力就是所谓的"巴乐门"（Parlements）。需指出，法国的"巴乐门"并不是在英语世界通常被称为"议会"（Parliament）的政治组织。与之完全不同，"巴乐门"是设在法国各地，代表着法国国王在当地利益的王室法院。这些法院在巴黎（巴黎高等法院）和各省（行省高等法院）扮演着法律监督者的重要角色，它们从国王那里收到各种旨在规制本地秩序的命令（法令、王室信件、规训、条约等），并在颁布执行之前将这些命令一一登记造册。

起初，把国王的旨意传达给法官只是一种并不掺杂任何价值判断的、较为正式的官方行为，但是到了近代早期，各地的高等法院开始普遍运用登记造册的权利来审查国王意志的正当性。供职于高等法院的法官普遍认为，他们有权对某些法令提出抗议——除非上面对这些法令进行必要的修正，他们甚至可以拒绝将这些法令登记造册。虽然从理论上来说，这些法令并不会因为法官拒绝登记而失去法律效力，但法学家通常把登记视为一种事实上的批准。

法官如果对某些王室法令提出抗议，或是拖延登记，他们常用的借口是：这些法令违背了那些更为基本的王室立法或是地方规范。当时的人们把高等法院视为法律的守护者，并且认为，随时提醒国王不要恣意毁坏那些既已建立起来的法律原则和最基本的法律框架，本是高等法院的职责所在。不过，国王并不买账。对于高等法院消极抵制法令登记的行为，大多数国王都会勒令涉事法官赶紧完成登记，否则便要对他施以重罚。到了16世纪，历任法国国王干脆亲自参与高等法院的会议，并且通过操办一种在书本上根本找不到的特殊仪式（点燃正义之火），要求高等法院的法官对王室保持忠诚、尊重和服从。

随着时间的推移，法国国王与高等法院之间的关系时而剑拔弩张，时而平静如水。法国大革命前夕，各地高等法院的法官与王室官员之间再度爆发了激烈的权力之争。法国国王，作为绝对的主权者，先是试图征收新税，而后又谋求改变政治结构；但是各地高等法院坚决抵制这些行动，并指出国王应当遵守那些一直由全体法官兢兢业业守护着的国家基本法。与17世纪的英国多少有些相似，在18世纪的法国，高等法院的法官们一致认为，法国拥有一些发挥着宪法功能的基本法律，就算国王也不能随意更改之。尤为坚定支持这种观点的是巴黎高等法院的法官，他们在1753年宣布，国王及其臣民之间存在着一份契约，国王如果要求臣民效忠于他，他本人就必须遵守法律。

高等法院对于某些王室法令的消极抵制和拖延登记吸引了一批法国贵族的注意，他们开始打着遵守规范秩序和捍卫传统自由的名义抵制王室特权的扩张。这种活动在18世纪的七八十年代达到了高潮，巴黎高等法院宣称，国王的行为不仅不能僭越王国基本法律的规定，而且也不能破坏由"巴乐门"负责守护的"国家权利"。鉴于双方的冲突已经趋于白热化，国王被迫对高等法院进行改组（1771年），最后干脆裁撤了这一机构（1788年）。

1788年5月3日，高等法院以各行省和国家的名义明确宣布了自身具有的政治功能。值得注意的是，这发生在大革命爆发的前一年。巴黎高等法院的法官在《基本法宣言》中表达了他们的信念：法国拥有发源于古老习惯的宪法，国王必须遵守之。根据这一宣言，宪法中的基本规则主要包括：王位继承适用长子继承制的规则，必须由男性继承王位；国家可以根据三级会议中代表的决定对国民征收税赋（即未经议会同意不得征税）；遵守各地的习惯法，保障各行省的权利，并且尊重地方法官的不可撤销的决定（他们并不是由国王提名而就任，而是通过购买或继承的方式获得这一职位）；地方法官拥有审查王室法令的权利，他们唯有在王室法令既不违背各行省的基本法律同时也不违背国家根本大法的情况下，才能将这些法令记录在案。诞生于1788年的这份宣言还指出，公民享有只服从"自然法的法官"传唤的权利，并且公民在被捕之后享有立即与这些法官会面的权利（有点类似于人身保护令）。

高等法院在遏制王室权力方面取得了巨大的成功，但是在大革命爆发时，它却名誉扫地。这是因为，革命者把高等法院视为地方主义的营垒，当时有不少法学家都是通过花钱购买或是身份继承的方式占据了其中的要职，所以高等法院不再受到人们的尊敬，取而代之的是无尽的批判和嘲笑。在一片责骂声中，巴黎高等法院首当其冲被说成是妄图站在旧秩序一边的保守主义者。例如，巴黎高等法院试图召集传统形式的三级议会，这就相当于承认了教会和贵族（绝大多数高等法院的成员都是贵族）的特权，同时贬低了普通民众（第三等级）。简而言之，高等法院不再被当作一个可以吸收民意的渠道，而是被视为一个主要用于保护其成员利益的封闭集团。

虽然高等法院最终不再受到人们的待见，不过他们与国王斗法的经验还是被完整地保存了下来。法律是（或者可能是）一种强大的工具，专门用来限制自命不凡的专制者。通过吸取这一经验，各种不同的革命派系，包括个人，不约而同地寻求某种新型的社会契约，以便建立起某种能够约束行政权力不断膨胀的法律机制。为此，他们建立了一个拥有立法大权的国民议会，其中所有的代表都由人民选举产生，所有的代表都向人民负责。讽刺的是，革命者还吸取了另外一种经验。当时的人们看得很清楚，国王在与高等法院的对抗中之所以最终败下阵来，是因为高等法院的法官手中掌握着巨大的权力，以至于他们足以限制政府的所作所为。因此，革命者认为，任何与立法有关的权能都不能交给法官，法官必须转化为被动的法律适用者；相应地，制定和解释法律的工作必须交由另外的机关进行。这两方面的经验都表明，国家有必要将行政、立法和司法这三种权力明确地区分开来。

第一重困境：一个国家体系能否放之四海而皆准？

法国在 18 世纪 80 年代后期至 90 年代之间采取了许多革

命性的措施，但是从某种程度上来说，不同的措施之间存在着深刻的矛盾。革命者一方面想要建立一个强大的国家，确认国家享有独一无二的主权，其中当然包含着修改法律秩序的权力；另一方面，他们又倡议建立一个将所有人类个体囊括其中的更大的社会群体，并且呼吁人们遵守一个据说可以放之四海而皆准的自然法则。因此，尽管体现着国民议会意愿的法律只能适用于法国一国之内，但从理论上来说，这些法律的终极依据则是于人类共有的理性原则。

各民族国家大量颁布适用于本国的法律，这标志着原有的那种统一的欧洲法律体系已经轰然解体，事实上，旧时代的共同法（ius commune）在欧陆范围内已经濒临灭绝。那种奠基于传统、经验和基督教信仰之上的旧的共同性已经毫无意义，人们转而以理性和自然法则为基础，建立了全新的共同性。这种转变之所以成为现实，是因为人们开始相信，人类理性并非一种虚构出来的文化意象，也不以任何一种文化意象为前提，而是一种在任何地方都平等存在着的客观事物。这意味着，尽管法律是在一国之内设立，也仅在一国之内适用，但由于法律是在理性独一无二的启发之下形成的产物，因此即便这些法律在表面上体现着法国公民的总体意愿，它们也能潜在地适用于其他国家和地区。这些法律不仅可以而且必须被移植到别的国 200 家，因为全人类的福祉依赖于理性的扩展，依赖于各个社会对于理性的自觉遵守。

对于理性具有普世性的信仰最终为大革命提供了正当性的

基础，也为拿破仑在全欧不遗余力地推行他的革命立法提供了充分的理由。需看到，在此之前，这种信仰已经存在了很久。1789年《人与公民权利宣言》（下称《人权宣言》）是对这一信仰的经典表述。这一宣言不仅保护法国公民，即法兰西政治共同体的成员，而且保护所有一般意义上的人类个体。从这个意义上来说，《人权宣言》变成了一条同时与"我们，人民"（正如北美十三块殖民地所做的那样）以及更大范围的人类都发生紧密关联的纽带。为此，它列举了具有普遍性和前瞻性的权利，包括自由与平等的权利、保护财产与安全的权利，以及反抗压迫的权利。《人权宣言》同时也列举出某些优良的政治结构，之所以优良，是因为所有权利都可以在这种政治结构下得到有效的保障。

法国在18世纪70年代、80年代和90年代发生了一系列激烈的政治对抗，《人权宣言》中列举的许多权利都是这些政治对抗的直接反映，这与美国《权利法案》的形成过程如出一辙。《人权宣言》强调人人平等，对于当时的法国人来说，这意味着贵族和教会神职人员特权的终结。《人权宣言》的核心内容还包括抵御王室政府可能造成的侵害。当时的法国人深受其害，因为王室政府总是把自己当作主权者发号施令，他们不需要任何理由就能逮捕人民，恣意设定攻击敌人的罪名，甚至常常无端改变刑罚的内容。此外，《人权宣言》确保人民享有言论自由，确保国家军队只能被用来保护而不是肆意践踏公共的利益，确保所有税收都得到纳税人的同意，确保司法审判能够自由进行。

法国的《人权宣言》本来是特殊时代背景下的产物，但它却借机宣称了普遍而且永恒的原则，或者说，是超越历史发展的、不可改变的原则。为了确保这些原则能够在全球范围内适用，用来表述这些原则的语言不得不非常抽象。各种权利被抽离了它们原本所在的历史语境，与特定的时空以及特定法律传统完全分隔开来。例如，《人权宣言》的第 1 条规定，人生来自由并且应当保持自由。第 2 条规定，每一个政治团体的目的都在于维护人类的自然权利，主要包括自由、财产、安全和反抗压迫。第 4 条规定，自由意味着人们可以做任何不对他人造成损害的事。后面还有一些抽象的条款，例如，法律只能禁止人们从事那些危害社会的行为、遵守无罪推定的原则，等等。

抽象的语言确实反映出这样一种信念，即《人权宣言》所列举的权利对于所有人和所有社会来说都具有一种共同性。无论每一个人或每一个社会处于怎样的特殊环境之下，这些权利都应当发挥着固定的作用。从某种意义上来说，抽象的语言是一种十分有用的工具：一段描述越抽象，其中潜在的包容性就越大，对于各种解释的开放性也就越大。让我们回顾一下《人权宣言》的第 1 条：所有人生而自由。如此抽象的语言就像一种安全阀。这样的措辞使得法律专家自此以后不得不随时追问，"人"这个类别中究竟包含着哪些具体内容。例如，这里面是否包含女人？是否包含儿童？是所有的人都被包含进

201

去，还是只包含那些理性的人（理性又该当如何界定）？奴隶是不是人？对于这些问题，每一个时代的作者都可能给出完全不同的答案。长远来看，这种抽象的语言可以帮助《人权宣言》适应处于不断变化之中的社会需要。毕竟，人们想要就原则本身达成一致是比较容易的，而相比之下，人们想要就原则的具体含义和贯彻方式达成一致，就困难得多了。

第二重困境：自然法的地位

如果说，法律是由一个主权国家的人民代表创制的，因此只能适用于这个国家；然而与此同时，革命者又深信，凡是不为法律明文禁止的行为皆可以从事，那么自然法究竟意味着什么呢？让我们换一种问法，如果国家立法确实受到源于自然法的诸多限制，就如同《人权宣言》所宣称的那样，那么掌握立法权力的国民议会又怎么可能享有真正的主权呢？

为了解决这一难题，法国 18 世纪的立法者试图在他们着手制定的那些法案当中植入自然法的主要信条。事实上，《人权宣言》就属于这样一种法案，它首先认可了许多既存的规范，而后试图赋予这些规范以全新的形式，也就是通过国民议会表决，使其成为正式的国家立法。通过分析这两个互补的层次，我们才能理解，《人权宣言》为什么一方面强调"自然的、不可剥夺的和神圣的权利"享有至高无上的地位，另一方面又要把这些权利逐条列举出来。详细列举的目的并不是怕人们把这些权利抛在脑后，而是借此对每一种权利在立法上加以确认。革命者试图建立一个除了国家立法之外没有其他法律渊源的法律体系，因此他们有必要在国家立法之中赋予这些权利以规范性的价值。

然而，对于自然权利的保障而言，这一做法却不能算是一 202 个妥善的解决方案。《人权宣言》也许可以将这些权利转化为具有法律约束力的规范，但这一宣言的力量还不足以限制国民议会至高无上的主权，因为国民议会仍然可以在其立法过程中无视这些权利的存在。因此，宪法和法律只能寄期望于立法机关的良心，希望它们能够自觉维护这些权利。1791 年宪法规定，立法机关、国王和法官应当竭尽"忠诚"地充当这些权利的捍卫者；与此同时，对于法国的父亲、妻子、母亲、年轻人及所有公民来说，他们应当保持充分的"警惕"，以防范自身的权利遭到侵害。1793 年宪法则规定，公民权利的清单应当醒目地出现在立法机关和公共场所的显要位置。到了 1795 年，宪法再次将保障基本权利的任务托付给立法、行政及司法机关的"忠诚"，以及全体法国公民的"警惕"。[81]

一个革命的时刻？

反抗王权的运动几乎同时发生在英国、北美的十三块殖民地以及法国。这些运动重新唤起了人们对于古老宪法传统的尊重，因为君主总是被指责违背了这些传统。与此同时，这些社会运动使得议会权力大增。当时，这三个国家的人们几乎异口同声地提出要为了法律和权利而战。然而，法律究竟意味着什么？权利又在何处？这三个国家各有各的答案。在英国，人们认为，权利由传统村社成员享有的特权衍生而来，国王曾经承诺给予人们这些特权；但是在北美和法国，人们认为，理性的权利由自然法塑造，因而这些权利不仅属于特定社会的成员，而且属于全人类。对于生活在英国和北美的人们来说，法律脱胎于习惯法和远古的制度遗产，并在成长的过程中不断变化，以求适应新的社会环境。然而对于法国人来说，法律的目的在于为全人类谋求最大的幸福，因此，法律在理论上必须建基于人们对于自然和社会的冷静观察，必须符合由此总结出来的理性和正义的要求。对于生活在北美殖民地的人们来说，他们多少也有一些这样的信仰。

暂且不论这些区别，在革命风暴席卷英国、北美以及法国之后，最令人感兴趣的并不是各地革命取得了多么辉煌的成就，而是各地民众对于革命所秉持的态度有着巨大的不同。对于 17 世纪英国的革命者来说，虽然他们提出了前所未有的宏大设想，但他们仍旧把革命视为古老传统的一种延续。北美殖民地的革命者完成了缔造新型社会的壮举，他们一方面强调传统的优越性，并试图维持这一传统；另一方面却忠实地遵从自然法的指示，仿佛传统和自然法完全是一回事。法国人则义无反顾地斩断了过去与现在之间的连续性（即便这种连续性相当显著），他们支持进行彻底的颠覆。

无论如何，我们必须承认，发生在英国和北美殖民地的一系列事件具有强烈的革命性。相比之下，法国的革命者试图重建社会契约，然后开启一个全新时代的理想，却着实是一个难以实现的目标。诚然，革命期间采取的某些措施具有革命性，例如把立法权交给议会，以及由陪审团进行裁判等，但是另外一些措施则显得不温不火，或难以落实。此外，革命者想要废除所有形式的贵族特权，或是破除专业行会的垄断，这些目标最终也并没有百分之百地兑现。一些贵族继续因为他们起初获得的封建身份向农民收取地租，某些行会也仍旧在他们的专业领域内保持垄断地位。革命之所以不彻底，其中一部分原因在于各方不断地进行政治妥协，另一部分则是因为社会根本不可能重新变成一张白纸。英国和北美的革命印证了这个观点。从某种意义上来说，法国大革命也并未真正做到与旧时代一刀两断。

我们应当坦然承认法国大革命的不彻底性，但也需看到，大革命的确造就了世所瞩目的法律转型。在英国，王室法庭被重新修饰了一番，摇身一变成了本国习惯法的捍卫者；在北美十三块殖民地，激进的宪法并未撼动原有法律体系的结构；而在法国，那个曾经以共同法、习惯法和王室立法为基础的法律体系遭到了彻底颠覆，新的法律体系几乎完全由国民议会的立法组成。同样在法国，那个曾经被用于维持现状的规范体系发生了根本的变化，革命者刻意把它打造成一个随时适应社会变化的新体系。

那个时代已经远离了我们的实际生活，但是法国大革命带来的制度创新却有着重大的意义，从某种程度上来说，我们每一个人都是法国大革命的继承者。北美十三块殖民地的革命历程使得人们可以构想出权利的蓝图，并以此为基础组建国家、设定政府的结构、创制一个凌驾于一切法律之上并且能够限制议会主权的宪法。几乎同时发生的法国大革命则导致了一种全新体制的形成，这一体制以立法权为中心，而立法权的行使者则是国民议会中那些既能够体现人民意志，又擅于用理性思考问题的议员。这一体制专属于近代民族国家，其功能在于源源不断地制造出能够适应社会变化的规范，也就是今天我们所说的"法律"。

第六部分

十九世纪

第十二章
欧洲法的法典化：
欧洲法的全球化（二）

19 世纪，绝大多数欧洲国家都经历了一次法典化浪潮的 ²⁰⁷ 洗礼。这一浪潮始于法国，终于德国。至 19 世纪末，欧洲大部分政治体都实现了不同程度的法典化。英国也许是唯一的例外。法国大革命之后，立法权开始处于核心地位，这使得整个欧洲的法学家和政治家不得不依赖于颁布法典的方法，而不是借助什么其他的法律手段，对规范秩序进行实质性的修缮。在这一时期，欧洲出现了法典化的两种基本模式，一种源自法国，另一种源自德国。法国模式诉诸理性，追求简明平易的风格；德国模式尊重传统，追求法律语言的高度技术化。尽管存在一定的差异，两种模式仍然有着许多相似之处：二者在全球范围内被大量模仿，又一次地推动了欧洲法全球化的进程。

十九世纪的法国：从国内大革命到海外殖民战争

法国大革命引发了人们关于"法律是什么"以及"法律

从何而来"等根本问题的全新认识。最终，国家立法成为唯一具有合法性的规范性渊源，它源于主权国家国民议会的决议。国民议会的宗旨在于为人们创造一个新型的、改良的社会，为此，国民议会需要创造一种以自然理性和人民意志为基础的新型的、改良的法律。此外，国民议会致力于达成某些同样重要的目标，例如，从纷繁芜杂的地方秩序中抽象出一个单一性的国家法。这样的国家法应当是基于理性和权利的普世性规范，而绝非古老传统和基督教信仰的延续。

法国大革命遭遇了法国国内外敌对势力的疯狂反扑，这在一定程度上导致了混乱局面的产生，使得大革命向着更激进的方向不断发展。从 1792 年到 1802 年，法国陷入了一系列的战争。由普鲁士、奥地利、俄国、英国、西班牙、葡萄牙、瑞典、荷兰、某些意大利和德意志的邦国（已经过时的称谓）以及神圣罗马帝国结成的多个军事同盟旗帜鲜明地站在了法国新生革命政府的对立面。不过也正是在这一时期，拿破仑·波拿巴（Napoleon Bonaparte），一位极具天赋的军事统帅，登上了历史舞台，成为了法国的领导人。拿破仑在 1799 年成为法国第一执政，1802 年就任终身执政，1804 年加冕称帝。

拿破仑努力恢复法国国内的秩序，同时他也承担起作为法国领导人的责任，拿破仑多次战胜反法同盟，并且不遗余力地将法国大革命的信条向法国以外的世界传播。拿破仑看起来几乎是不可战胜的，直到入侵俄国失败（1812 年），他的不败神话才宣告终结。1815 年，拿破仑被彻底击败。

法国最初的军事胜利激起一轮新的法律变革，法国率先完成了法典化，而后将蕴含着大革命精神和信念的法国式法典向欧洲各国四散传播。这些法典一开始仅适用于法国本土，随后也适用于法国占领和支配的新领土，最终在全球范围内被广泛地仿效和适用。

拿破仑的法典化运动

早在 1790 年，法国的法学家就曾指出，从理论上来说，植根于理性的革命法律可以轻松地实现体系化的目标，最终形成一个形式上单一独立、内容上无所不包的法律文本。这一法律文本能够适用于法国的各个地区，确保自由、平等和友爱无所不在。理想中的法律文本应该清晰、简洁、通俗易懂，让没有任何专业知识储备的普通民众也能够顺利地理解其内容。如果是这样，那么这一法律文本就变成了家家户户必备的生活指导手册，便于每一个理性的个体安排他们各自的活动。与此同时，这一法律文本也能够发挥公民教育的作用，让人们知道他们实际享有哪些权利，需要承担什么义务。

事实上，欧洲各国在 18 世纪后期曾经制定过很多法典，例如，威尼斯制定颁布的《威尼斯封建法典》（1780 年）、托斯卡纳制定颁布的《莱奥波迪内法典》（1786 年），以及普鲁士颁布的《普鲁士一般邦法》（1794 年）。这一时期，奥地利 209 也曾制定颁布了好几部法典。不过，法国的法学家期望创制一部在本质上不同于这些法典的新法典。他们认为，18 世纪后期的这些欧洲法典不过是将那些既存的法律规范搜集起来、重新编排，并进行简化和体系化的加工。但是，他们心目中的新法典则需要肩负起废旧立新的历史使命。理想中的新法典不应当依赖任何传统资源，而是以自然理性和人民意志为基础，全面抛弃既存的法律秩序，创造一个前所未有的、确定的和完备的法律秩序。

为了达到这个目标，法国政府三番五次地任命法典起草委员会，但这些委员会制定的法典草案几乎尽数遭到了国民议会的否决。这是因为，有很多议员认为，这些法典草案繁琐冗长，内容过于复杂难懂，同时抽象化程度太低，过于依赖既有的传统；但也有议员提出完全相反的理由，认为这些法典草案太过简短、语意模糊。拿破仑上台之后，任命了一个完全在其控制之下的法典起草委员会，这才使得《法国民法典》顺利出炉。这部诞生于在 1804 年的《法国民法典》有一个更加响亮的"别名"，即"拿破仑法典"。这是一部纯粹的私法法典，其中包含着 2281 个条款，专门规定关于人和财产的法律事项。

然而，拿破仑法典并未达到预期的全部效果。革命性的立法引入了一些极为重要的新要素，例如法律面前人人平等、保护私有财产、婚姻世俗化、离婚合法化以及宗教信仰自由等。但与此同时，在很多其他领域，这部法典仍然延续着旧时代的体制和政治结构。拿破仑法典远远没有做到一切从零开始，事实上，它把罗马法、习惯法和革命法的因素掺杂在了一起。因此，它同样是新法和旧法的混合物。

既然允许旧时代的规范大量保留下来，那么拿破仑法典就不可能像法学家预期的那样通俗易懂。除此之外，为了将所有私法规范全部收入这部法典，委员会不得不想方设法设立一般性的原则，同时不得不采纳极为抽象的语言，这显著地降低了法典的可读性，也极大地降低了法典的准确性。原来人们设想借助这一法典摆脱对专业法律人士的依赖，现在这个期望不得不落空了。事与愿违，即便在这部法典颁布之后，法律仍旧是一个相当封闭的专业领域，只有那些谙熟法律文本并且能够理解文本背后潜在含义的法律专家，才拥有发言权。

让·艾蒂安·波塔利斯（Jean - Etienne Portalis，1746 年至1807 年）是法典起草委员会的重要成员，他和当时的很多法学家以及历史学家一样，发觉这部法典存在着严重的缺陷。他似乎十分笃定地认为，无论人们付出怎样的努力，都不可能创造出一部内涵包罗万象，却不需要任何解释的法典；与此同时，人们无论如何也不可能仅凭借一部简明扼要的法典就能够清楚地揭示出法律的复杂性。因此，最终有可能实现的方案是把法律阐述为一整套前后连贯的、可以为理性所把握（可以按照需要进行扩张理解）的原则。 210

尽管存在上述缺陷，但仍须承认，拿破仑法典相当完美地实现了变革法律的目的。涉及法典颁布的条文明确规定：拿破仑法典公布之后，与法典调整对象重合的一切罗马法原则、一般条例、地方习惯、制定法和法规均停止适用。该条文还规定，拿破仑法典与所有革命性的立法一经颁布，便立即适用于法国全部领土，对于居住在法国境内的所有人都具有法律约束力，而不论他们具体是谁。

拿破仑法典的第 4 条和第 5 条还潜藏着革命性的规定。具体来说，法典的第 4 条规定：如果法官借口没有法律或借口法律不明确、不完备而拒绝裁判案件，应当按照拒绝审判罪进行追诉。第 5 条规定：法官不得用确立一般规则的方式进行判决，因为这种方式有可能被视为一种立法。这些措施共同保障拿破仑法典具有至高无上的地位，因为它们明确地流露出这样一种信念：法典当然地具有确定性和完备性，法典中包含着可以回答所有问题的所有答案。法典在颁布之后，所有的法律真空地带（lacuna）便从此消失了，因为法典根本就不承认自身存在漏洞。正因如此，法官无权以"法典没有明文规定"为由自行做出判断，也不能通过确立一般规则的方式创造新的解决方案。拿破仑法典的第 5 条明确禁止法官从事造法行为，从某种程度上来说，这也是保障权力分置的一项重大举措。

法典：从一部到多部

随着《法国民法典》的颁布施行，法国的其他法典也相继问世。《民事诉讼法》（1806 年颁布）规范法庭审判程序以及法庭裁判的执行。《商法典》于翌年（1807 年）问世，其中一共包括四编，即商法总则、海商法、破产法和商事法院。

《刑事诉讼法》在 1808 年颁布，《刑法典》在 1810 年颁布。[82]

　　拿破仑法典的优点和不足在这些法典中再次体现出来。尽管这些法典试图改变一切旧的制度，但它们在彰显法国大革命基本原则的同时，也延续着旧时代的传统。这些法典的贡献并不在于它们实际创造了多少新的解决方案（事实上基本没有创造），而在于它们重新塑造了法律本身。例如，这些法典将原本分散在传统法、习惯法、王室法和罗马法中的相关制度统合了起来，使其转变为国家立法权的正式产品；又例如，这些法典强调对法律部门进行划分，于是出现了私法、商法和刑法这样的分类；再例如，这些法典突出强调实体法（民法典和刑法典的任务在于指出什么是理性）与程序法（民事诉讼法和刑事诉讼法的任务则在于指出理性如何被证明）的划分，也算是一大创举。

法国式法典的全球化

　　在颁行之后的数十年间，法国的各个法典，尤其是民法典，在整个欧洲以及美洲引起了巨大的波澜，在亚洲和非洲的反响则相对弱一些。[83]今天的历史学家将法国式法典强大的影响力归结为几个因素。首先，拿破仑自命不凡地认为自己承担着"文明教化"的使命，他将法国颁布的法典强行适用于法国占领区，包括意大利北部、比利时、荷兰、卢森堡、摩纳哥以及德意志地区的几个邦国。对于法国尚且无法进行政治和军

211

事控制的地区，拿破仑软硬兼施，说服当地领导人采纳他的民法典。这种情况主要发生在德意志地区的另外几个邦国、瑞士的几个州以及波兰。然而，随着 19 世纪步入后程，全球范围内的知识精英开始普遍把法国式法典，尤其是《法国民法典》，当成一种有效的社会治理工具，这远远超出了拿破仑曾经怀揣的梦想。有些国家希望借此将国内长久分散的法律渊源统合为一种具有单一性和全国性的法律体系；而有些国家则认为，拿破仑法典更加符合现代经济、社会和政治发展状况的实际要求。法国式法典变成了一种象征，它使人们意识到，法律也可以通俗易懂。此外，法国式法典深刻地体现了新兴中产阶级的各种要求，例如在法律平等方面的要求，以及私有财产保护方面的要求，等等。正因如此，纵使拿破仑最终在政治和军事的战场上一败涂地，他在身后留下的法国式法典却可以在全球范围内得到长久的认同和适用。

与法国大革命自身的性质如出一辙，大革命之后被全世界普及的法国式法典一方面最真实地体现出人民的意志，另一方面植根于以理性为核心的全新的普世信念。法国式法典充分满足了法国政治的特殊需要，也就是将差异很大的地方法律统合起来，进行国家化的改造；然而，吊诡的是，这些法典竟然同时具有泛欧洲的普世化倾向。法国式法典诞生之后，"法律移植"开始具有了现实的可能性。也就是说，一个国家或法系完全可以借用另外一个国家或法系的法律制度，借用的范围不限于法律的结构、法律的程序以及法律的术语，而且可以包括具

212

有实体意义的争议解决方案。由于法国在法典化的过程中已经将这些实体性的解决方案集中规定在法典之中，因此，这些解决方案将随着不同国家对于法国式法典的囫囵继受获得更为广阔的适用空间。

德国式的法典化：　第二种模式

1896 年，也就是《法国民法典》颁行将近一百年之后，德国人终于拥有了他们自己的民法典，也就是《德国民法典》，简称 BGB。德国民法典的起草者有机会从此前法典编纂的错误之中吸取经验教训，而且，此时的他们也已经处在完全不同的社会环境之中了。法国式法典从启蒙运动和大革命中走来，在普遍理性（某种意义上也是传统的产物）的影响之下诞生；相比之下，德国式法典深受浪漫主义和民族主义氛围的浸染，起草者试图对历史传统进行法典化和现代化的改造。

大多数历史学家都会将《德国民法典》的起源追溯至德国的“历史法学派”，这是一个由法学家组成的群体，其代表人物是弗里德里希·卡尔·冯·萨维尼（Friedrich Karl von Savigny，1779 年至 1861 年）。萨维尼于 1814 年发表了题为《论立法和法学的当代使命》的宣言，他在这一宣言中回应了另一位学者蒂堡（A. F. J. Thibaut）提出的立法建议。蒂堡认为，德国应当制定一部类似于《法国民法典》的法典。但是萨维尼主张，法律不是纯粹的理性建构，而是历史传统的产物。或者说，法律是一个社会的历史、语言、文化和民族精神（Volks-geist）的体系化表达。正因如此，法律并不是立法者意志的短暂呈现，而通常是随着时间的流逝，在静默无声的力量中日益壮大的系统。由于法律发源于习惯，因此将这些习惯纳入法典的工作只能由法学家来完成，同时还必须满足一个前提，即这些法学家对于本国的法律史有着深入的理解。显然，立法者根本没有能力完成这一工作。

德国历史法学派的绝大多数学者否认存在至高无上的理性，进而他们也不承认理性法具有普世性的观点。不过，关于罗马法究竟对于德意志法律史产生了什么样的影响，他们之间存在着很大的分歧。有一部分学者认为，罗马法一直以来压抑着德意志地方法的生长，是一种对于德意志法律史有着消极影响的外来法律体系，因此，唯有将罗马法因素彻底清除，德意志法才能走上纯正化发展的正轨。另有一部分学者认为，罗马法属于一种上层建筑，就像基督教一样，是欧洲人的共同遗产，不具有任何民族性，德意志人当然也可以坐享其成果。坚持第一种观念的学者被后人归为"日耳曼主义者"，坚持第二种观念的学者则属于"罗马主义者"。

持日耳曼主义的学者将自身置于罗马法的对立面，他们致力于发现和重构所谓中世纪的、纯正的、早在罗马法被人熟知之前就已经存在的日耳曼法传统；他们坚信，这种纯正的日耳曼法传统才是当下德意志法律架构的真正渊源。[84] 很多日耳曼主义者认为，这些古老的传统存在于象牙塔之外，因为它们长期与民间法律纠缠在一起。著名的格林兄弟曾经参与到这场习惯法调查的运动之中。事实上，真正使格林兄弟名声大噪的并不是法学，而是童话。格林兄弟是《灰姑娘》、《韩塞尔与葛雷特》以及《白雪公主》等民间童话的搜集者和改编者，与此同时，他们也是曾经求教于萨维尼的法学家。格林兄弟以满腔热忱着手挽救真正的日耳曼传统，他们风尘仆仆地下乡采风，记录下不少流行于民间的传统。经过他们的努力，著名的《格林童话集》问世了，除此之外，还有一项成果并不为世人所熟知，那就是极具重要性的地方习惯法汇编。

持日耳曼主义的学者希望挽救传统，而以萨维尼为代表的罗马主义者则试图深入理解日耳曼法与罗马法之间的交互影响。他们研究罗马法，以求能够透彻理解 15 世纪至 16 世纪的德意志法学家在对地方法进行组织化和体系化改造的过程中曾使用的一般概念和基本原则。这种方法被称为潘德克顿法学。据此，持罗马主义的法学家坚信，既然罗马法能够在 15 世纪对德意志法进行改造，一定也能够在 19 世纪完成同样的壮举。这些法学家拒斥纯粹的逻辑，通过对罗马法的运用，他们一方面希望忠于德意志法的原意，另一方面又希望对德意志法进行组织化和体系化的改造。对于罗马主义者来说，罗马法绝非一个外来的法律体系。与此相反，罗马法是一个蕴藏着丰富的思维方法和制度工具的宝库。唯有借助罗马法，法学家才能够对德意志法做出精确和协调的描述。因此，深入研究罗马法是一种真正能够把德意志法改造成为理性的、现代的、符合现代官僚机制的法律体系的途径。事实上，也只有这种经过改造的德意志法才能满足 19 世纪复杂的社会需求。

例如，为了理解什么是占有，罗马主义者首先着手考察罗马法对于占有提供了哪些保护与救济的手段，以及对方当事人有可能在法庭上提出什么样的抗辩。其次，这些法学家对于与占有有关的各种法律渊源进行详细的考证，例如裁判官告示、诉讼程式、制定法、法学家意见和《国法大全》的文本，等等。最后，他们归纳出占有的构成要件：占有一方面取决于某人对于该物的实际控制，另一方面取决于此人出于善意保有该物的主观意愿。

214　　不过，有些批评家认为，潘德克顿法学家最终还是背离了他们的初衷。在他们自己看来，潘德克顿法学应当专注于那些源于罗马法的概念、分类和抽象命题；但是批评家发现，实际上，大多数潘德克顿法学家更热衷于从个人意愿出发寻找某些具有高度统辖性的一般性原则。有些批评家尖锐地指出，罗马主义者最终把法律理解为一个抽象的逻辑建构物，他们几乎从不考虑特定社会、宗教、政治、文化和经济的具体状况，因而这样的法律完全脱离德意志特有的传统。另外一些批评家甚至将潘德克顿法学视为一个通过数学运算得出来的法律体系。罗马主义者因而被指责犯了时空错乱的错误，他们把自己的意愿以及以个人为中心的现代精神强行注入罗马法，然而，真实的罗马法根本就没有这些内涵。

德意志的若干个邦一直为实现法典化而努力，1871 年德国统一之后，人们对于法典化的呼声前所未有地加强了。伴随着民族主义情绪的高涨，法典化更是被视为国家建设进程中的一个重要环节。在 1874 年至 1887 年间，一个由法学家、法律实务工作者和政府官员组成的委员会仔细地展开了研究论证工作，他们要为统一的新德国起草全国性的法典。在历史法学派的影响之下，委员会打算利用德意志既存的法律汇编，结合罗马法和习惯法中的知识，将各地不同的法律制度统合起来。[85]在任务执行的过程中，委员会中的每一位委员被安排专门负责起草法典中的一个部分。七年之后，各位委员再次聚首，向委员会汇报各自的调研成果。接下来便是长达六年的讨论。最终，委员会公布了一个法典建议稿，同时抄送给大学、法官和学者。德国报业也积极参与到意见征求的工作之中，分编陆续刊载法典建议稿，并为随后可能出现的争论留出专栏。

　　公之于众的法典建议稿果然引发了潮水一般的激烈论争。撇开那些从根本上抵制法典化的一般性意见不谈，大多数批评意见主要集中于一个点，即认为该建议稿并没有反映出真实的德国法。有些人认为，这个建议稿过度追求罗马化，以致严重缺乏日耳曼因素。另有一些人指出，法典建议稿使用的语言太过抽象和复杂，与生活语言存在巨大鸿沟，恐怕大多数的德国人都看不懂。有一位法典评注者甚至指出，要想让民众真正理解这部建议稿，必须事先将其翻译为普通德语。

　　鉴于这些负面的评价，第二委员会在 1890 年至 1895 年间对第一次形成的草案进行了彻底的修改，并出台了另一个草

215 案，也就是后来的《德国民法典》。1896 年，第二草案没有经过太多的争论便被赋予了法律效力。新法典包括五编，首先是总则，而后分别是债法、物权法、亲属法和继承法。新法典的总则部分包括有关人法的一般规定、物的分类、法律行为和时效等内容。这些条文统辖着法典的其余各编，并对各编规定做出了必要的补充。

《德国民法典》共包含2385 个条文，体现出很多时代的创新，其中最重要的创新集中在合同法这一部分。不过，这部民法典并未涵盖全部私法领域。例如，尽管商法一直受到某些民法基本原则的重要影响，但是商法依然在民法典之外独立成篇。

有些评论家批评《德国民法典》过度依赖罗马法，这是因为，不仅法典的整个结构是罗马式的，而且其中一些重要的领域，例如债法，更是极度罗马化。不过，法典之中另外一些领域，例如家庭法，则基本植根于日耳曼法传统。此外，这部法典的语言风格仍然追求高度的技术化和概念化，因而十分晦涩难懂。

法国式法典化与德国式法典化的比较

虽然《法国民法典》和《德国民法典》设定了几乎完全相同的宗旨，但是二者的风格却完全相反。这两部民法典都追求法律的体系化，都试图通过成文化的手段确保法律的确定性，但是二者却采取了完全不同的方法。学者们普遍认为，《法国民法典》从一开始就与历史划清了界线，它以具有普世性的自然理性为基础，因此可以由未经专业法律训练的国民议会代表参与制定。正因如此，这部民法典简明扼要，方便人们的理解和适用。《德国民法典》与此全然不同，因为本质上它是历史传统的产物。法学家一边搜集存活于传统之中的法律规范，一边用极为精致的法律科学武装头脑，以至于对法典进行解释变成了一项高难度的工作，一项欠缺知识储备的人绝难胜任的工作。《法国民法典》追求法律的民主化，它希望每一位市民都能够知晓自己享有哪些权利，负担哪些义务（尽管并未实现这个目标）；《德国民法典》是一大批法学家皓首穷经才告完成的作品，是一座经得住时间考验的不朽丰碑。《德国民法典》并未将制定法律的权力完全移交给立法者，而是充分保障法学家和大学在法典化的过程中发挥核心作用，同样在这一过程中，法学原理可以得到充分的讨论和详细的论证。《法国民法典》排斥了存在于旧时代的各种规范性的法律渊源，其目的在于开创一个革命的新纪元；与此不同，《德国民法典》从未打算将既往的法律渊源一股脑地抛进历史的垃圾堆，而是希望把它们全都编入新的法典。至少，从理论上来说，《德国民法典》曾经怀揣这样的梦想。虽然这两部民法典都试图把分散于各地的法律制度统合起来，塑造一个单一而且完整的国家法律体系，但是很显然，《法国民法典》较为成功地实现了这一目标，而《德国民法典》却与这个目标相距甚远。《德国民法

216 典》认为有必要对各地既有的法律制度加以保留，尤其是有关矿产、水源、渔业、邦与个人的财产关系、公共财产、宗教社团和保险等方面的制度，这为地方法的存续和适用留下了充足的空间。

尽管存在着上述差异，这两部民法典仍具有颇多相似之处。首先，二者都试图使用一般性的、抽象的语言对法律进行系统的重述，并且试图使得这一重述的过程尽可能简明扼要。其次，这两部法典都未能逃离欧洲共同法（ius commune）这一既存法律传统的影响，不过《法国民法典》对此讳莫如深。再次，在意识形态方面，二者皆顺应了现代社会的基本要求，例如，它们都规定了严格的权力分置、私有财产神圣不可侵犯、合同自由、法律平等等原则。最后，这两部民法典的颁行都在本国引发了大规模的后续的法典化进程。以德国为例，在《德国民法典》颁布之后不久，诸如财税法典、商法典、刑法典、刑事诉讼法典、行政法院程序法典、民事诉讼法典等重要的国家法典相继问世。

有历史学家指出，尽管《德国民法典》宣称它是日耳曼法律传统的继承者，但人们普遍认为《德国民法典》并不是一个民族性的法典，而是有着强烈普世性的法典。《德国民法典》为民法典编纂开创了第二种模式，其在全球范围内被竞相模仿，尤其受到欧洲和亚洲国家的青睐和追捧。[86]某些国家和地区几乎照搬了整部《德国民法典》，另外一些国家和地区则有选择地删去了其中几编。值得注意的是，并没有哪个国家和地区认为《德国民法典》提供的解决方案只能适用于日耳曼人。《德国民法典》日益提升的国际地位也提高了德国法学家的声誉，这似乎也向世人表明，即使到了 19 世纪晚期，罗马法仍旧发挥着促进法律统合的重要作用。在 19 世纪学者们的眼中，罗马法的确像极了歌德所说的那只潜入水底的鸭子。[87]

第十三章

普通法的法典化

英国人莫里斯·阿莫斯（Maurice Amos，1872 年至 1940 年）是一位律师、法官以及法学教授。1926 年 11 月，他在伦敦大学学院的一次演讲中宣称，法典化的事业是使人类"通向文明世界的伟大阶梯"。[88] 为了让他的同胞们更好地了解什么是法典化，法典化又能实现怎样的价值，阿莫斯提出了一个充满想象力的假设。他说，首先，让我们假设，威灵顿公爵（Duke of Wellington），这位在拿破仑战争期间最出色的英军统帅，在 19 世纪初执掌了英国的大权；其次，让我们假设，威灵顿公爵把当时最著名的法律专家召集起来，命令他们以布莱克斯通（Blackstone）的《英国法释义》为理论基础起草一部民法典；最后，让我们假设，这部"威灵顿法典"（Wellington Code）完全摆脱了宗教势力和封建主义的干扰和影响；这部法典不仅适用于英格兰，并且同样适用于苏格兰；这部法典颁行之后，所有此前在英国具有法律效力的习惯法和制定法一并停止适用。阿莫斯说道，这样的假设可以让英国人真切地认识到，拿破仑完成了怎样的伟大事业——他仅仅通过创制一部法典，就使得法国的民事法律制度高度统一起来，并且向世俗化、民主化和简单化的方向发展。阿莫斯还指出，英国人必须弄清楚，为什么法国的法典化模式能够在全球范围内被广泛效仿和传播，但英国的法律体系只能流传于英国正在或曾经直接统治的那些国家和地区。

阿莫斯是英国众多推崇法典化的学者之一。无论对与错，也无论他的观点是否偏颇，阿莫斯耗费了不少时间和笔墨，就是想让他的同胞们了解，为什么法典化是有价值的事业，以及法典化究竟能够给英国带来多大的变化。在19世纪以及20世纪初的英国，持这种观念的普通法专家并不在少数。尽管如此，这一时期更多的英国和美国职业法律人仍旧对法典化持不屑一顾的态度。有些人认为，法典化的思路缺乏理智，因而毫无必要。还有一些人倾向于推行一种更加适合普通法国家情况的不同类型的法典化思路。问题的焦点在于：法典化究竟能否在英美国家成为推动法律变革的有力武器。对此，人们展开了激烈的争论。

法典化运动在英国的历程

到了18世纪末和19世纪初，英国法主要分化为两个主要的部分：其一，以议会立法为主体的制定法（statutory law）；其二，由法官制定的、据称包含着习惯法的普通法（common law）。人们通常需要在大量的法案（act）和条例（statute）中寻找制定法的踪影，因为制定法在颁布之后往往被收录于此种形式的档案之中。普通法则潜藏于历史悠久的法律年鉴（Yearbooks，1263年至1535年）之中，或是潜藏于法律年鉴的一种现代替代形式——案例汇编（Law Reports）之中。从16世纪中叶开始，案例汇编主要由私人编写。相比之下，某些案例汇编（例如由爱德华·科克编写的案例汇编）得到了业界公认，某些案例汇编则无人喝彩。直到1865年，编撰案例汇编才成为一种具有官方属性的制度。总的来说，法律年鉴和案例汇编忠实地记录了庭审的情况，如果人们希望研究普通法上的概念（concept）、方法（method）和规则（doctrine）的历史发展，或者希望追踪某一个具体的先例，可以说，这些档案是最佳素材。然而，由于法律年鉴和案例汇编往往存在诸多不同的版本，其编写者人数众多，因此这些档案的质量往往良莠不齐，而且缺少通用索引（general index），以致人们很难进行查阅和检索。因此，为了弄清哪些发生在过去的判例和规则能够恰当地适用于手头的案件，以及如何将这些判例和规则恰当地表述出来，很多律师不得不使用诸如摘要（abridgment）这种二手文献进行调查。

简言之，人们如果想要弄清法律是如何规定的，就必须同时查阅记载着制定法和判例法的档案文献，这是一项极其艰巨的工作。从理论上来说，制定法和判例法应当是连贯一致的，二者之间不应存在矛盾，所以对于律师而言，获得一个同时满足这两种法律渊源的解释就显得至关重要了。主要由律师和法官组成的法律职业群体在他们的法律实践中遵循着各种不同的尺度，包括准则（maxim）、原则（principle）、推定（presumption）和规则（doctrine），等等。除此之外，他们有时还把某些具有强制性的其他因素引入由这些尺度搭建的混合体之中。

早在 16 世纪，很多英国人就开始抱怨这一体制的复杂性，他们中的一些人认为英国需要制定一部有条理的法典，或者至少是将所有的制定法和判例法都汇编起来，使之形成一个整体。针对这些呼吁，17 世纪英国的两位杰出法律权威，弗朗西斯·培根（Francis Bacon，1561 年至 1626 年）和马修·黑尔（Matthew Hale，1609 年至 1676 年），设想编撰一部英国的法律 219 汇编。在他们的设想中，这部汇编应当由三部分组成：第一卷包括各种法律制度、法律准则以及一部法律词典；第二卷主要对法律年鉴加以修订和汇编；第三卷则是制定法大全。

然而，直到 1833 年，英国才真正出台了具有法典化意义的举措：议会任命了一个委员会对刑法（与其他部门法不同，刑法高度地依赖于制定法，因此更容易实现法典化）进行重新审议。该委员会的任务是筹备一部包括所有条例、法案和普通法原则中所涉及罪名和刑罚的刑事法典。委员会如期提出了刑法改革的方案，并且提出了法典化的建议。但是，经过了很多次努力，这些提案都没能通过议会票决环节。关于编纂刑法典的建议后来又分别在 1878 年、1879 年和 1880 年被提上议事日程，但同样没能获得足够的支持，最后全部以流产告终。

法典化的努力在其他法律部门也遭遇了同样的命运。1860年，英国政府宣布了一个计划：首先，对制定法进行修订和汇编；其次，创制一部判例法摘要；最后，将制定法与判例法统合起来，编入同一个法律文本。1866 年，政府任命了一个具体实施计划的委员会，这个委员会一直努力工作，直到 14 年之后才被解散。在此期间，委员会制定了一系列的法律草案，不过这些法律草案并未付诸实施，它们后来变成了人们了解和学习英国法各个分支必须参考的教科书。

最后，英国的法典化运动以失败告终，但英国通过其他方法使繁冗的法律体系得到了一定程度的简化。这其中最重要的方法，就是由议会批准通过所谓的"统一法案"（the consolida-tion act），即将散见于不同文件的制定法规则汇编在一起的法案。统一法案通常涉及某一特定的法律部门，其宗旨在于将这一法律部门中所有经由议会批准通过的制定法规则一网打尽地罗列出来。值得一提的是，某些议会立法试图更进一步，超越统一法案的限度，将制定法和判例法合编到同一个文本当中。这种立法有时候被人们称为"法典编纂立法"（codifying statutes）。例如，1882 年的票据法（The Bills of Exchange Act）把 17 部相关条例统合为一个单独的法律文本，总结了分布在超过 300 卷的法律汇编中的 2600 个案例的基本法理。

需看到，统一法案和法典编纂立法并不具有实质改变法律内容的意图，其目的仅仅是提升现有法律知识的整合程度。可以说，此二者仅仅是针对法律过于复杂的一种技术性的解决手段。尽管如此，它们也并不是对于现行法律的简单记录和复述，而是根据预先设定的纲要，对既存法律进行有目的的筛选和重构。许多人侧眼旁观，认为这两种技术性手段虽然使得法律检索变得更加容易，但是它们实际上已经改变了法律的内容。正因如此，此二者的出现立即在英国引发了新的争议。人们并不能搞清楚，在统一法案和法典编纂立法颁布之后，原有的判决、法案和制定法是否依然具有权威性；人们也搞不清 220 楚，这些法律渊源的效力从何而来——究竟是来源于普通法的源头（因司法判决宣告其存在），还是来源于议会颁布制定法的权力，抑或是因为议会在颁布统一法案和法典编纂立法的过程中对于这些法律渊源的效力进行了重新申明。

到了最后，英国的情况变成了这样：一位律师要想真正理解法律，就必须经常性地阅读由律师、法官或大学教授撰写的法学论著；他的阅读大概要从威廉·布莱克斯通（William Blackstone）的《英国法释义》（*Commentaries on the Laws of England*，1765年至1769年）开始，接下去还要不停地阅读其他著名学者的重要作品。例如，弗雷德里克·波洛克（Frederick Pollock）也许又是一个绕不过去的名字，他一生不仅撰写了很多有关合同法、合伙法和侵权法的著作，还专门撰写了诸如《英国法律史——爱德华一世以前》（*The History of English Law before the Time of Edward I*）这类法律史著作。总的来说，英国的法律专家开始按照一般性的分类对英国法进行系统化的整理。通过对法律原则的列举和归纳、罗列各种先例、制作索引，这些法律专家不仅对法律加以客观的描述，从某种程度上来说，也在对法律进行理性化的加工。此外，这些法律专家经常利用罗马法中的知识描述令状

(writs)，他们由此可以根据令状的内容把它们归为不同的类别（例如波洛克就曾因此区分出合同、侵权和监护等不同的法律领域）。这些重要的法学论著虽然并没有法律约束力，但这些论著中的主张日渐演变为一种通识，有时甚至演变为一种权威性的参考意见，无论律师还是普通人，都难以逃离其客观的影响，就连法官也不得不将其纳入考虑的范围。

对于英国所持立场的一种解释

英国法最终没有走上法典化的道路。对于这一结果，比较传统的解释认为，英国法没有法典化的必要，这么做也并不明智，这是因为，那些接受法典化思路的国家，其实也都是不得已而为之的。在没有经历法典化之前，那些国家的法律体系庞杂繁复、矛盾丛生、难以理解，其整体状况简直糟糕透顶，就像是一场灾难。之所以沦落到这般田地，主要是因为那些国家在政治上高度分裂，大量地方政权各自为政，这导致它们缺乏全国性的法律，它们现有的法律也完全不能满足 19 世纪民族国家的各种现代性需求。那些国家的法律基本上处于停滞不前的状态，立法者不得不紧急干预之。对于英国来说，上述情况都不存在。因为英国的法律一直处于发展之中，并且英国早就建立起全国性的、具有现代性特征的、井然有序的法律体系。

纵使这种比较传统的解释是正确的（显然并非如此），近年来，历史学家也提出了更为新颖的观点：英国之所以反对法典化，其主要原因在于英国特有的法律观，也就是说，对于"什么是法律"以及"法律如何被创造出来"这些问题，英国有着与其他国家迥然不同的独特观念。我们在第十二章中曾经谈到，大陆法系国家的法典化思路，尤其是法国的模式，完全将法典视为一个新时代的开端。在这些国家，代表全体公民的 221 议会理性地颁行法令，并且通过这种方式用新的立法取代旧的传统——即便立法吸纳了传统（这种情况经常发生），它们也是全新的。因此，规范是否具有法律效力不再取决于传统，而是取决于潜藏在它们背后的代表着人民意志的议会。议会是至高无上的，议会能够改变法律。在这种情况下，法典被视为对法律的全面表述，法典的颁布将导致一切既往的法律渊源失效。法典通常只提供一般性的抽象原则，因而人们只需根据这些原则的逻辑内涵便能理解法典，这就使过去的经验、判决或规则统统失去了存在的意义。从理论上来说，这种体制之下的法官不应享有任何自由裁量权，他们所能做的全部工作，就是适用只有唯一合理解释的法律条文。与此同时，这种体制不允许他们通过做出一般性的裁判来创造新的法律规范。

相比之下，绝大多数英国的法律从业者完全不能接受上述观念，他们对于"什么是法律"以及"法律如何被创造出来"这些问题，有着全然不同的理解。19世纪之前，大多数英国的法律人相信，英国的法律体系建立在普通法的基础之上，而普通法乃是一种在社群内部有机生长出来的习惯法。基于英国法发展的特殊背景，人们逐渐萌生出这样一种信念：法律植根于经验而非理性。既然法律自然而然地在社会交往中生成，那么法律就应该是具体的而非抽象的，是归纳的而非演绎的，是决疑式的判断，而非一般性的命题。法律包含着浩若繁星的判例，这些判例的意义在于重新呈现过去那些法官是如何做出裁判的，并且向今人解释他们做出这些裁判的具体原因。律师的任务在于对相关判例进行比较，明确这些判例之间的相同点和不同点，并找到一个可以适用于手头案件的公正的解决方案。与议员相比，法官才是真正的立法者。尽管议员代表着"人民"，但他们的主要任务仅仅是确认法律的效力，并不是制定法律。或者说，议员需要保障英国人民的传统权力始终受到尊重，他们当然也可以通过立法来实现这一目标，但他们不应试图推进法律革新。英国的法律专家通常认为，与其他国家的法律体系相比，英国的法律体系要更为高级，这是因为，立法受到固定形式的制约，往往欠缺必要的灵活性，但出于法官之手的习惯法却能够不断地实现自我更新，因而能够更好地捍卫个体的权利和自由。简言之，英国法能够切实地发挥保障自由的功能，但欧陆的法律体系，尤其是法国法，则根本就做不到这一点。因此，很多英国人拒斥那些法国式的理念，尤其拒斥起源于法国大革命的理念。

　　鉴于19世纪英国的法律从业者对于普通法存在着上述理解，推行法典化的思路在英国可以说是寸步难行。执着于普通法理念的英国法律人几乎没有为议会立法留下任何余地，他们当然也不可能接受议会通过颁布立法的方式对既有法律秩序进行彻底的革新。此外，普通法根本不可能造就具有抽象性和一般性的法律规范，也不可能抛弃经验，然后将理性作为首要的指导原则。当时有些法律人宣称："认为普通法无需经过翻天覆地的变化就能轻松实现法典化的想法简直太幼稚了。"[89]在普通法主导的环境之下，英国人并不认为，法典化就一定能够使法律变得更加连贯、更加确定。多数人仍旧将法官视为最优秀的法律专家，他们压根不相信议会有能力快捷高效地创制法律。更为极端的观点认为，欧陆各国的法典化运动实际上也归于失败了，因为人们为了制定法典付出了巨大的代价，但却没有收到预期的效果。诸法典非但没有形成一个全新的体系，就连自身的适用也遭遇重重困难。

尽管存在上述非议，不过必须承认，英国也有不少支持法典化的狂热分子，前文提到的莫里斯·阿莫斯便是其中之一。而在这一阵营之中，最著名的一位学者当属杰里米·边沁（Jeremy Bentham，1748年至1832年）。作为功利主义学派的创始人，边沁在《道德与立法原则导论》（*Introduction to the Principles of Morals and Legislation*，1789年）一书中主张，社会的终极目的在于实现最大多数人的最大幸福。他认为，人类的理性由天生利己（self-interest）的属性所驱动，因此，像普通法这种以口头习惯为基础并且由法官所掌控的法律，并不能够确保这一终极目的的实现。为此，法律需要充分的安定性和明确性。边沁认为，唯有把经验主义与理性分析结合起来，法律才有可能实现社会的目的。

　　边沁赞成制定法典，并且主张由立法机关全权负责颁行这一具有全面性（不存在法律空白）、排他性（没有被纳入法典便不成其为法律）、体系性和简明性的法典。从 1810 年开始，边沁便把他的精力投入到宪法典的制定工作中，因为他深信，由于宪法典建立在对人的天性以及人的理性充分考量的基础上，因而宪法典必然能够潜在地适用于任何国家或政府。

　　在整个 19 世纪，英国基本上没有受到法典化浪潮的影响，但在英国统治之下的印度，却有不少法典被制定出来，具体包括民事诉讼法典（1859 年）、刑法典（1860 年）和刑事诉讼法典（1861 年）。这些法典随后被移植到英国的其他海外殖民地。今天的历史学家已经对宗主国和殖民地之间法律发展的差异做出了合理的解释，人们据此可以理解为什么英国拒绝法典化，但是印度却接受了法典化：在英国，职业法律阶层普遍认为法典化是当局针对庞杂无序的法律所采取的一种迫不得已的手段；然而，法典化这种在 19 世纪被欧陆各国或对或错地应用于本国的法律变革方法，却十分适合不少英国殖民地的本地情况——那里通常保存着为数众多的难以为英国本土法律阶层所理解的当地法律，这些法律与殖民地立法混杂在一起，长期保持着共存的状态。因此，作为宗主国的大英帝国经常在殖民地主动倡导法典化的运动，英国人相信，法典化有助于宗主国在殖民地建立全新的、理性化的法律体系，并且能够有效地促使当地人变得更加"开化"，更加"文明"。由于殖民地常常被想象成一些缺少法律约束或既有法律体系过于混乱的区域，因此英国的殖民者对于法典化有着特别的期待，他们希望法典化能够把简化版的英国法输入到殖民地。除此之外，还需看到，海外殖民地的政治生态普遍缺乏民主因素，这对于法典编纂者开展他们手头的工作十分有利，因为殖民地人民基本上没有可能认真地就法典化运动的利与弊进行公开讨论。

法典化运动在美国的历程

时至今日，大多数历史学家都认同，大概在19世纪20年代至30年代之间，美国各地掀起了一股热潮，无论是立法机关、政府还是律师，大家都迫切地想要知道法典化有何利弊，还想要知道法典化究竟实属必需，还是根本没有什么用处。在某些州和地区，法典化的建议得到了采纳，这些地方不仅任命了专门委员会来研究法典化的可行性，甚至直接着手起草法典。然而，绝大多数法典化的提案都没有成功，这在一定程度上可以归因于当时美国人对于法律的主流观念——他们认为，普通法根本就不能被法典化。历史学家指出，这一时期人们关于法典化的争论，实际上显露出一个更为重大的分歧：美国究竟应当继续坚持普通法传统，还是干脆抛弃之。那些支持法典化的人通常被认为要抛弃普通法，反对法典化的人则被认为要坚持现有的法律体系。美国的法典化运动从整体上来说陷入了僵局，但是，路易斯安纳州（Louisiana）和纽约州（也包括效仿纽约州立法的其他各州）成功地实现了法典化。

路易斯安那

关于美国的法典化运动，学界通说倾向于认为，路易斯安那走上法典化道路的原因，根本就是不言自明的。由于路易斯安那继承了法国的传统，因此奥尔良地区（Oeleans，路易斯安那在成为联邦州之前的旧称）通过制定《民法汇纂》（*Civil Digest*，1808 年）来实现民事法律的法典化，完全是理所当然的事情。同样理所当然的事情，就是在路易斯安那成为一个联邦州（1812 年）之后，经过一段时间的酝酿，最终颁行了更加成熟的《民法典》（*Civil Code*，1825 年）。这些事实表明，当地居民仍旧牢牢坚守着法国殖民地时代的传统，与此同时，他们坚决拒斥联邦想要把普通法引入本地的意图。本地居民对于普通法的拒斥还体现在其他事件之中：例如，1806 年，本地立法机构通过投票决定保留现有的法律体系；再例如，1812 年，路易斯安那的州宪法中明确规定，州议会无权决定采纳其他法律体系。

学界通说认为，忠于传统仅仅是路易斯安那采纳法典化的原因之一，另一个原因在于当地混乱不堪的法律状况。大多数学者指出，对于路易斯安那来说，法典化几乎是必需的工程，因为当地的法律高度混杂，其中一部分是法国法，还有一部分是西班牙法，这些内容基本上无法翻译为英语。这里的法律如此混乱，而且难于理解（至少对于外人来说是这样），因此就需要借助法典对法律进行简化的表述。此外，这样做还有另外一个好处，那就是能够顺便将当地的法律翻译为英语。

很多学者把路易斯安那的法典化视为理所当然，然而，这一观点却掩盖了当时的某些重要情况。尽管路易斯安那曾经在1806年（投票决定保留既有法律体系）、1808年（制定民法汇纂）、1812年（宪法规定州议会无权采纳其他法律体系）和1825年（制定民法典）四次推进法典化进程，但这些决定不应被简单理解为固守传统。实际上，这些决策蕴含着深谋远虑的设想，它们使得当地的立法者在对法律进行革新的尝试之中，无须过多受到既有法律体系的拘束。自此之后，路易斯安那的立法者不仅没有抛弃法国传统，反而加强了对法国法的依赖；不过与此同时，本地法律中的西班牙因素则渐渐地淡化了。

路易斯安那的法律为什么最终会变成这样，又是如何一步步地转变过来的，这在很大程度上仍然是一个谜。当局在1806年被问及本地的法律状况时，曾经回答说，他们不仅拥有优士丁尼的《国法大全》（*Corpus Iuris Civilis*）和共同法（ius commune）学者的不朽论著，而且拥有西班牙的诸多法律汇编和条例。当局对于法国法只字未提，但是1808年的《民法汇纂》却同时包含了西班牙法和法国法的成分；此外，这部汇纂在体例上明显仿效了《拿破仑法典》。当时，有些法官在适用《民法汇纂》进行审判的过程中便指出，这已经偏离了严格适用西班牙法的历史传统。这些法官试图把《民法汇纂》理解为专门针对西班牙法的成文表述，因而无视其中包含的法国法因素。此外，这些法官也并不认为《民法汇纂》可以接替所有现行法律并且独自发挥作用，因此，只要更加便利或能够满足更多的需要，他们便自由地适用未经法典化的西班牙法。

鉴于法官们固执地适用《民法汇纂》之外的西班牙法律渊源，当局决定制定一部真正的法典来取代《民法汇纂》。1825 年，路易斯安那正式颁行了民法典，但它并不是对于《民法汇纂》的简单扩充。新的民法典中再次出现了西班牙法与法国法两种法律渊源并存的状况，但是相较西班牙法而言，法国法实际上处于主导性地位。由此，路易斯安那的法律体系产生了对于法国法的强烈依赖，从某种程度上来说，这种传统是被人为创造出来的。对此，我们仅从法典的条文中就能窥得端倪。例如，这部法典在第 3521 条规定：本法典颁行之后，之前所有行之有效的西班牙法、罗马法、法国法以及地方立法一并废止。这部法典还进一步规定，无论在任何情况下，法庭都不能援引法典颁行之前的法律作为裁判依据。

总的来说，路易斯安那并非那么"理所当然"地遵循着它固有的法律传统，而是经历了一次重大的转变。随着时间的推移，路易斯安那法律体系中西班牙法的因素越来越少，法国法的因素则越来越多。从这个角度来看，路易斯安那法律之所以渐趋"高卢化"（Gallicization），绝不仅仅因为这里曾是隶属于法国的殖民地，而且也是路易斯安那决定加入美利坚合众国的一个结果。具体来说，这也许只不过是当地民众抵制普通法入侵的一种方式，因此，根本谈不上是什么法律发展的必然趋势。在法律发展的过程中，人们对于过去的理解、对于现在的认识，以及对于未来的展望发挥着同等重要的作用。

事实上，路易斯安那的故事要比想象中的更加复杂，因为路易斯安那对于欧陆法律传统的坚守只局限于民法领域。而在诸如刑法、证据法、商法以及其他法律领域，普通法几乎没有遇到像样的阻击就轻松地取得了统治地位。在路易斯安那各地，对于这些法律部门进行法典化改造的企图均遭失败。尽管路易斯安那的议会顺利接受了民法典，但却否决了刑法典和刑事诉讼法典的草案。至于1823年颁行的民事诉讼法典，则同时蕴含着大陆法和普通法的成分。某些学者看到，对于路易斯安那民事诉讼法的解释权掌握在法官手中，这显然反映出普通法的传统，而不是大陆法的传统。所有这些情况都表明，路易斯安那的法律发展远比我们亲眼所见的状况更加扑朔迷离。

纽约

1846年，纽约州的立法机关决定对现有法律进行修订、简化和删减。这一事件通常被视为纽约州法典化运动的开端。翌年，纽约州任命大卫·达德利·菲尔德（David Dudley Field）领导一个法典工作委员会，菲尔德总共计划制定五部法典，即政治法典（political code，主要是涉及政府的法律规范）、民事诉讼法典、刑事诉讼法典、民法典和刑法典。今天的学者通常认为，菲尔德大概是受到了法国式法典的激励，他希望制定出那种既简明扼要又无所不包的法典，然后借此清除一切古老的法律渊源。菲尔德对普通法和制定法进行比较，他也试图首先确定某些一般性的原则，然后从这些原则中推演出各种其他的法律规则。

226 　　毫无疑问，菲尔德起草的法典具有强烈的革命性——当时甚至有观察家指出，民事诉讼法典将为普通法的诉讼程序敲响最后的丧钟。然而，菲尔德的民事诉讼法典（1848年）、刑事诉讼法典（1881年）和刑法典（1882年）几乎没有遭至任何反对意见，便极其顺利地在纽约州议会获得通过。相比之下，民法典的命运则相当坎坷。菲尔德的民法典草案遭到了各方面的强烈抵制，纽约州州长曾数次否决该提案，以致该草案胎死腹中。为什么其他法典能够这么容易地通过议会审议，而民法典却屡次受挫？这其中的原因尚不明了。但是我们有理由相信，当时纽约州的职业法律人和立法者存在着某种程度的共识，他们对于私法的情感明显要比诉讼法和刑法更加强烈，因此他们一致就私法变革的问题采取了更加谨慎的态度。除此之外，菲尔德民法典的失败也可能存在另外的原因。例如，这部法典在很多方面与《拿破仑法典》太过相似。再例如，这部法典明确指出，它的意义并不在于对既存的法律制度进行补充和澄清，恰恰相反，它在颁布之后将取代之前所有的法律制度。

　　我们且不论菲尔德民法典为什么会遭到否决，纽约州的法律故事并没有就此完结，令人吃惊的事情陆续发生在纽约州以外的其他各州。纽约州在 1848 年通过了民事诉讼法典，仅过了一年（1849 年），这部法典就被密苏里州几乎原样不变地采纳了；随后的几十年间，这部法典又被另外二十一个州或地区采纳。[90]讽刺的是，在纽约州遭到否决的民法典草案竟然在纽约州以外获得了法律效力。1866 年，达科他州在对草案进行少量修改后通过了这部法典，与此同时，达科他州也采纳了纽约州的刑法典。加利福尼亚州（California）紧随其后，于 1872 年采纳了纽约州全部五部法典。除此之外，爱达荷州（Idaho）、蒙大拿州（Montana）和科罗拉多州（Colorado）也相继采纳了菲尔德的法典。

针对各州相继接纳纽约州法典的现象，有学者指出，这应当被解释为一种地方当局针对法律混乱状况实施的"休克疗法"，是不得已而为之的非常手段。这些学者相信，与发达地区相比，法典更适合于偏远地区的实际情况。他们指出，纽约州的法典之所以颇受欢迎，是因为这些州和地区原本就缺少厚重的法律传统。与作为英国殖民地的印度有些相似，这些州和地区的法律体系要么存在严重的缺陷，要么根本不存在任何法律体系，这些原因敦促地方当局通过法典化快速建立一个行之有效的规范体系。正因如此，纽约州的法典，可以说是经过纽约州全体职业法律人和立法者深思熟虑的智慧结晶，肩负起敦促北美新领土变得更加"开化"的重大使命。如果说法典化对于纽约州仅仅是一个可有可无的选择，那么对于美国西部地区来说，法典化则是独一无二的解决方案。

此种观点，与英国法律专家曾经表达过的那些偏见如出一辙，其最大的失误就在于，完全忽视了这些州和地区在采纳纽约州法典之前的本地的法律状况。这种观点未经任何实证研究，就预先假定这些州和地区需要进行激烈的法律变革。此外，这种观点忽略了一个至为重要的因素：在正式采纳纽约州法典之前，这些州和地区中的很大一部分正处于激烈的思想斗争之中，当地民众对于接受何种法律体系并未能达成一致意见。需看到，加利福尼亚曾先后隶属于西班牙和墨西哥；达科他、蒙大拿和爱达荷以及大多数中西部的州曾经是法国的领土；当时，这些州和地区的绝大部分领土处于原住民部落的控制之下，并且遵循着原住民自己的法律体系。这些原住民的法律真的是一塌糊涂吗？究竟是普通法专家刻意贬低了这些既有的法律，还是当地人确实感到有必要推行法律变革？究竟是谁最终决定采纳纽约州的法典，他们又是出于什么原因要这样做呢？

18世纪70年代，大陆会议在费城召开，宣布俄亥俄河（Ohio River）西北方的新领土将适用普通法。到了19世纪，美国政府向西拓展，逐渐取得了原先属于法国、西班牙或当地原住民的大量领土，并且在这些新领土之上推行相似的措施。这些拓殖者通常相信，他们面临的最重要的任务之一，便是用普通法取代当地的法律体系。因此，他们通常把这项任务描绘得十分必要而且紧迫。在他们看来，所有普通法之外的法律体系

（本来都是当地法，现在却被怪异地当作外国法来看待了）都不具有确定性，从这个意义上来说，根本不能被称为"体系"。然而，拓殖者试图引入法律变革的尝试却频频遭到当地民众的抵制。例如，针对上路易斯安那（upper Louisiana，现在的密苏里）的一份调查报告证实，那里的居民非常反感当局对于本地法律的肆意贬低，他们相信，他们所遵从的法律不仅能够带来秩序，而且充满了正义。

而在加利福尼亚，由西班牙人和墨西哥人组成的大规模的、稳定的社会早就存在了。相比之下，从美国东海岸陆续迁移到这里的英国移民才是名副其实的"后来者"。因此，这里有很多人要求延续西班牙的法律体系。另有一些人则试图建立一种混合型的规范秩序，具体包括英国的证据法、商法和刑法，至于民法和民事诉讼法，则应当从西班牙和法国的相应法典中充分吸取经验。然而，到了1850年，当局任命了一个主要由普通法专家组成的委员会，该委员会建议加利福尼亚全面采纳普通法。

1836年，德克萨斯共和国（the Republic of Texas）的议会也爆发了类似的争论。最后，议会决定正式采纳普通法来处理本地的民事争议和刑事犯罪，然而当地的法院却认为西班牙法更符合当地的实际情况，因而在司法实践中继续沿用西班牙的民事诉讼法。这样的法律实践在1840年得到了立法机关的正式认可，议会对外宣称，本地对于普通法的继受并不包括普通法的诉讼程序。 228

普通法为什么能够在各地成功地替代此前行之有效的法律体系呢？对此，今天的学者尚未给出令人信服的解释。至于继受普通法的过程究竟是如何发生的，当地民众对于此种继受又做出了怎样的回应，我们手中也没有掌握足够的材料。大多数历史学家认为，普通法专家偏颇的法律观——只有普通法是文明的，其他法律体系都意味着野蛮——最终左右了美国官方对这一问题的认识。这些历史学家还提到了英国移民与当地人之间的权力关系，他们认为，英国移民偏爱普通法的理由很简单，因为普通法能够帮助他们驱逐和压制当地的居民，无论原先住在那里的是土著居民、西班牙人还是法国人。

普通法在美国日渐兴盛，这或许可以解释，为什么纽约州的法典可以在其他地区得到采纳。值得注意的是，这些州和地区原本拥有某种不同于普通法的法律传统（或多个法律传统并行），它们的法律体系正处于向普通法过渡的进程当中。因此，对于这些州和地区而言，采纳法典并不是为了克服无序和混乱，也并不是为了从野蛮走向文明。换言之，采纳法典并不是一种补救性的手段，而是为了在本地推行新法而使用的工具。与大多数人想象的并不一样，就设计初衷与精神气质而言，纽约州的法典与普通法之间并不存在根本矛盾，事实上，这些法典是促使普通法在新的领域内得到有效适用的重要推手。

可以不要法典，但是不能不要制定法

　　路易斯安那州和纽约州为我们提供了与 19 世纪美国法典化运动有关的两个故事。我们的第三个故事将沿着完全不同的路径展开，这个故事的重点在于讲述：制定法如何在 19 世纪至 20 世纪的美国获得了越来越突出的重要性。这个故事告诉我们，从传统上来说，美国法比英国法更容易接受制定法。早在建国之前，北美很多殖民地的法律秩序便主要以宗主国或殖民地当局的成文法规为基础；例如，弗吉尼亚州、马萨诸塞州和佐治亚州的地方议会都认为他们享有立法权，因此可以对法律进行汇编和修改。这种以议会为核心的政治传统在美国独立之后得到了进一步强化。主要原因在于：其一，美国人民试图让他们的法律体系脱离英国普通法的传统；其二，经过民主化浪潮的冲刷，议会比法官更能得到民众的信赖。美国人民希望通过制定法来搭建他们的联邦和州，因此他们制定了宪法，并在其中规定了立法机关的权限。正是因为这一举动，联邦制才得以实现。所有这些特征都表明，美国的法律体系是独一无二的：它一方面忠实于普通法，另一方面又打心底里看不上那些不成文的习惯法，而是对官方的、经由有权机关明确颁布的成文法怀有深刻的好感。

　　因此，尽管 19 世纪的美国从整体上拒斥了法典化的影响，但是很多州纷纷颁布出台数量庞大的制定法，其目的在于使既

229

有的法律体系得到进一步的明确和巩固，同时希望借此推进法律制度的革新。这一时期，有很多法学教授主动采取行动，他们积极筹备各种法律草案，并设法鼓动立法机关有朝一日将这些草案正式颁行，从而使自己立身于法律发展的最前沿。

值得一提的是，美国的职业法律人为统一美国各州的法律付出了艰辛的努力。随着时间的推移，各州之间的移民、贸易与合作越来越多，高速公路和现代交通体系使得区域之间的流动性显著提升，在这些因素的刺激和推动之下，一群杰出的律师、法官和法学家在1892年成立了"统一州法委员会全国会议"（the Conference of Commissioners on Uniform State Law）。在美国律师协会（American Bar Association）的支持之下，该会议的成员陆续起草了一系列单行法律文本，并推荐各州通过立法程序认可这些文本，使之获得法律效力。这些法律文本中包括《流通票据法》（1882年）、《统一买卖法》（1906年）和《仓单法》（1906年）。

1923年，美国法律协会（American Law Institute）成立，该协会的目标十分明确，就是要对美国的法律体系进行适当的简化。1944年，该协会的成员与"统一州法委员会全国会议"（现在被称为统一法律委员会，Uniform Law Commission）正式达成合作意向，筹备起草一部《统一商法典》（Uniform Commercial Code）。1951年，这部商法典问世，后来在1962年进行了一次修订。《统一商法典》的内容涵盖了销售、租赁、流通票据、信用证和投资证券等诸多领域。问世之后不过数年，《统一商法典》就被美国五十个州以及哥伦比亚特区、美属维京群岛、波多黎各等地区采纳，其中有些州和地区对这部商法典做了少许改动。

虽然《统一商法典》在美国实现了相当程度的法律统一，但它仍与大陆法系国家颁行的法典有着本质区别。这是因为，《统一商法典》允许各州（地区）之间存在一定的差异，各州（地区）可以根据本地实际情况在备选项中做出选择。这意味着，这部商法典并不打算从根本上替代在各地行之有效的规范性渊源。此外，正如某些学者指出，《统一商法典》也并不打算向人们提供具体的争议解决方案；它仅仅希望告诉人们，在何种情况之下需要考虑何种问题，建议法官按照何种思路向当事人发问，告诫当事人针对特定侵害有可能采用哪些救济方式，以及采用某一种救济方式的时候需要满足哪些基本条件，等等。简言之，《统一商法典》与大陆法系的法典存在着重大 230 的不同，它表面上允许，实际上却暗中支持法官享有较大的自由裁量权；它拒绝规定每一桩具体案件的处理结果，而只是提示法官在审理过程中应当考虑哪些问题，以及为了做出公正的判决，他们应当遵循何种方法。换句话说，《统一商法典》提供的只是路标，而不是终点。

尾 声

同一个市场，同一个共同体，同一个联盟

　　1951 年，法国、联邦德国、意大利、荷兰、比利时、卢森堡共同组建了欧洲煤钢共同体（ECSC）。该共同体的宗旨在于对这些重要的自然资源进行统一的控制与管理，以促进各国的经济增长和跨国合作。五年之后，这六国在罗马又签署了一系列条约（1957 年），建立了欧洲原子能共同体（Euratom）和欧洲经济共同体（EEC，也被称为"共同市场"）。与煤钢共同体相比，欧洲经济共同体涉及的合作领域更广，更为重要的是，为了便于各国之间的贸易往来，这一共同体设立了一些基本规则，例如在成员国之间取消关税，以及设置一些为各成员国所共同遵守的贸易政策和农业政策，等等。[91]

　　相互合作的目的当然是为了促进各国的经济发展，不过各成员国都希望再向前迈进一步，打造一个意义更为深远的政治联盟。需看到，欧洲人刚刚从第二次世界大战的恐怖中走出来，不久又陷入了令人窒息的冷战，对于这些难以释怀的历史事件，他们不得已要做出某种积极的反应。为此，于 20 世纪 50 年代先后建立的这三个区域性合作组织，即欧洲煤钢共同

体、欧洲原子能共同体和欧洲经济共同体，终于在 1967 年走向统一，最终形成了一个体现为单一治理结构的跨国组织，也就是欧洲共同体（EC）。[92]欧共体的单一治理结构同样将行政、立法和司法三种权力分置开来，其中掌握行政权力的欧共体委员会设在布鲁塞尔，欧洲议会以及与之关系密切的立法委员会（由各成员国部长组成）设在斯特拉斯堡，欧洲法院设在卢森堡。欧洲共同体还设置了一个由所有成员国元首组成的会议（The European Council，欧洲理事会）。这个会议定期召开，各国元首相聚一堂，共商欧洲的政策。[93]

此后的若干年之中，欧洲共同体以惊人的速度扩大着自身 232 的体量。英格兰、爱尔兰、丹麦、希腊、西班牙和葡萄牙在 1973 年至 1986 年间相继加入欧共体的行列。然而，欧共体的膨胀导致了新的紧张关系。有些人认为欧共体的意义仅在于让各成员国享受贸易自由和规则统一的利好；另一些人则期望欧共体最终能把欧洲打造成一个联邦主义的国家。有些人担心，如果权力过度集中于具有"超国家"特征的治理机构，有可能导致各国国家主权的丧失；另一些人则相信，唯有将资源集中起来，进一步强化政治的统一，才能实现预期的目标。持不同观点的人们几乎从未停止争论，不过到了 20 世纪 80 年代，主张加强一体化的观点开始占据了上风。从那时开始，直到现在，欧洲共同体经历了一个断断续续的发展过程，它从一开始那样一个旨在促进成员国相互合作的国际组织，逐渐脱胎换骨，最终形成了全新的结构。很多观察家认为，它已经变成了一个国家，更为准确地说，变成了一个准国家。

为了实现逐步转型，欧洲共同体成员国于 1986 年签署了另一项条约（《单一欧洲法》）。该条约在推进 1957 年既已确立的目标同时，采取了更多的举措，以期建立一个真正的单一市场。这些举措之中，有一项至关重要：在某些领域，原本需要全体一致才能做出决定的机制转变为只需获得成员国多数投票便可做出最终决策。这相当于废除了各国政府手中的一票否决权。通过签署《单一欧洲法》，各成员国商定了实现经济一体化的时间表，并且商定了实现经济一体化的具体方式。此外，1986 年诞生的这一条约还包括另外一个时间表，据此，各成员国必须将它们之间的合作延伸到环境、社会政策、教育、卫生、消费者保护和外交事务等领域。欧洲议会开始由各成员国的公民直接选举，这一机构因此开始扮演更重要的角色。

1985 年，当时的十个成员国中有五个签署了《申根协定》。尽管这一协定独立存在于欧洲共同体的框架之外，但它显著地推进了欧洲一体化的进程。根据《申根协定》，各签约国不仅取消了各自对内部边境线的控制，建立起统一的外部边境，并且决定共享一套关于移民检查、签证和庇护的政策。[94]申根原则在 1997 年（阿姆斯特丹条约）被纳入欧洲协定，到了 1999 年则成为欧洲法律的一部分。这一时期，有很多欧洲共同体之外的国家，如挪威、冰岛、列支敦士登、瑞士等，纷纷选择加入申根体系，取消了它们与欧共体国家之间的边境线。

不过，与此同时，有三个欧共体的成员国（英国、爱尔兰和丹
麦）决定只部分地接受《申根协定》，还有几个国家（保加利
亚、塞浦路斯、克罗地亚和罗马尼亚）则拒绝享受这一协定带
来的种种好处。

1992 年，十二个成员国签署了《马斯特里赫特条约》，由
此启动了一系列必要的措施，确保资本、劳动力、服务和商品
在各成员国之间能够自由地流动。这其中最为重要的措施就是
设立欧洲共同公民身份，允许各成员国的公民在欧共体内部的
任何地区自由迁徙和居住。另一项重要的措施是进一步加强经
济政策的协调，要求各成员国服从欧共体统一的财政和预算规
则。《马斯特里赫特条约》还设定了公共卫生、工作安全、社
会保护和刑事司法等领域的共同政策，它赋予欧洲共同体维护
内部和外部安全的重大权力，使欧洲共同体第一次真正登上了
国际舞台。

由于出现了如此重大的变化，欧洲共同体在 1993 年正式
更名为欧盟（European Union）。截至 2013 年，欧盟共包括 28 个
成员国，其中最大规模的一次扩张发生在 2004 年，仅那一年
就有 10 个新成员国被批准加入。[95]2002 年，欧元作为新的欧洲
货币在 12 个成员国内成为官方货币，这意味着，这 12 个国家
结成了最初的欧元区，它们共同在法兰克福设立了欧洲中央银
行。[96]然而，制定并通过一部欧洲宪法的努力却并没有想象中
那么顺利——在 2005 年的全民公投中，荷兰和法国拒绝批准
欧盟宪法条约。虽然这部宪法条约在整体上被否决了，但其中

某些核心条款却通过 2007 年的另一个条约（里斯本条约，也称改革条约）被纳入了欧盟的法律框架。《里斯本条约》完成了多项改革，包括：对于欧洲议会的权力进行调整；修改部长理事会的投票规则；批准《欧洲基本权利宪章》，使其具有法律约束力；强化了欧盟的法律人格；具体规定成员国退出欧盟的程序。

尽管如此，欧洲人对于"欧盟应该有多大"（应当吸收多少个成员国）以及"欧盟应该管多宽"（应当掌握何种类型的权力）等问题还有着不小的分歧。有些人对欧盟已经取得的成就表示失望，他们提出了明确的改革要求，甚至想通过投票使他们的国家脱离欧盟。这种消极悲观的态度反映出欧洲各地的焦虑情绪，一部分原因在于越来越多的人开始关注国家主权丧失、经济不稳定和移民的问题，同时也暴露出欧盟在其他方面存在的隐忧。面对诸多分歧，欧盟的前途未卜。不过从法律的角度来看，欧盟的形成具有极其重大的意义，因为它促成了欧洲共同法的重生，这实际上是一个全新的、具有现代意义的共同法（ius commune）。

新欧洲法：规范的渊源

在经济合作愈发密切、政治一体化以及中央组织机构不断得到强化的背景之下，一个全新的欧洲法逐渐浮现出来了，新欧洲法体现在各成员国缔结的一系列条约之中（就 acquis 一词来说，字面的意思是"已经获得的"，意味着条约必须得到新成员国的认可）。这些立法必须经过欧理事会（European Council）和欧洲议会（European Parliament）的批准才能生效；与此同时，欧盟委员会（European Commission，行政机关）可以提出法规或指令，不过这些规范性文件也必须通过欧洲理事会和欧洲议会才能具有法律效力。

对于新欧洲法来说，各种条约和立法是重要的规范渊源，此外，位于卢森堡的欧洲法院通过判例进行法律创制，也是一种同等重要的规范渊源。[97]欧洲法院（ECJ）最初成立于1958年，由欧洲煤钢共同体、欧洲经济共同体和欧洲原子能共同体原先设立的各种不同的司法机构合并而成。欧洲法院的法官由各成员国政府根据他们之间的联合协议选举产生，任期为六年，可以连选连任。从理论上来说，每一位被提名的法官都需要经过所有成员国的一致认可；但是，由于各成员国均有权提出一名法官的人选，因此在实践中，大多数成员国政府都会提出本国候选人，并自动认可其他成员国提出的该国候选人。

如果各成员国和（或）各欧盟机构针对欧洲法的具体内涵、外延以及适用方面的问题存在分歧，欧洲法院（现在称为欧洲联盟法院）可以对欧洲法做出权威性的解释；针对各成员国法院提交的关于欧洲法在适用范围或含义解释方面的问题，欧洲法院有权做出最终的裁决。此外，欧洲法院有权对各成员国设立的国家机关进行法律监督，以确保这些国家机关在欧洲法规定的范围之内进行活动。由于欧洲法院的裁判已经充分考虑到各成员国签署的条约和欧洲机构通过的立法，因此，由欧洲法院做出的裁判不能再行上诉（没有上诉审级）。当然，欧洲法院在其审理过程中还需要考虑不成文的补充性渊源，例如那些在理论上为各成员国所共享的一般法律原则以及法律惯例，具体来说，这通常被理解为包括着恪守法治原则、遵守国际公法、尊重基本权利等重要理念。

应当指出，欧洲法院起初被赋予的权力相当有限，但随着时间的推移，欧洲法院发挥的作用越来越重要，欧洲法院渐渐成为促进欧洲法发展、推动欧洲一体化的一支主要力量。1963年，法官们做出了一件足以改变欧洲法院历史命运的判决（Van Gend en Loos v. Nederlandse Administratie Belastingen）：欧洲法并不需要经过各成员国本国立法机关的重申性立法，也无需经过这些机关的认可，便可直接适用于各成员国的领土。仅过了一年（1964年），法官们又做出了一件至关重要的判决（Costa v. ENEL）：欧洲法优先于各成员国的国内法。自此之后，欧洲法院开始扮演着某种类似于宪法法院的角色，行使着某种类似于司法审查权的职权，欧洲法院最终做出裁决，凡是与欧洲法相抵触的国内法，均不得在成员国国内继续适用。为此，欧洲法院向各成员国的法院发出指示，要求它们不要适用那些与欧洲法存在冲突的国内法。为了使各种欧盟机构和各成员国能够正确地理解并接纳欧洲法，欧洲法院指出：针对任何一项国内法规范，就算是在欧洲法形成之前就已经获得法律效力的国内法规范，无论如何，都应被解释为与欧洲法保持一致，而不应被解释为与欧洲法存在冲突。

欧洲法院先是允许欧洲法在各成员国领土内直接适用，随后又赋予欧洲法相对于国内法的优越地位。这些重大决定一经宣布，立刻激起了巨大的反对声浪。然而，经过一段时间，这些决定渐渐变成了各成员国法院默许并坚持的原则。应当说，各国对这些原则的接纳并不是一蹴而就的，其间遭受了不少质疑，过程也有一些反复，但它们对这些原则的接纳最终彻底地改变了欧洲法。首先，欧洲法得以在国家法的层面上发挥效力；其次，任何私人均可以通过提起诉讼的方式有力地监督成员国内的各种机关，确保这些机关遵守欧洲法的规定。此后，无论是发生在私人之间的诉讼，还是私人针对本国组织机构的诉讼，都可以由欧洲公民直接向本国法院提起，本国法院则可以直接适用欧洲法做出判决。

最终，各成员国法院对欧洲法的援引竟然变得如此习以为常，以至于很多学者不由得发出感叹：欧盟成员国的每一所法院都在解释和适用欧洲法，甚至可以认为，这些法院都在参与欧洲法的创制。从这个意义上来说，各成员国法院已经变成了欧洲法院。需看到，各成员国法院对于欧洲法的恪守与保障的确在欧盟范围内实现了法治原则，同时保证各成员国政府能够忠实地履行在欧洲法上的各种义务。各成员国法院真正转变成欧洲法的解释者和执行者，然而必须承认，这种变化也会时常²³⁶导致一些重大的紧张关系。每当成员国政府或议会试图批准通过某些可能与欧洲法规范不太一致的国内法律的时候，或是试图绕开欧洲法采取一些行动的时候，法院就站到了它们的对立面上。与此同时，各成员国的下级法院似乎也经常站到本国高级法院或宪法法院的对立面，因为高级法院或宪法法院在宣布某项法案或行为违宪的时候，时不时地会遭遇本国下级法院对其垄断地位的挑战。

鉴于这些重大的变化，很多人认为，欧盟已经基本失去了其原本作为一种国际组织的性质，而转变成为一种拥有准联邦宪法（欧盟法）的准联邦国家。无论如何，所有的成员国都处于欧盟的统辖之下。这种转变即便不能在法律上得到证明，也已经是一种客观事实。欧盟的发展导致了各成员国国内法律的欧洲化，这是另一个令人瞩目的变化。对于如何评估欧洲化的程度，学者们有着不同的观点。有些人指出，目前在欧洲范围内，已经有将近15%至45%的国内法受到了欧洲法的影响。这种影响早在 1992 年就已经明显地体现出来了。当时的欧共体总共颁布了 22 445 件法规、1675 部指令、1198 件协定和协议、185 件由委员会或理事会提出的建议、291 件理事会决议、678 件通信（根据法国国家参事院的统计数据）。欧洲法正在变成"新法律的最大来源，对于法国来说，将近 54% 的新法律来源于布鲁塞尔"。[98]按照当前的状况估测，如果欧盟吸纳一个新的成员国，该国就必须将欧洲法引入其国内法律秩序，这意味着，该国将一次性接纳将近 100 000 页的欧洲立法；不仅如此，该国必须立即在本国适用数量如此庞大的新法律。欧洲法院判例的数量也增长得非常迅速，大概每年有 1500 个左右。

借助这些判例，欧洲法院不仅制定出一系列共同标准，为新的法律秩序奠定基础，而且还将自身的活动扩大到环境法、社会法和人权法等新兴领域。除此之外，欧洲法院还努力落实《欧盟基本权利宪章》《欧洲人权公约》的规定，力图将各种传统的、全新的、欧洲的、国际的规范和标准妥善地融入欧洲法中。[99]

全新的欧洲法：一个特异的体系

在欧洲一体化的进程中，尤为值得我们关注的问题是：这一进程究竟在多大程度上改变了欧洲的法律？在创设欧洲机构的一系列条约之中，各国最初的期望仅仅是建立一定程度的经济合作关系，但人们对这些条约的解读方式极大地改变了它们的使命。对于有着不同的利益诉求，以及对未来有着不同预期的决策者和行动者而言，他们很难对这些条约的含义、范围和效力有着完全一致的理解。一些人强烈期盼欧洲的体制化，并使其权力得到不断扩充；另外一些人则竭力防范并阻止这种体制化的形成。对于所有人来说，政治层面尽可以各执一词，但到了法律层面，能够使用的必须是同样一套工具。这套工具为欧洲法律体系的创建奠定了基础，它最初起源于国际条约和制定法（由欧洲议会和欧洲理事会制定），获得了超越国家主权的地位；而后则依赖于法官造法的机制，逐渐渗入各成员国的国内空间。法官通过判例进行欧洲法创制的活动使得每一位欧

237

洲公民都可以向本国法院起诉，主张获得必要的救济，这就使欧洲法渗入成员国成为了可能。与此同时，这一机制促使欧洲法院和成员国法院不断地对各种规则进行审查，确保它们不与欧洲法相违背，并在此前提之下引入新的规则。需看到，大陆法系和普通法系的传统在这里发生了奇妙的融合，与此同时，国际法和国内法也并行无碍；新的欧洲法秩序并非从某种单一的血统中生长出来，也完全没有按照某种单一的轨迹向前运行，这真让人百思不得其解！

这件怪事为什么会变成现实（从国际法变成了国内法、从制定法变成了判例法）？对此，学者们有着完全不同的见解。有些人认为，根据最初那些缔造了欧洲共同体的条约，欧洲法院不仅没有获得如此之大的权力，甚至连做梦也无法想到这种情况的发生。因此，欧洲法院之所以后来变得那么重要，实际上是一群供职于欧洲机构的律师，以及欧洲法院的法官，竭力追求这一共同愿景的结果。从 20 世纪 70 年代开始，这些人不遗余力地推进欧洲一体化的进程。为填补 1957 年《罗马条约》中的重大漏洞，他们发明出一种十分有效的机制，即发动各成员国公民对本国政府进行监督，确保本国立法与政府活动符合欧洲法的规定。

我们能够明显地看到，欧盟委员会和欧洲法院费尽心思地利用司法审查来扩大自身的权力，极大地提高了欧洲一体化的速度。但是，我们依然搞不清楚，各成员国的法院为什么会如此积极地配合欧盟的这一计划。无论如何，各成员国的法院相当坚决地服从了欧洲法院的裁决，这使得它们在促进欧洲一体化方面发挥了极其重要的政治功能和社会功能。

许多历史学家认为，欧洲法之所以能够转型成为一种类似于宪法的高级法，并没有什么必然性的原因；然而，另一些历史学家却认为，在最初缔造欧洲共同体的那些条约中，早已埋下了让欧洲法重新焕发新生的种子。根据后一种解释，各成员国并不是在万般无奈中被迫接受了强大的欧盟，而是因为顺应欧盟的发展对他们有利，或者说，抵制欧盟的发展对他们来说实在是代价太大。

尽管历史学家们意见不一，但大多数人都不否认，推动欧洲转型的驱动力并非来自于实体法，而是来自于某种特殊的政治与社会结构。换句话说，欧洲法之所以获得权威地位，并不是因为欧盟阐发了某一个包含着一系列特定原则的宣言，也不是因为各国成功地达成了某一个条约，而是因为欧洲法院推广了一种实践机制，允许所有人通过援引欧洲法来保护他们自己的利益和愿望。仅这一举，就把欧洲法推上了巅峰。

由此形成的欧洲法既包括国内法，也包括国际法；既包括成文法，也包括不成文法；既包括制定法，也包括判例法。欧洲法被视为"通过法律促进一体化"的典范，正是在其倾力推动之下，欧盟才得以从最初的一个国际组织逐渐转型成为一个拥有准宪法的准国家。鉴于这些特征，有些历史学家脑洞大开，他们认为欧洲法很像是一种计算机操作系统，一直隐藏在后台持续运作，就好像微软公司开发的"视窗"（Windows）系

238

统那样。这一系统的许多用户也许经常错误地忽视操作系统的重要性，不过，这并不妨碍欧洲法一直在那里发挥着强大的系统功能。

这一切因何发生？

这一切（从欧共体初创到欧盟的形成、由立法和判例构成的欧洲法被推上巅峰，欧盟从一个国际组织转型为一个拥有准宪法的准国家）仅仅发生在欧洲法遭遇"民族国家化"的一百五十年之后。曾几何时，共同法在欧洲长期占据着支配地位，这一法律体系既承认地方规范之间的差异性，同时也承认一个能够统辖所有欧洲人的共同规范框架具有无与伦比的重要性。法国大革命彻底打破了共同法的垄断地位，并在欧洲建立起新的法律秩序。新时代的革命者提倡用独特性取代共同性，他们试图创建各自独立的国家体系。在欧陆地区，新的体制将法律与立法等同起来，并且要求，立法必须经由代表着国家主权的议会才能制定，而议会则必须经由民主选举才能产生。

然而，事情似乎并没有那么简单。普通法同样承认法学家和法官的权威，但它并没有建立在大革命腥风血雨的氛围之下。隐藏在普通法身后的国家权力从未退后一步，由欧洲机构制定的外部准则也并不能自动适用于本地。于是，各种问题纷至沓来。既然每个国家都奉行由本国人民意志所决定的规范，共同的欧洲法又为何能够产生呢？如果大多数欧陆国家都认

239

为，只有立法和法典才是规范性的来源，那么由法官通过判例创制的欧洲法又为何能够在这些国家获得强制执行力呢？欧洲法的出现是否意味着法国大革命的影响力最终消失了呢？面对这样一个既不是国家法也不是习惯法，更不是完全由法官所创制的法律体系，普通法的律师和法官究竟应当何去何从？

一些历史学家指出，通过加入欧共体（欧盟）加强彼此之间合作的美好愿望至少让某些欧洲人回忆起他们曾经共同拥有的那段历史。他们似乎真的回到了那样一个年代，当时的欧洲人不仅拥有共同法，而且拥有共同的宗教信条，以及对于至高无上的自然法的共同信仰。如果说，欧洲人在那时就已经实现了共享同一个法律体系，这一法律体系不但将数以千计各不相同的地方规范统合起来，而且为人们提供了一套无所不包的指导原则、概念范畴、分析方法以及共同规范，那么时至今日，欧洲人为什么不能重现往日的辉煌？如果说，欧洲曾经存在某种元文化（metaculture），使得过去的欧洲人能够把他们自己视为发源于同一个文明的不同分支，那么今天的情况又有什么不同呢？当代欧洲的法律科学如此发达，难道就不能建立某种机制，使得"分歧"与"融合"彼此和谐地共存于同一个法律框架之下吗？

很多学者致力于从历史中重新发掘欧洲共同的法律基础，然而在另外一些学者的眼中，这不过是一套令人头晕目眩的奇谈怪论，或者说是一套根深蒂固地植根于法律民族主义的诡辩而已。对于他们来说，值得关注的只有当下。他们认为，尽管在历史经验、宪法安排和法律技术等方面存在诸多不同，但是就最基本的价值和目标而论，大多数的欧洲人目前已经达成了基本的共识。这种共识主要体现在哲学层面之上，但是业已产生重大的法律后果。需看到，不同欧洲国家针对类似问题往往给出了不同的解决方案，然而，这些具体的解决方案之间却存在着实质上的一致性。因此，早在欧洲政治、经济一体化的进程正式启动之前很久，受到经济因素的驱动，欧洲范围内的法律就已经开始走向趋同了。虽说欧洲大多数国家的法律体系以立法为主导，但是随着欧洲各国在政治抱负和社会需求方面的差异越来越小，不同国家的法律自然而然地越走越近。

240　　　因此，我们可以看到这样的情况，一边是欧洲法院的法官，他们忙于确认欧洲法的一般原则，并且积极地给这些原则命名；另一边则是欧洲的法学家，他们也在寻找为大多数欧洲国家所共享的基本法律原则。在众多为欧洲法寻找根基的尝试之中，最著名的成就应当算是《共同参考框架草案》(DCFR)，该文件具体是由欧盟委员会任命的一个专门委员会负责起草的。起初，该委员会的职责在于确定（必要时也可以创制）一个共同规则的基本框架，以便欧盟及各成员国的立法机关、法院以及个人在相关立法、法律解释和商业活动中能够参照适用其中的规则。后来，该委员会的权限逐渐扩大，由它起草的共同规则涉及市场关系、服务合同、货物买卖、货物租赁、不当得利和财产转让等诸多领域。与此类似，1993 年，欧洲私法共同核心项目在特伦特大学（意大利）建立，该项目的宗旨在于确定各成员国私法之间的共同性，具体包括合同、侵权和财产法等领域。参与这一项目的研究人员把他们的探索说成是"一种针对潜藏于不同形式之下的共同性的精准狩猎"；这样一种狩猎活动完全与政治无关，也不刻意追求某种特定的结果。[100]

欧盟各类机构以及各成员国对于上述这些促进法律和谐发展的尝试抱以赞赏的态度，并且时不时提供一些支持，然而，1989年欧洲议会关于拟定一部共同欧洲民法典的倡议却遭遇了惨痛的失败。有很多人为这一失败扼腕叹息，他们认为，欧洲制定共同的民法典十分必要，因为这一法典将有效地推进欧洲一体化的进程。与此同时，也有很多人批判这一推进法典化的尝试，他们相信，与其通过立法手段强行颁布民法典，不如耐心一点，等待各国法律循序渐进地、自然而然地汇成同一条河流。有些学者指出，尽管立法的确是对法律进行变革的重要手段，但是在法典编纂与法律重述这两种方法之间，究竟孰优孰劣，尚且没有定论。还有一些学者认为，实现欧洲法律转型的最佳途径并不是无休止地增加欧洲立法的数量，而是创建一种全新的欧洲共同法学。另有一派观点主张，订立规则应当尽可能透明化，并且尽可能远离政治，这些学者从程序法入手，他们试图借助程序的力量，确保欧洲民法典在颁布之后能够切实服务于增进社会利益的长远目标。最后，还有一些学者对于欧洲民法典的合宪性提出质疑；此外，对于欧共体在这方面是否拥有足够的能力，他们抱以相当悲观的态度。

很多欧洲法学家相信，对于各国法律来说，无论是自然而然地趋同，还是通过立法强制性地趋同，都是不可避免的宿命；但是另外一些法学家认为，就算某些特定的解决方案可以普遍适用于各国，但是人们绝对不应当忘记，欧洲法本是一个多元的法律体系。这方面最为经典的例证莫过于欧陆国家与英国的区别，前者遵循共同法，后者适用普通法。有学者认为，这两种体制之间的差异确实难以逾越。事实上，这倒并不是因为这两种体制在具体制度的层面有着多大的差异，而是在于这两种体制在法律认识论上存在着相当明显的分歧，大陆法和英国法对于"法律是什么"、"法律从何而来"以及"法律如何变革"等问题有着完全不同的看法。相比之下，前者植根于理性，后者则更加注重经验；前者将立法视为法律的渊源，后者则更加依赖法官创制法律的活动。

针对上面这类主张，支持一体化的学者尖锐地指出，大陆法与英国法之间那些显著的差异其实都是虚构出来的。从理论上讲，大陆法系可能会限制法官的自由裁量权，迫使他们严格遵守法律条文，不得不屏蔽所有可能来自于法律准则或法学理论的影响。然而，在实践中，大陆法系的法官在法律解释方面享有巨大的空间；他们经常在裁判过程中把他们个人对于法律准则和相关判例的理解纳入考量，这导致他们做出的裁判并不是一种对法律的解释，而是从根本上改变了法律的内涵。与此类似，从理论上来说，普通法系允许法官自由创新，但是在实践中，普通法系目前对于议会立法的依赖程度一点都不比对于先例的依赖程度低。此外，大陆法系的某些领域，如行政法，在很大程度上依赖于法官造法；而普通法的某些领域，如刑法，则建立在议会立法的基础之上。

这些法学家指出，人们大可不必太在意两大法系在理论上的种种差异，因为那只是一些僵化刻板的理念，而绝非对现实的反映；从另一个角度来说，关于两大法系存在重大分歧的理论主要来源于不同意识形态的塑造过程，其本身缺乏实证性的分析和论证。这些法学家进而指出，时至今日，两大法系在一些重要的方面已经渐渐趋同了，从概念上来说，一个介于二者之间的新立场已经浮现出来了。在这种趋势之下，两大法系之间既有的很多差异已经消失（或至少是减少了）。更为重要的是，这种趋同不仅仅停留于具体制度（通常是相同的）的层面，而且表现在法律认识论的层面，或者说，表现在对于立法和判例法的观念和态度上——二者更多地被视为处于一种互补而并非排斥的关系当中。的确，我们现在看到的欧洲法本身，就是一个能够证明两大法系和平相处的绝佳例子。在这里，不同性质的规范性渊源（立法或判例法）并没有相互抵斥，而是共同支撑着一个全新的法律秩序。它既不是大陆法，也不是英国法，既不是传统法，也并非全然现代的法律体系，而是一种能够适应新的情势、新的条件、新的限制，不断地进行自我调适和自我更新的欧洲法。

全球化世界之中的欧洲

242   欧洲的法学家指出，欧盟当前面临的许多挑战并不专属于欧洲。事实上，这些挑战已经牢牢地嵌入了这个全球化的世界，牢牢地嵌入了现代法律的发展过程之中。无论在哪里，法律统一与协调的运动都大行其道。例如，在美国，由于各州之间的贸易越来越频繁，人们迫切地希望在全国范围内实现法律的统一。为了实现这个目标，法学家们聚集在一起草拟各种示范法典，希望大多数州能够最终采纳。从1892年开始，统一州法委员会全国会议已经提出了一大批这样的示范法典。1944年，该委员会与美国法律协会开始着手制定《统一商法典》。1951年，这部法典一经推出，立即获得了美国五十个州、哥伦比亚特区、美属维京群岛以及波多黎各等地区的不同程度的采纳。

　很多国际组织也积极地投入法律统一化的运动。国际私法统一学会（UNIDROIT）就是一个成功的例子。该学会在1926年成立时只是国际联盟的一个辅助机构，直到1940年，才变成了一个独立的政府间组织。国际私法统一学会的宗旨在于在全球范围内促进包括商法在内的私法的现代化、协调化和一致化。该学会目前拥有63个成员国，其专家团队已经为各国筹备了数十项法律草案，内容涵盖国际公约、示范法典、法律法规和行动指南，等等。

目前已经有很多人把目光热切地投向法律统一化运动，他们希望全球范围内的法律能够变得更加和谐、更加现代、更加一致。但是，与此同时，法律自身性质在全球化的过程中也发生了转变，这同样引起了人们的高度关注。具体来说，人们的关注点主要集中在以下几个问题之上。首先，国家立法机关把制定法律的权力下放到了行政机关。在立法机关的授权之下，无比重要的立法功能为一些并非经过选举而产生的政府官员所把持，这些政府官员供职于各式各样的部、委、司、局，他们不仅享有执行政令的权力，还享有裁决冲突和制定规则的权力。具体来说，他们不仅可以裁判案件，可以建立确认判例效力的机构，还可以制定具有程序性或实体性的内部规范。

其次，国家不再对于"设范立制"这种事情享有垄断性的权力，这同样是令人耳目一新的变化。诸如商业组织、体育协会、互联网巨头以及政府间组织等这些跨国组织直接参与了各种规则的制定。此外，即便在一国内部，前所未有的多样性也喷涌而出。为了迎合特定的少数群体或宗教派别的需要，国家不得不考虑通过特别法对他们进行管辖。可以说，原本那种由国家垄断一切规则制定大权的旧模式遭到了前所未有的挑战。243

面对这种趋势，世界各国的法学家不由得发问，民族国家的体制如何才能妥善地应对立法和司法领域出现的新情况？如何才能应对法律的国际化？或者换一种问法，那些并非奠基于民族国家的体制如何才能得到有效的控制与整合，如何才能获得最基本的合法性？法律统一化的目标真的会实现吗？人们在文化多元、传统迥异的环境之下，真的能就法律达成共识吗？法律上的共识真的那么必要吗？人们有没有可能通过法律之外的方式融入到全球化的进程之中呢？简言之，通过议会投票来制定法律的模式，是不是正在我们的注视之下走向终结？我们是不是正在目睹人民意志通过一种完全不同的方式主宰我们的生活？如果公民投票变成不同利益集团之间的公开博弈，我们能否继续确保民主价值的实现？

为了应对新的挑战，我们需要一个全新的范式，而不再执着于原有的那种社会理论，即将社会理解为由无差别的个人平等地组成的、通过议会选举体现其整体意志的、建立在某种虚拟的社会契约之上的抽象产物。与之不同，全新的范式将彻底推翻由法国大革命所提出的隐喻，它不仅需要明确地承认各种社会群体拥有的权力，并且需要正视不平等和差异的持续存在。这种极端法律多元主义的新现实告诉我们，由民族国家创建的法律秩序与其他各种规范性秩序其实并没有什么不同。此时，全球法学家都应当思考这样一个问题：我们如何为一个即将到来的新时代构想一个全新的法律范式？

注 释

第一章

1. 据说，歌德曾说过"罗马法的持久生命力，如同潜入水下的一只鸭子，虽然一次次将自己隐藏于波光水影之下，但却从来没有消失，而且总是一次次抖擞精神地重新出现"。Johann Wolfgang von Goethe, Conversations of Goethe with Eckermann and Soret, trans. John Oxenford, 389 – 390（London: George Bell, 1875）。这次谈话发生在 1829 年 4 月 6 日。

2. 祭司究竟是仅仅给出有关法律的权威解释，由其他官员负责实施，抑或是祭司们也会像法官那样直接适用法律。对此，罗马法研究者一直存在着很大的争议。有些人提出了折中说，祭司有时候仅仅是法律专家，有时候则充当法官，这取决于案件的具体情况。

3. 尽管这是学界的通说，但是有一些历史学家却完全不认同这种描述的准确性。他们甚至怀疑，这是不是后来的罗马人凭空编造出来的，而我们正是根据这些不可靠的说法，重构了古风时代的面貌。

4. 最初，罗马只存在两名裁判官。随着时间的推移，裁判官的数量不断增加。他们并不是隶属于某一个机构的成员，每一名裁判官都独立地开展工作。后来，裁判官在罗马以外的各个殖民地，如西西里岛和西班牙，也开始出现了。公元前 242 年，一种新型的裁判官（praetor peregrinus）出现，他们专门负责处理涉及非罗马公民的案件。于是，传统的裁判官则被冠以"城市的"（ur-ban）头衔，以示区别。

5. 为什么（审判）程序会被分为两个阶段？这些变化出现在什么时间？对于这些问题，学界存在不小的争议。历史学家指出，《十二表法》中就已经提到了承审员（iduex）的名称，但是《十二表法》并没有说明，这些承审员的审判活动是不是必须被安排在一个类似于裁判官（praetor）的这种官员的工作之后。

6. 关于外邦人在罗马法上享有何种地位，请参见下文。

7. 帕比尼安是一位著名的法学家，同时也是罗马帝国的官员。他一生著作颇丰，最著名的作品包括 37 卷的《问题集》（Quaestiones）、19 卷的《解答集》（Responsa）等，此外还有大量其他法学著作。

8. 这一关于"法学"的定义来自于《法学阶梯》（Institute）。《法学阶梯》是公元 2 世纪由盖尤斯撰写的法学教科书。这一作品重现于 6 世纪由优士丁尼编纂的《民法大全》（Corpus Iuris Civilis）之中。

9. 罗马行省的长官不仅处理行省内部罗

马公民与非罗马公民之间的冲突，也参与制定"万民法"（ius gentium）的活动。

10. 《民法大全》这一名称在 16 世纪被用来作为下述三本书的合称，但也经常把《新律》（Novellae）包括在内。《新律》作为《民法大全》的第四部分，包括新的帝国立法。尽管这一名称众所周知，但它却是一个时空错乱的产物。

11. 鉴于《学说汇纂》是一个语录体的集成，历史学家认为，不应当太过相信它的真实性。这些语录并没有说明法学家的意见是在什么情境下给出的，而且这些语录往往呈现出高度的碎片化。专门研究罗马法的学者也指出，《学说汇纂》中列举的这些意见可以追溯至不同的时期，并且《学说汇纂》在有意地掩饰这些意见之间的分歧。

12. 正如第五章所阐明的那样，这部所谓的《民法大全》并没有完整地流传下来，这迫使法学家必须根据大量的片段重构《民法大全》。至于《民法大全》在东罗马帝国的效力，历史学家断言，它在那里的传播受到了一定的限制；在很多地区，《民法大全》实际上并没有能够取代之前就已存在的地方法。

第二章

13. 基督教同样扩张到了希腊化的东方，尽管那已经超出了本章的主题——"拉丁基督教世界"，但是本章最后将简要提及东方的情况。

14. 最终，基督教不仅对以色列人开放，也对愿意接受圣约的其他人开放。基督教的这一发展通常被认为是源自圣徒保罗的教导。

15. 在四十六卷旧约之外，迦太基公会挑选了二十七卷书籍组成新约。特兰托公会（1545 年至 1563 年）正式确认了被选出的新约，在宗教改革之际为基督教重新确定了教义。

16. 这是宗教改革之前，天主教（Catholicism）的最初含义。把教会称为"Catholic"（含义为"普遍的"），它意味着教会

中只能有一种信仰的传统。

17. John Van Engen, "Christening the Romans", *Traditio* 52 (1997): 1 – 45, at 4.

18. Thomas Hobbes, *Leviathan*, chap. 47, 讨论教皇的权力。

19. 近年来，有学者提出了"欧洲形成"的另一种叙事。新的叙事批评上面的分析忽略了这一时期存在于欧洲的其他思想框架，如犹太教、伊斯兰教；同时，新叙事还指出，基督教化和罗马化并不是欧洲独有的现象，因为和欧洲相比，皈依基督教的势头一开始在亚洲和非洲表现得更加强劲、更加持久。在东正教的努力下，希腊化的罗马法得以传播开来；甚至在伊斯兰教中也存在着希腊化的罗马法的身影。

20. 关于拜占庭的东方法，请参见第一章。

第三章

21. 将这一时期描述为"没有法学家的时代"源自于贝洛莫（Manlio Bellomo）的著作：*The Common Legal Past of Europe, 1000 – 1800* (Washington, DC: Catholic University of America Press, 1995), 34.

22. 参见第五章。

23. 参见第四章。

24. 放弃神明裁判似乎对于刑事案件中使用陪审团产生了重要的影响，但是这一事件对于民事审判的效果仍然不太清楚。

第四章

25. 封建主义是否延伸到了欧洲的每一个地方？封建主义在不同时间、地点产生的效果是否完全没有区别？对此，历史学家不能达成一致意见。对于该问题的回答非常重要，因为学者通常认为，这一回答或许能够解释欧洲独特的发展模式。例如，1929 年，当时最重要的西班牙哲学家奥尔特加·加塞特（Ortega y Gasset）指出：正是缺少封建的经历，我们才能理解为什么西班牙是"不同的"。

26. 参见第三章。

27. 19 世纪后期以来，有些历史学家提出，尽管该敕令被收录在 1075 年的教皇登记册（papal registry）中，但是它很有可能并非出自格里高利本人之手，而是在这之后，由格里高利的同僚，另一位枢机主教狄乌迪第（Deusdedit）所为。

第五章

28. 作为一个术语，"共同法"一词最初是用来指称适用于所有基督徒的那部分教会法。然而，它最终被用来指代从 12 世纪到 19 世纪（如果不是更往后的话）掌控着整个欧洲法的罗马法、封建法和教会法的集合体。

29. 参见第一章。

30. 重构《民法大全》的任务通常与一个人（伊尔内留斯）、一座城（博洛尼亚）和一段时期（11 世纪后半期）联系在一起。然而，这种印象实际上是一种误解。现在我们知道，关于《民法大全》的重构工作不可能是由一个人在一个地点完成的。有一些学者甚至质疑伊尔内留斯本人是否真正参与了这项工作，他们认为这项工作或许只是他的学生完成的。

31. 此处我所指的是那些后来被称为"穿袍贵族"（noblesse de robe）的人。这些衣着特别（穿着长袍）的贵族之所以获得他们的身份，往往与法学学位联系在一起，以区别于那些基于血统或（理论上）军功的"佩剑贵族"（noblesse d'épée）。

32. Rogerius, "Questions on the Institutes", in University of Chicago Readings in Western Civilization, vol. 4: *Medieval Europe*, ed. Julius Kirshner and Karl F. Morrison (Chicago: University of Chicago Press, 1986), 215 – 218. 一些人认为，该文本并不是注释（gloss），而是问题（questio）。"问题"是另一种法学讨论的形式，其目的在于追求某一个特殊问题的答案。

33. 我们对于格拉提安和他的作品知之甚少。目前，学者们正在争论，格拉提安究

竟是完成了整部汇编，还是仅仅完成了其中的一部分。不过，他们都认为，即使格拉提安的确是作者，他也绝无可能独立完成了该部作品；这部作品在很大程度上依赖于之前学者已经完成的其他汇编。

34. 《教会法大全》（*Corpus Iuris Canonici*）是教会法的主体。直到 1917 年，这其中的很大一部分仍为人们遵守。

35. 参见第三章。

36. 直接所有权（Directum）是"权利"一词的意大利语版本（diritto）、法语版本（droit）、西班牙语版本（derecho）和葡萄牙语版本（direito）的语源。这个词后来也代表着"正确"（与"错误"相对应）的方向，以及"正确"的理念。

37. 历史学家认为，在当今的欧洲国家中，受到共同法影响的国家主要包括：意大利、法国、西班牙、葡萄牙、德国、比利时、荷兰、瑞士、冰岛、斯洛伐克、捷克共和国、匈牙利、奥地利、罗马尼亚、波兰、丹麦、挪威和瑞典。大部分历史学家认为英格兰在一定程度上也受到影响。参见第六章。

38. 这种观念在《阿尔卡拉法令》（Ordenamiento de Alcalá, 1348）和《牛城法令集》（Leyes de Toro, 1505）中得到了体现。

第六章

39. 《埃塞尔伯塔国王法典》（*The Laws of King Aethelberth*），颁布于 602 年至 603 年。

40. 《阿尔弗雷德法典》（The Laws of Alfred, 871 – 899 年）。

41. 虽然诺曼人来到英格兰在习惯上被称为"入侵"（invasion）或"征服"（conquest），但诺曼底公爵威廉对于英格兰王位的主张是合法的，并且他也把自己当成正当的继承人。

42. 亨利一世制定了法律（Leges Henrici Primi），忏悔者爱德华也制定了法律（Leges Edwardi Confessoris）。据说，这些诺曼国王

制定法律的目的就在于完成这样的任务。

43. 英格兰教会曾试图制定一部独立的法典，使得本地的教会法从欧陆的教会法之中独立出来。然而，直到 16 世纪，这一计划也未能实现。最后的结果是，仍有很大一部分欧陆的教会法长期适用于英格兰。

44. Frederick Pollock, Oxford Lectures and Other Discourses (London: Macmillan, 1890), 75 – 88, quotation at 88.

45. 这一限制究竟意味着什么？它又是如何适用的？对此，历史学家一直存在分歧，焦点在于中世纪大多数村民是否拥有自由这一问题。很多学者认为，这些村民没有自由。另外一些学者则认为，这个问题没有什么意义，他们指出，那些向国王提出保护请求的个人的具体身份在当时很少能够得到明确的验证。

46. 这些王室法庭之中，普通诉讼法庭（court of Common Pleas）最终设在威斯敏斯特；王座法庭（King's Bench）则在国王巡游时随行左右。

47. 盎格鲁－撒克逊的国王也曾使用行政性的令状，但是在范围和含义上存在一些差别。

48. 在 12 世纪和 13 世纪，王室法庭大多使用拉丁语，因此这一规范体系最初是被称作"communi iure"或"commune regni ius"，而不是"common law"。

49. "Ashby vs. White and Others", in Thomas and Bellots Leading Cases in Constitutional Law (with Introduction and Notes), ed. E. Slade (London: Sweet and Maxwell, 1934), 47.

50. 共同法的法学家把这一程序性权利称为"常规性法律救济"（servare ordinem iuris）。

51. 第八章将对《大宪章》进行更深入的讨论。

52. Heneage Finch Nottingham (Earl of), Lord Nottingham's Manual of Chancery Practice and Prolegomena of Chancery and Equity, ed.

D. E. C. Yale (Homes Beach, FL: Wm. W. Gaunt, 1965), 194, 引自 Dennis R. Klinck. "Lord Nottingham and the Conscience of Equity", *Journal of the History of Ideas* 67, no. 1 (2006): 123 – 147, at 125.

53. 古罗马与英格兰之间当然也存在着重要的区别。或许，二者在结构方面最为重要的区别在于，中世纪英格兰允许多种法庭（王室法庭、封建法庭和地方法庭）共存，当事人可以把他们的争议提交给不同种类的法庭，每个法庭都适用非常独特的法律体系；古罗马却并非如此。此外，在英格兰，律师和法律专家未能获得如同罗马法学家那样重要的地位。

54. Charles Donahue, "Ius Common, Canon Law and Common Law England", *Tulane Law Review* 66 (1991 – 1992): 1745 – 1780, at 1748.

第七章

55. 莱兰的圣·文森特（St. Vincent of Lérins）在 5 世纪铸就了这一神话。这是"天主教"在宗教改革之前的原始含义；而在宗教改革后，这一术语开始与维护教皇权威的教派联系在一起，区别于其他不服从教皇权威的新教派。

56. 吊诡的是，这一学派本来源于意大利，其首位倡导者安德里亚斯·阿尔恰托斯（Andreas Alciatus）也是意大利人。但是，这一学派的很多追随者，例如，吉约姆·布德（Guillaume Budé）、雅克·居亚斯（Jacques Cujas）、弗朗索瓦·霍特曼（François Hotman）等，都是法国人。这一学派最重要的学术创造中心（奥尔良和布尔日）也位于法国。

57. 荷兰的法学方法，即"潘德克顿的现代运用"（usus modernus Pandectarum），可能是"高卢方法"与"意大利方法"相结合的产物。这一方法主要产生于 17 世纪至 18 世纪之间，其主要宗旨在于从日常生活的情境之中找到问题的解决方案。该方法的实践者希望像意大利学者那样概括、提取原则；但是他们也注重法的历史发展，因此，他们也认同法国人文主义法学派的观念，承认不同解决方案之间的对立是无处不在的。

第八章

58. 参见第六章。

59. William Blackstone, *Commentaries on the Laws of England* (Oxford：Clarendon Press, 1765 – 1769), introduction, third section, 65.

60. Mark Kishlansky, *A Monarchy Transformed：Britain, 1603 – 1714* (London：Penguin, 1996), 37.

61. 据说，格兰维尔撰写了《中世纪英格兰王国的法律与习惯》（*Tractatus de legibus e consuetudinibus regni Angliae*, 约1187 – 1189 年），布莱克顿撰写了《英格兰的法律与习惯》（*De legibus et consuetudinibus Angliae*, 约13世纪20年代至50年代）。这两部著作被认为是普通法最重要的早期文献。

62. 这些学者包括，约翰·福蒂斯丘（John Fortecue）、克里斯托弗·圣·日耳曼（Christopher St. German）、安东尼·菲茨赫伯特（Anthony Fitzherbert）以及罗伯特·布鲁克（Robert Brooke）。

63. John David in his Iris Reports (1613), 引自 Alan Cromartie, "The Idea of Common Law as Custom", in *The Nature of Customary Law*, ed. Amanda Perreu – Saussine and James Bernard Murphy (Cambridge：Cambridge University Press, 2007), 203 – 227 at 214.

64. 直到20世纪，法官才明确承认，立法的优越地位足以限制他们的活动，因为他们不能在违背成文法（议会立法）中的法律规范的前提之下适用或者创制普通法。

65. 参见第六章。

第九章

66. 这里间接提到了被称为"重新征服"（Reconquest）的历史过程。这意味着，从11世纪到15世纪，为了重新恢复穆斯林在711年入侵伊比利亚半岛之前原有的政治结构，伊比利亚的基督教王国展开了针对穆斯林占领者的战争。然而，这种对历史过往的意识形态化的解读遭到了大多数历史学家的质疑。他们不再将穆斯林描述成侵略者，也不再将基督徒描述为追求恢复宗教信仰的圣徒。

67. 这并不是唯一可能的结论。例如，米歇尔·德·蒙田（Michel de Montaigne, 1533 至 1592 年）就曾指出，对于一些人来说是自然的事物，并不意味着对另一些人来说一定是自然的。蒙田在著名的文章《论食人族》（On Cannibals, 约1577 年）表达了这一观点。这篇文章后来成为蒙田论文集的第30章，有多个版本流传后世。目前可以通过以下网址在线阅读，https：//www.gutenberg.org/files/3600/3600 – h/3600 – h.htm。

68. Tamar Herzog, Defining Nations：Immigrants and Citizens in Early Modern Spain and Spanish America (New Haven：Yale University Press, 2003).

第十章

69. 把《权利法案》（Bill of Rights）添加到宪法之中的联邦州包括弗吉尼亚州（Virginia）、宾夕法尼亚州（Pennsylvania）、马里兰州（Maryland）、特拉华州（Delaware）、北卡罗来纳州（North Carolina）、佛蒙特州（Vermont）、马萨诸塞州（Massachusetts）、新罕布什尔州（New Hampshire）。其他的联邦州没有将独立的"权利法案"纳入宪法，但是都在州宪法中提及或列举了这些权利。

70. 下文引自独立宣言。

71. 《美国联邦宪法》序言。

72. "本宪法对于某些权利的列举不得被解释为否定或轻视人民已经保有的其他权利。"

73. William Blackstone, *Commentaries on the Laws of England* (Oxford：John Hatchard and Son, 1822 [1765 – 1769]), 105.

74. 这些殖民地宪章中的条款究竟意味着赋予殖民地居民在海外的各项权利，还是意味着，只有当他们回到英格兰时才能被当作臣民对待？对于这个问题，历史学家还处于争论之中。

75. Immanuel Kant, "What Is the Enlightenment?", Lonigsberg, Prussia, September 30, 1784, available, for example, at http://legacy. fordham. edu/halsall/mod/kant – whatis. asp.

第十一章

76. 1789 年，法国《人与公民权利宣言》序言。

77. 正如第十章中提到的，自然法并没有被法典化。尽管"自然法"这一概念已经被很多哲学家、法学家、神学家和其他类型的知识分子所接受，但是他们无法就自然法的内容达成一致。自然法并不是针对规范的列举，或是一个包含着各种特定解决方案的体系，而仅仅是一个参照性的框架。

78. "据说法国存在着 144 种具有法律效力的习惯法，这些法律几乎是完全不同的。在法国游历的旅客更换法律的频率比更换马匹的频率还高。" Voltaire, "Courtisans lettrés: Coutoumes", in Oeuvres complètes de Voltaire, vol. 7: Dictionnaire philosophique I (Paris: Chez Furne, 1835).

79.《法国民法典》第 544 条。关于《法国民法典》，参见第十二章。

80. 第 3 章第 1 条。

81. 直到 1958 年，法国才引入一种司法审查的机制，使宪法委员会（Conseil Constitutionnel）的成员有权在法律公布之前审查其合宪性。2010 年，这一制度有所发展。在普通诉讼程序中，当事人可以在法庭上提出法律违宪的主张；法庭可以就此中止审理，并把宪法争议提交宪法委员会裁决。

第十二章

82. 法国一直以来都在制定和颁布法典（截至目前，大约有 50 部法典），但那些在拿破仑时代落幕之后颁行的法典通常被认为是"行政性的"（administrative）法典，而不再是"意识形态化的"（ideological）法典。

83. 受拿破仑法典影响的国家（或地区）主要包括：统一前的多个意大利城邦、比利时、荷兰、卢森堡、1871 年统一前的部分德意志地区、奥地利、瑞士、波兰、希腊、罗马尼亚、西班牙、葡萄牙、（美国）路易斯安那州、（加拿大）魁北克省、多米尼加共和国、玻利维亚、秘鲁、智利、乌拉圭、阿根廷、墨西哥、尼加拉瓜、危地马拉、洪都拉斯、萨尔瓦多、委内瑞拉、土耳其、埃及和黎巴嫩。

84. 日耳曼主义者认为，罗马法和日耳曼法是对立的，而不是互补的。这种观点在 1920 年再次复苏，当时的纳粹党主张用真正的（同时是优良的）日耳曼法来替代罗马法，因为罗马法被等同于拜金主义的法律秩序。

85. 在《德国民法典》生效之前，在德国境内可能同时存在着多达 30 个不同的法律体系，至少使用 3 种法律语言（拉丁语、德语和法语）。一些地区遵从地方法典，另一些地区在 1871 年之前处于法国的控制之下，因此适用《法国民法典》，但还有一些地区遵循罗马法、教会法和习惯法。

86. 据说，受到《德国民法典》影响的国家和地区主要包括：希腊、奥地利、瑞士、葡萄牙、意大利、荷兰、前捷克斯洛伐克、前南斯拉夫、匈牙利、爱沙尼亚、拉脱维亚、乌克兰、日本、巴西、墨西哥、中国台湾、韩国、泰国以及中国大陆（一段时间）。

87. 参见第一章，注释 1。

第十三章

88. Maurice Amos, "The Code Napoleon and the Modern World", *Journal of Comparative Legislation and International Law* 10, no. 4 (1928): 222 – 236, at 222.

89. H. R. Hahlo, "Codifying the Common Law: Protracted Gestation", *Modern Law Review* 38, no. 1 (1975): 23 – 30, at 23.

90. 这些州和地区包括：加利福尼亚州（California）、爱荷华州（Iowa）、明尼苏达州（Minnesota）、印第安纳州（Indiana）、俄亥俄州（Ohio）、华盛顿特区（Washington Territory）、内布拉斯加州（Nebraska）、威斯康星州（Wisconsin）、堪萨斯州（Kansas）、内华达州（Nevada）、达科他地区（Dakotas）、爱达荷州（Idaho）、亚利桑那州（Arizona）、蒙大拿州（Montana）、北卡罗来纳州（North Carolina）、怀俄明州（Wyoming）、南卡罗来纳州（South Carolina）、犹他州（Utah）、科罗拉多州（Colorado）、俄克拉荷马州（Oklahoma）和新墨西哥州（New Mexico）。

尾声

91. 20 世纪 50 年代的特征也表现为创建欧洲防务共同体（EDC）和欧洲政治共同体（EPC）的最终失败。

92. 创立这个单一治理结构的条约被称为《合并条约》（Merger Treaty）。该条约于 1965 年在布鲁塞尔签署，但直到 1967 年才开始生效。因为该条约合并了三个组织体（欧洲煤钢共同体、欧洲经济共同体、欧洲原子能共同体），所以新组织更适合被称为"欧洲复数共同体"（European Communities）。但是大多数人将这个复杂的组织称作"欧共体"（单数）。

93. 最初，欧洲共同体包含两个委员会。一个是欧共体理事会（这个机构随后被称作欧盟理事会，Council of the European Union），由成员国的部长组成。在这个理事会中，各国部长对欧盟委员会就相关事项提出的立法议进行投票表决。例如，农业和渔业理事会由各国的农业部长组成，它负责对农业立法进行表决；外交理事会由各国的外交部长组成，负责表决与外交相关的立法，等等。相反，欧洲理事会（The European Council）由各国的元首组成。它设定政治议程并讨论欧共体（或欧盟）所面临的重大问题，但是它不具备立法职能。

94. 签订《申根条约》（Schengen Agreement）的五个国家是比利时、法国、卢森堡、荷兰和德国（西德）。这五国国土联合构成的区域被称作"申根区"（Schengen Area）。

95. 截至 2013 年，欧盟的成员国包括：奥地利、比利时、保加利亚、克罗地亚、塞浦路斯、捷克共和国、丹麦、爱沙尼亚、芬兰、法国、德国、希腊、匈牙利、爱尔兰、意大利、拉脱维亚、立陶宛、卢森堡、马耳他荷兰、波兰、葡萄牙、罗马尼亚、斯洛伐克、斯洛文尼亚、西班牙、瑞典和英国。

96. 最初，欧元区国家包括奥地利、比利时、芬兰、法国、德国、希腊、爱尔兰、意大利、卢森堡、荷兰、葡萄牙和西班牙。在塞浦路斯、爱沙尼亚、拉脱维亚、立陶宛、马耳他、斯洛伐克和斯洛文尼亚加入后，目前欧元区的国家达到了 19 个。

97. 网页 http：//www. europarl. europa. eu/atyourservice/en/displayFtu. html？ ftuId＝FTU_ 1.3.9. html 包含对欧洲法院的介绍，也可以访问 http：//europa. eu/about－eu/institutions－bodies/court－justice/index_ en. htm。欧洲法院本身也设立了一个有用的网站，可以用来查询欧盟法院的判决，http：//curia. europa. eu/jcms/jcms/j_ 6/。

98. Karen J. Alter, *Establishing the Supremacy of European Law*：*The Making of an International Rule of Law in Europe*（Oxford：Oxford University Press, 2003），15.

99. 最初，欧洲理事会在 2000 年宣布，《基本权利宪章》不具有法律拘束力。然而，到了 2009 年，这一法律文件正式成为欧盟法的一部分。有关该宪章的信息可以访问如下网页：http：//ec. europa. eu/justice/fundamental－rights/charter/index_ en. htm。

100. Ugo Mattei and Mauro Bussani, "The Trento Common Core Projct"，这是二人在 1995 年 7 月 6 日第一次全体会议上的演讲，可以访问如下网页：http：//www. common－core. org/node/8。

延伸阅读

前言

Ecklund, John E. *The Origins of Western Law from Athens to the Code of Napoleon*, Clark, NJ: Talbot, 2014.

Grossi, Paolo. *A History of European Law. Translated by Laurence Hooper*, Chichester, UK: Wiley – Blackwell, 2010.

Hespanha, Antonio Manuel. *A cultura jurídica europeia: Síntese de un milénio*, Coimbra, Portugal: Almedina, 2012.

Kelly, J. M. *A Short History of Western Legal Theory*, New York: Oxford University Press, 1992.

Lesaffer, Randall. *European Legal History: A Cultural and Political Perspective*, Cambridge: Cambridge University Press, 2009.

Merryman, John Henry. *The Civil Law Tradition: An Introduction to the Legal Systems of Europe and Latin America*. 3rd ed. , Stanford, CA: Stanford University Press, 2007.

Mousourakis, George. *Roman Law and the Origins of the Civil Law Tradition*, Cham, Switzerland: Springer, 2015.

Robinson, O. F. , T. D. Fergus, and V. M. Gordon. *European Legal History: Sources and Institutions*. 2nd ed. , London: Butterworths, 1994.

Schioppa, Antonio Padoa. *Storia del diritto in Europa: Dal medioevo all'età contemporanea*, Bologna: Il Mulino, 2007.

Van Caenegem, R. C. *An Historical Introduction to Private Law*, Translated by D. E. L Johnston. Cambridge: Cambridge University to Press, 1992.

第一章

Ando, Clifford. *Law, Language, and Empire in the Roman Tradition*, Philadelphia: University of Pennsylvania Press, 2011.

Blume, Fred H. , trans. "Annotated Justinian Code". University of Wyoming George W. Hopper Law Library. http: //uwyo. edu/lawlib/blume – justinian.

Crawford, M. H. , ed. *Roman Statutes*, London: Institute of Classical Studies, 1996.

Crook, John Anthony, *Law and Life of Rome*, London: Thames and Hudson, 1967.

du Plessis, Paul J. *Studying Roman Law*, London: Bristol Classical Press, 2012.

du Plessis, Paul J. , Clifford Ando, and G. Tuori, eds. *The Oxford Handbook of Roman Law*, Oxford: Oxford University Press, 2016.

Frier, Bruce W. *The Rise of the Roman Jurists: Studies in Cicero's* Pro Caecina, Princeton, NJ: Princeton University Press, 1985.

Frier, Bruce W. , ed. , and Fred H. Blume, trans. *The Codex of Justinian: A New Annotated Translation*. Cambridge: Cambridge University Press, 2016.

Gordon, W. M. , and O. F. Robinson, trans, *The Institutes of Gaius*. Ithaca, NY:

Cornell University Press, 1988.

Honoré, Tony, *Justinian's Digest: Character and Compilation*, Oxford: Oxford University Press, 2010.

Johnston, David. *The Cambridge Companion to Roman Law*, Cambridge: Cambridge University Press, 2015.

———. *Roman Law in Context*, Cambridge: Cambridge University Press, 1999.

Jolowicz, H. F., and Barry Nicholas. *Historical Introduction to the Study of Roman Law*, 3rd ed. Cambridge: Cambridge University Press, 1972.

Krueger, Paul. *Justinian's Institutes*. Translated by Peter Birks and Grant McLeod, Ithaca, NY: Cornell University Press, 1987.

Krueger, Paul, Theodor Mommsen, Rudolf Schoell, and Wilhelm Kroll, eds. *Corpus Iuris Civilis*, 3 vols. Berlin: Weidmann, 1928.

Kunkel, Wolfgang. *An Introduction to Roman Legal and Constitutional History*, Translated by J. M. Kelly. Oxford: Clarendon Press, 1966.

Lambiris, Michael. *The Historical Context of Roman Law*. North Ryde, Australia: LBC Information Services, 1997.

Metzger, Ernest. *Litigation in Roman Law*, Oxford: Oxford University Press, 2005.

———. "An Outline of Roman Civil Procedure", *Roman Legal Tradition* 9 (2013): 1–30.

Mousourakis, George. *Roman Law and the Origins of the Civil Law Tradition*, Cham, Switzerland: Springer, 2015.

Nicholas, Barry. *An Introduction to Roman Law*, Oxford: Clarendon Press, 1962.

Pharr, Clyde, trans. *The Theodosian Code and Novels and the Sirmondian Constitutions*, Princeton, NJ: Princeton University Press, 1952.

Robinson, O. F. *The Sources of Roman Law: Problems and Methods for Ancient Historians*, London: Routledge, 1997.

Schiavone, Aldo. *The Invention of Law in the West*, Translated by Jeremy Carden and Antony Shugaar, Cambridge, MA: Harvard University Press, 2012.

Schiller, A. Arthur. *Roman Law: Mechanisms of Development*, The Hague: Mouton, 1978.

Stein, Peter. *Roman Law in European History*, Cambridge: Cambridge University Press, 1999.

Waelkens, Laurent, *Amne Adverso: Roman Legal Heritage in European Culture*, Leuven, Belgium: Leuven University Press, 2015.

Watson, Alan, ed. *The Digest of Justinian*, Philadelphia: University of Pennsylvania Press, 1985.

———. *Law Making in the Later Roman Republic*. Oxford: Clarendon Press, 1974.

———. *The Spirit of the Roman Law*. Athens, GA: University of Georgia Press, 1995.

第二章

Ando, Clifford. *The Matter of the Gods: Religion and the Roman Empire*, Berkeley: University of California Press, 2009.

Bartlett, Robert. *The Making of Europe: Conquest, Colonization and Cultural Change, 950–1350*, Princeton, NJ: Princeton University Press, 1993.

Biondi, Biondo. *Il diritto romano cristiano*, 3 vols. Milan: Giuffrè, 1952–1954.

Brown, Peter. *The Rise of Western Christendom: Triumph and Diversity, A. D. 200–1000*, Cambridge, MA: Wiley–Blackwell, 1995.

Fletcher, Richard. *The Conversion of Europe: From Paganism to Christianity, 371–1386 AD*, London: HarperCollins, 1997.

Freeman, Charles. *A New History of Early Christianity*, New Haven, CT: Yale University Press, 2009.

Grubbs, Judith Evans. *Law and Family in Late Antiquity: The Emperor Constantine's Marriage Legislation*, Oxford: Oxford University Press, 1995.

Heather, Peter. *Empires and Barbarians: The Fall of Rome and the Birth of Europe*, Oxford: Oxford University Press, 2010.

Humfress, Caroline, *Orthodoxy and the Courts in Late Antiquity*, Oxford: Oxford University Press, 2007.

Lenski, Noel, "Constantine and Slavery: Libertas and the Fusion of Roman and Christian Values", *Atti dell' Accademia Romanistica Costantiniana* 18 (2012): 235 – 260.

MacCormack, Sabine, "Sin, Citizenship, and Salvation of the Souls: The Impact of Christian Priorities on Late—Roman and Post—Roman Society", *Comparative Studies in Society and History* 39, no. 4 (1997): 644 – 673.

MacMullen, Ramsay, "What Difference Did Christianity Make?", *Historia: Zeitschrift für Alte Geschichte* 35, no. 3 (1986): 322 – 343.

Salzman, Michele Renee, "The Evidence for the Conversion of the Roman Empire to Christianity, in Book 16 of the 'Theodosian Code'", *Historia: Zeitschrift für Alte Geschichte* 42, no. 3 (1993): 362 – 378.

Thompson, John A. F. *The Western Church in the Middle Ages*, London: Arnold, 1998.

Vuolanto, Ville, "Children and the Memory of Parents in the Late Roman World", In *Children, Memory, and Family Identity in Roman Culture*, edited by Véronique Dasen and Thomas Späth, 173 – 192. Oxford: Oxford University Press, 2010.

第三章

Bartlett, Robert. *Trial by Fire and Water: The Medieval Judicial Ordeal*, Oxford: Clarendon Press, 1986.

Collins, Roger, "Literacy and the Laity in Early Mediaeval Spain", In *The Uses of Literacy in Early Medieval Europe*, edited by Rosamond McKitterick, 109 – 133, Cambridge: Cambridge University Press, 1990.

Davies, Wendy, "Local Participation and Legal Ritual in Early Medieval Law Courts", In *The Moral World of the Law*, edited by Peter Coss, 48 – 61, Cambridge: Cambridge University Press, 2000.

Davies, Wendy, and Paul Fouracre, eds. *The Settlement of Disputes in Early Medieval Europe*, Cambridge: Cambridge University Press, 1986.

Davis, Jennifer R. *Charlemagne's Practice of Empire*, Cambridge: Cambridge University Press, 2015.

Grossi, Paolo. *L'Ordine giuridico medievale*, Rome: Laterza, 1995.

Humfress, Caroline. *Orthodoxy and the Courts in Late Antiquity*, Oxford: Oxford University Press, 2007.

Jasper, Detlev, and Horst Fuhrmann, *Papal Letters in the Early Middle Ages*, Washington, DC: Catholic University of America Press, 2001.

Kéry, Lotte. *Canonical Collections of the Early Middle Ages (ca. 400 – 1140): A Bibliographical Guide to the Manuscripts and Literature*, Washington, DC: Catholic University of America Press, 1999.

Lesaffer, Randall. *European Legal History: A Cultural and Political Perspective*, Cambridge: Cambridge University Press, 2009.

Logan, F. Donald. *A History of the Church in the Middle Ages*, 2nd ed. , London: Routledge, 2013.

Lupoi, Maurizio. *The Origins of the European Legal Order*, Translated by Adrian Belton, Cambridge: Cambridge University Press, 2000.

Masschaele, James. *Jury, State, and Society in Medieval England*, New York: Palgrave Macmillan, 2008.

McKitterick, Rosamond, ed. *The Uses of Literacy in Early Medieval Europe*, Cambridge: Cambridge University Press, 1990.

Oliver, Lisi. *The Body Legal in Barbarian Law*, Toronto: University of Toronto Press, 2011.

Radding, Charles M. , and Antonio Ciaralli. *The Corpus Iuris Civilis in the Middle Ages: Manuscripts and Transmission from the Sixth Century to the Juristic Revival*, Leiden: Brill, 2007.

Reynolds, Susan. *Kingdoms and Communities in Western Europe, 900 – 1300*, 2nd ed. Oxford: Clarendon Press, 1997.

Rio, Alice. *Legal Practice and the Written Word in the Early Middle Ages: Frankish Formulae, c. 500 – 1000*, Cambridge: Cambridge University Press, 2009.

Waelkens, Laurent. *Amne Adverso: Roman Legal Heritage in European Culture*, Leuven, Belgium: Leuven University Press, 2015.

Walters, Dafydd. "From Benedict to Gratian: The Code in Medieval Ecclesiastical Authors", In *The Theodosian Code: Studies in the Imperial Law of Late Antiquity*, 2nd ed. , edited by Jill Harries and Ian Wood, 200 – 216, London: Bristol Classical Press, 2010.

Whitman, James Q. *The Origins of Reasonable Doubt: Theological Roots of the Criminal Trial*, New Haven, CT: Yale University Press, 2008.

第四章

Berman, Harold J. *Law and Revolution: The Formation of the Western Legal Tradition*, Cambridge, MA: Harvard University Press, 1983.

Bisson, Thomas N. *The Crisis of the Twelfth Century: Power, Lordship, and the Origins of European Government*. Princeton, NJ: Princeton University Press, 2009.

Bloch, Marc. *Feudal Society*, Translated by L. A. Manyon, Chicago: University of Chicago Press, 1961.

Blumenthal, Uta – Renate. *The Investiture Controversy: Church and Monarchy from the Ninth to the Twelfth Century*, Philadelphia: University of Pennsylvania Press, 1988.

Brown, Elizabeth A. R. "The Tyranny of a Construct: Feudalism and Historians of Medieval Europe", *American Historical Review* 79, no. 4 (1974): 1063 – 1088.

Cook, William R. , and Ronald B. Herzman. *The Medieval World View: An Introduction*, 2nd ed. , Oxford: Oxford University Press, 2004.

Davis, Kathleen. "Sovereign Subjects, Feudal Law, and the Writing of History", *Journal of Medieval and Early Modern Studies* 36, no. 2 (2006): 223 – 261.

"*Dictatus Papae* (Gregory VII), Letter of Gregory VII to Henry IV, Henry IV's Position and Renunciation of Gregory VII by the German Bishops (Synod of Worms)", and "The Concordat of Worms", In *University of Chicago Readings in Western Civilization*, vol. 4: *Medieval Europe*, edited by Julius Kirshner and Karl F. Morrison, 142 – 150, 169 – 170, Chicago: University of Chicago Press, 1986.

Ganshof, François Louis. *Feudalism*. Translated by Philip Grierson, London: Longmans, 1952.

Logan, F. Donald. *A History of the Church in the Middle Ages*, London: Routledge, 2013.

"Lords, Vassals and Tenants in the Norman Summa de Legibus (1258)", In *University of Chicago Readings in Western Civilization*, vol. 4: *Medieval Europe*, edited by Julius Kirshner and Karl F. Morrison, 68 – 76. Chicago: University of Chicago Press, 1986.

Reynolds, Susan. *Fiefs and Vassals: The Medieval Evidence Reinterpreted*, Oxford: Oxford University Press, 1994.

Tierney, Brian, ed. *The Crisis of Church and State*, 1050 – 1300. Englewood Cliffs, NJ: Prentice – Hall, 1964.

第五章

Ascheri, Mario. *The Laws of Late Medieval Italy* (1000 – 1500): *Foundations for a European Legal System*, Leiden: Brill, 2013.

Bartolus de Saxoferrato. *Tractatus Tyberiadis seu de fluminibus*, bks. 1 – 3: *De alluvione, de insula, de alveo*; *Tractatus de insigniis et armis*, Turin: Bottega d'Erasmo, 1964. Available in abbreviated form at http: //lafogonera. blogspot. com. es/2007/11/de – insula – brtolo – de – sassoferrato – 1313. html.

Bellomo, Manlio. *The Common Legal Past of Europe*, 1000 – 1800, Washington, DC: Catholic University of America Press, 1995.

Brundage, James A. *Medieval Canon Law*, London: Longman, 1995.

Cairns, John W. , and Paul J. du Plessis, eds, *The Creation of the Ius Commune: From Casus to Regula*. Edinburgh: Edinburgh University Press, 2010.

Conte, Emanuele. "Consuetudine, Coutume, gewohnheit and Ius Commune: An Introduction", *Rechtsgeschichte / Legal History* 24 (2016): 234 – 243.

Coopens, Chris. "The Teaching of Law

in the University of Paris in the First Quarter of the 13th Century", *Rivista internazionale di diritto comune* 10 (1999): 139 – 173.

Gallagher, Clarence. *Canon Law and the Christian Community: The Role of Law in the Church according to the Summa Aurea of Cardinal Hostiensis*, Rome: Università Gregoriana, 1978.

Gratian. *The Treatise on Laws (Decretum DD. 1 – 20) with the Ordinary Gloss*. Translated by Augustine Thompson and James Gordley, Washington, DC: Catholic University of America Press, 1993.

Grossi, Paolo. *L'Ordine giuridico medievale*, Rome: Laterza, 1995. Hartmann, Wilfried, and Kenneth Pennington, eds. *The History of Medieval Canon Law in the Classical Period*, 1140 – 1234: *From Gratian to the Decretals of Pope Gregory IX*, Washington, DC: Catholic University of America Press, 2008.

Haskins, Charles Homer. *The Renaissance of the Twelfth Century*, Cambridge, MA: Harvard University Press, 1927.

Helmholz, R. H. *The Spirit of Classical Canon Law*, Athens, GA: University of Georgia Press, 1996.

Herzog, Tamar. *Defining Nations: Immigrants and Citizens in Early Modern Spain and Spanish America*, New Haven, CT: Yale University Press, 2003.

———. *Frontiers of Possession: Spain and Portugal in Europe and the Americas*, Cambridge, MA: Harvard University Press, 2015.

Ibbetson, David. "English Law and the European Ius Commune, 1450 – 1650", *Cambridge Year Book of European Legal Studies* 8 (2006): 115 – 132.

Larson, Atria A. , trans. *Gratian's Tractatus de Penitentia: A New Latin Edition with English Translation*, Washington, DC: Catholic University of America Press, 2016.

Le Goff, Jacques. *Intellectuals in the Middle Ages*, Translated by Teresa Lavender Fagan. Oxford: Blackwell, 1993.

Müller, Wolfgang P. , and Mary E. Sommar, eds. *Medieval Church Law and the Origins of the Western Legal Tradition: A Tribute to Kenneth Pennington*, Washington, DC: Catholic University of America Press, 2006.

Peters, Edward. *Inquisition*. New York: Free Press, 1988.

Rogerious, "Questions on the Institutes", In *University of Chicago Readings in Western Civilization*, vol. 4: *Medieval Europe*, edited by Julius Kirshner and Karl F. Morrison, 215 – 218, Chicago: University of Chicago Press, 1986.

Scott, Samuel Parsons, trans. , and Robert I. Burns, ed. *Las Siete Partidas*, Philadelphia: University of Pennsylvania Press, 2001.

Vinogradoff, Paul. *Roman Law in Medieval Europe*, Oxford: Clarendon Press, 1929.

Winroth, Anders. *The Making of Gratian's Decretum*, Cambridge: Cambridge University Press, 2000.

第六章

Baker, John. *An Introduction to English Legal History*, Oxford: Oxford University Press, 2003.

———. *The Oxford History of the Laws of England*: 1483 – 1558, Oxford: Oxford University Press, 2003.

Bracton, Henry de. *On the Laws and Customs of England (De legibus et consuetudinibus Angliae)*, Translated by Samuel E. Thorne. Buffalo, NY: W. S. Hein, 1997.

Brand, Paul. "Chancery, the Justices and the Making of New Writs in Thirteenth – Century England", In *Law and Legal Process: Substantive Law and Procedure in English Legal History*, edited by Matthew Dyson and David Ibbetson, 17 – 33, Cambridge: Cambridge University Press, 2013.

———. *Kings, Barons and Justices: The Making and Enforcement of Legislation in Thirteenth – Century England*, Cambridge: Cambridge University Press, 2003.

Carpenter, David, trans. *Magna Carta*, London: Penguin Books, 2015.

Clanchy, M. T. *From Memory to Written Record: England 1066 – 1307*, 2nd ed. Oxford: Blackwell, 1993.

Dawson, John P. *The Oracles of the Law*, Ann Arbor: University of Michigan Law School, 1968.

Doe, Norman. *Fundamental Authority in Late Medieval English Law*, Cambridge: Cambridge University Press, 1990.

Donahue, Charles. "Ius Commune, Canon law, and Common Law in England", *Tulane Law Review* 66, no. 6 (1992): 1745 – 1780.

Fleming, Robin. *Britain after Rome: The Fall and Rise*, 400 – 1070. London: Allen Lane, 2010.

Glanvill, Ranulf de. *The Treatise on the Laws and Customs of the Realm of England Commonly Called Glanvill*, Edited and translated by G. D. G. Hall. Oxford: Clarendon Press, 1993. Goodman, Ellen. *The Origins of Western Legal Tradition from Thales to the Tudors*, Annandale, Australia: Federation Press, 1995.

Harding, Alan. *Medieval Law and the Foundations of the State*, Oxford: Oxford University Press, 2002.

Helmholz R. H. *The ius Commune in England: Four Studies*, Oxford: Oxford University Press, 2001.

———. *The Oxford History of the Laws of England*, vol. 1: *The Canon Law and Ec-*

clesiastical Jurisdiction from 597 to the 1640s, Oxford: Oxford Universiry Press, 2004.

Hudson, John. "Magna Carta, the *Ius Commune*, and English Common Law", In *Magna Carta and the England of King John*, edited by Janet S. Loengard, 99 – 119. Woodbridge, UK: Boydell Press, 2010.

————. *The Oxford History of the Laws of England*, vol. 2: 871 – 1216, Oxford: Oxford University Press, 2012.

Hulsebosch, Daniel J. "The Ancient Constitution and the Expanding Empire: Sir Edward Coke's British Jurisprudence", *Law and History Review* 21, no. 3 (2003): 439 – 482.

Hyams, Paul R. "What Did Edwardian Villagers Understand by 'Law'?", In *Medieval Society and the Manor Court*, edited by Zvi Razi and Richard Smith, 69 – 102. Oxford: Oxford University Press, 1996.

Ibbetson, David J. "Case Law and Judicial Precedent in Mediaeval and Early – Modern England", In *Auctoritates: Xania R. C. van Caenegem oblata; De auteurs van de rechtsontwikkeling*, edited by S. Dauchy. J. Monballyu, and A. Wijffels, 55 – 68, Brussels: Wetenschappelijk Comité voor Rechtsgeschidenis, 1997.

————. "Juge et jury dans le common law", In *Le juge et le jugement dans les traditions juridiques européennes: Etudes d'histoire comparée*, edited by Robert Jacob, 89 – 105, Paris: LGDJ, 1996.

Kamali, Elizabeth Papp, and Thomas A. Green. "A Crossroads in Criminal Procedure: The Assumptions Underlying England's Adoption of Trial by Jury for Crime", In *Essays in Honour of Paul Brand*, edited by Travis Baker. Farnham, UK: Ashgate, 2017.

Kelly, Susan. "Anglo Saxon Lay Society and the Written Word", In *The Uses of Literacy in Early Medieval Europe*, edited by Rosamond McKitterick, 36 – 62, Cambridge: Cambridge University, Press, 1990

Kim Keechang. *Aliens in Medieval Law: The Origins of Modern Citizenship*, Cambridge: Cambridge University Press, 2000.

Korporowicz, Lukasz Jan. "Roman Law in Roman Britain: An Introductory Survey", *Journal of Legal History* 33, no. 2 (2012): 133 – 150.

Lewis, Andrew. "'What Marcellus Says Is Against You': Law Tradition, Roman Law and Common Law", in *The Roman Law Tradition*, edited by A. D. E. Lewis and D. J. Ibbetson, 199 – 208, Cambridge: Cambridge University Press, 1994.

Liebermann, Felix, ed. *Die Gesetze der Angelsachsen*, 4 vols. , Halle, Germany: Max Niemeyer, 1903 – 1916.

McSweeney, Thomas. "English Judges and Roman Jurists: The Civilian Learning behind England's First Case Law", *Temple Law Review* 84, no. 4 (2012): 827 – 862.

Milsom, S. F. C. *Historical Foundations of the Common Law*, 2nd ed. , London: Butterworths, 1981.

Musson, Anthony. *Medieval Law in Context: The Growth of Legal Consciousnessfrom Magna Carta to the Peasant's Revolt*, Manchester, UK: Manchester University Press, 2001.

Plucknett, Theodore F. T. *A Concise History of the Common Law*. 5th ed. , Boston: Little, Brown and Co. , 1956.

————. *Statutes and Their Interpretation in the First Half of the Fourteenth Century*, Cambridge: Cambridge University Press, 1922.

Pollock, Frederick. *Oxford Lectures and Other Discourses*, London: Macmillan, 1890.

Pollock, Frederick, and Frederic William Maitland. *The History of English Law before the Time of Edward I.* , 2nd ed. , Cambridge:

Cambridge University Press, 1899.

Price, Polly J. "Natural Law and Birth-right Citizenship in Calvin's Case (1608)", *Yale Journal of Law & the Humanities* 9, no. 1 (1997): 73 – 145.

Richardson, H. G., and G. O. Sayles. *Law and Legislation from Aethelberht to Magna Carta*, Edinburgh: Edinburgh University Press, 1966.

Seipp, David J. "Jurors, Evidences, and the Tempest of 1499", In "*The Dearest Birthright of the People of England*": *The Jury in the History of the Common Law*, edited by John W. Cairns and Grant McLeod, 75 – 92. Oxford: Hart, 2002.

———, comp. "Medieval English Legal History: An Index and Paraphrase of Printed Year Book Reports, 1268 – 1535", http://www.bu.edu/law/faculty – scholarship/legal – history – the – year – books.

———. "The Reception of Canon Law and Civil Law in the Common Law Courts before 1600", *Oxford Journal of Legal Studies* 13, no. 3 (1993): 388 – 420.

Stanojevic, Obrad. "Roman Law and Common Law: A Different Point of View", *Loyola Law Review* 36, no. 2 (1990): 269 – 274.

Van Caenegem, R. C. *The Birth of English Common Law*, Cambridge: Cambridge University Press, 1973.

Watson, Alan. "Roman Law and English Law: Two Patterns of Legal Development", *Loyola Law Review* 36, no. 2 (1990): 247 – 268.

Wormald, Patrick. *The Making of English Law: King Alfred to the Twelfth Century*, Oxford: Blackwell, 1999.

第七章

Dawson, John P. "The Codification of the French Customs", *Michigan Law Review* 38, no. 6 (1940): 765 – 800.

Decock, W. *Theologians and Contract Law: The Moral Transformation of Ius Commune* (*ca.* 1500 – 1650), Leiden: Brill / Nijhoff, 2012.

Grinberg, Martine. "La rédaction des coutumes et les droits seigneuriaux", *Annales: Histoire, Sciences Sociales* 52, no. 5 (1997): 1017 – 1038.

Hotman, François. *Francogallia*. Edited by Ralph E. Giesey and translated by J. H. M. Salmon, Cambridge: Cambridge University Press, 1972.

Pitkin, Barbara. "Calvin's Mosaic Harmony: Biblical Exegesis and Early Modern Legal History", *Sixteenth Century Journal* 41, no. 2 (2010): 441 – 466.

Strauss, Gerald. *Law, Resistance, and the State: The Opposition to Roman Law in Reformation Germany*, Princeton, NJ: Princeton University Press, 1986.

Teuscher, Simon. *Lords' Rights and Peasant Stories: Writing and the Formation of Tradition in the Later Middle Ages*, Translated by Philip Grace, Philadelphia: University of Pennsylvania Press, 2012.

Toch, Michael. "Asking the Way and Telling the Law: Speech in Medieval Germany", *Journal of Interdisciplinary History* 16, no. 4 (1986): 667 – 682.

Witte, John. *Law and Protestantism: The Legal Teachings of the Lutheran Reformation*, Cambridge: Cambridge University Press 2002.

第八章

Aroney, Nicholas. "Law, Revolution and Religion: Harold Berman's Interpretation of the English Revolution", *Journal of Markets and Morality* 8, no. 2 (2005): 355 – 385.

Berman, Harold J. *Law and Revolution*,

II: The Impact of the Protestant Reformations on the Western Legal Tradition, Cambridge, MA: Belknap Press of Harvard University Press, 2003.

"Bill of Rights", Reproduced in The Roots of the Bill of Rights, 5 vols. , compiled by Bernard Schwartz, 1: 41 – 46, New York: Chelsea House, 1971.

Blackstone, William. Commentaries on the Laws of England, Oxford: Clarendon Press, 1765 – 1769.

Bonfield, Lloyd, "The Nature of Customary Law in the Manor Courts of Medieval England", *Comparative Studies in Society and History* 31, no. 3 (1989): 514 – 534.

———. "What Did English Villagers Mean by 'Customary Law'?", In *Medieval Society and the Manor Court*, edited by Zvi Razi and Richard Smith, 103 – 116, Oxford: Oxford University Press, 1996.

Brooks, Christopher, and Kevin Sharpe. "History, English Law and the Renaissance", *Past & Present* 72 (1976): 133 – 142.

Carpenter, David, trans. *Magna Carta*. London: Penguin Books, 2015. Clanchy, M. T. *From Memory to Written Record*, *England* 1066 – 1307, 2nd ed. Oxford: Blackwell, 1993.

———. "Remembering the Past and the Good Old Law", *History* 55 (1970): 165 – 176.

Cromartie, Alan. *The Constitutionalist Revolution: An Essay on the History of England*, 1450 – 1642, Cambridge: Cambridge University Press, 2006.

———. "The Idea of Common Law as Custom", In *The Nature of Customary Law*, edited by Amanda Perreu – Saussine and James Bernard Murphy, 203 – 227, Cambridge: Cambridge University Press, 2007.

Garnett, George. " 'To ould fields':

Law and History in the Prefaces to Sir Edward Coke's Reports", *Journal of Legal History* 34, no. 3 (2013): 245 – 284.

Haskins, George L. *The Growth of English Representative Government*, Philadelphia: University of Pennsylvania Press, 1948.

Helmholz, R. H. *Roman Canon Law in Reformation England*, Cambridge: Cambridge University Press, 1990.

Holt, J. C. *Magna Carta*, 3rd ed. , Cambridge: Cambridge University Press, 2015.

Hyams, Paul R. "What Did Edwardian Villagers Understand by 'Law'?", In *Medieval Society and the Manor Court*, edited by Zvi Razi and Richard Smith, 69 – 102. Oxford: Oxford University Press, 1996.

Ibbetson, D. J. "The Arguments in Calvin's Case (1608)", In *Studies in Canon Law and Common Law in Honor of R. H. Helmholz*, edited by Troy L. Harris, 213 – 230. Berkeley: Robbins Collection, 2015.

———. "Report and Record in Early – Modern Common Law: Sample Reports", In *Case Law in the Making: The Techniques and Methods of Judicial Records and Law Reports*, 2 vols. , edited by Alain Wijffels, 2: 27 – 52, Berlin: Duncker und Humblot, 1997.

Kelley, Donald R. "History, English Law and the Renaissance", *Past & Present* 65, no. 1 (1974): 24 – 51.

Levak, Brian P. *The Civil Lawyers in England*, 1603 – 1641: *A Political Study*, Oxford: Clarendon Press, 1973.

Lewis, Andrew. " 'What Marcellus Says Is Against You': Roman Law and Common Law", In *The Roman Law Tradition*, edited by A. D. E. Lewis and D. J. Ibbetson, 199 – 208, Cambridge: Cambridge University Press, 1994.

"The Magna Carta Project", http: //

magnacartaresearch. org.

Maitland, Frederic William. *English Law and the Renaissance* (*The Rede Lecture for 1901*), Cambridge: Cambridge University Press, 1901.

————. *Select Pleas in the Manorial and Other Seigniorial Courts*, London: B. Quaritch, 1889.

"Petition of Rights", Reproduced in *The Roots of the Bill of Rights*, 5 vols. , compiled by Bernard Schwartz, 1: 19 – 21, New York: Chelsea House, 1971.

Pocock, J. G. A. *The Ancient Constitution and the Feudal Law: English Historical Thought in the Seventeenth Century*, Cambridge: Cambridge University Press, 1957.

Rodgers, C. P. "Humanism, History and the Common Law", *Journal of Legal History* 6, no. 2 (1985): 129 – 156.

Sherman, Charles P. "A Brief History of Medieval Roman Canon Law in England", *University of Pennsylvania Law Review and American Law Register* 68, no. 2 (1920): 233 – 258.

Smith, David Chan. *Sir Edward Coke and the Reformation of the Laws: Religion, Politics and Jurisprudence*, 1578 – 1616, Cambridge: Cambridge University Press, 2014.

Tubbs, J. W. *The Common Law Mind: Medieval and Early Modern Conceptions*, Baltimore: Johns Hopkins University Press, 2000.

Williams, Ian. " ' He Creditted More the Printed Booke ' : Common Lawyer's Receptivity to Print, c. 1500 – 1640", *Law and History Review* 28, no. 1 (2010): 39 – 70.

————. "The Tudor Genesis of Edward Coke's Immemorial Common Law", *Sixteenth Century Journal* 43, no. 1 (2012): 103 – 123.

Wood, Andy. *The Memory of the People: Custom and Popular Senses of the Past in Early Modern England*, Cambridge: Cambridge Uni-

versity Press, 2013.

Wormald, Patrick. *The Making of English Law: King Alfred to the Twelfth Century*, Oxford: Blackwell, 1999.

第九章

Arneil, Barbara. *John Locke and America: The Defense of English Colonialism*, Oxford: Clarendon Press, 1996.

Brett, Annabel S. *Changes of State: Nature and the Limits of the City in Early Modern Natural Law*, Princeton, NJ: Princeton University Press, 2011.

The Bull *Inter Caetera.* Reproduced in *Sources Relating to the History of the Law of Nations*, 3 vols. , edited by Wilhelm G. Grewe, 2: 68 – 70, Berlin: De Gruyter, 1988.

Cavallar, Georg. " Vitoria, Grotius, Pufendorf, Wolff and Vattel: Accomplices of European Colonialism and Exploitation or True Cosmopolitans", *Journal of the History of International Law* 10, no. 2 (2008): 181 – 209.

Daston, Lorraine, and Michael Stolleis, eds. *Natural Law and Laws of Nature in Early Modern Europe: Jurisprudence, Theology, Moral and Natural Philosophy*, Farnham, UK: Ashgate, 2008.

d'Entrèves, A. P. *Natural Law: An Introduction to Legal Philosophy*, London: Hutchinson and Co. , 1951.

Fitzmaurice, Andrew. *Sovereignty, Property and Empire*, 1500 – 2000, Cambridge: Cambridge University Press, 2014.

Grotius, Hugo. *The Freedom of the Seas or the Right Which Belongs to the Dutch to Take Part in the East Indian Trade*, 1609, Translated by Ralph van Deman Magoffin and edited by James Scott Brown, New York: Oxford University Press, 1916.

————. *On the Law of War and Peace*,

1625, Translated by A. C. Campbell, London: Boothroyd, 1814.

Herzog, Tamar. *Defining Nations: Immigrants and Citizens in Early Modern Spain and Spanish America*, New Haven, CT: Yale University Press, 2003.

————. "Did European Law Turn American? Territory, Property and Rights in an Atlantic World", In *New Horizons in Spanish Colonial Law: Contributions to Transnational Early Modern Legal History*, edited by Thomas Duve and Heikki Pihlajamäki, 75 – 95, Frankfurt: Max Planck Institute for European Legal History, 2015.

Kingsbury, Benedict, and Benjamin Straumann, eds. *The Roman Foundations of the Law of Nations: Alberico Gentili and the Justice of Empire*, Oxford: Oxford University Press, 2010.

Locke, John. *Two Treatises of Government*, London: Awnsham Churchill, 1698.

MacMillan, Ken. *Sovereignty and Possession in the English New World: The Legal Foundations of Empire*, 1576 – 1640, Cambridge: Cambridge University Press, 2006.

Marcoci, Giuseppe. *L'invenzione di un imperio: Politica e cultura nel mondo portoghese* (1450 – 1600), Rome: Caroci Editore, 2011.

Pagden, Anthony, *The Burdens of Empire: 1539 to the Present*, New York: Cambridge University Press, 2015.

Parry, J. H. *The Age of Reconnaissance.* Cleveland: World Publishing Co., 1963.

Pufendorf, Samuel von. *Of the Law of Nature and Nations*, 2nd ed. Translated by Basil Kennett and William Percivale, Oxford: Printed by L. Lichfield for A. and J. Churchil, 1710.

The Requirement, Reproduced in *Fontes Historiae Iuris Gentium: Quellen zur Geschichte des Völkerrechts / Sources Relating to the History of the Law of Nations*, 3 vols. , edited by Wilhelm G. Grewe, 2: 103 – 109, Berlin: De Gruyter, 1988.

Rommen, Heinrich A. *The Natural Law: A Study in Legal and Social History and Philosophy*, 1936. Translated by Thomas R. Hanley, Indianapolis: Liberty Fund, 1998.

Tuck, Richard. *Natural Rights Theories: Their Origin and Development.* Cambridge: Cambridge University Press, 1979.

Tully, James. *A Discourse on Property: John Locke and His Adversaries.* Cambridge: Cambridge University Press, 1980.

Vattel, Emer de. *The Law of Nations or the Principles of Natural Law Applied to the Conduct and to the Affairs of Nations and of Sovereigns*, 1758. Translated by Charles G. Fenwick, Washington, DC: Carnegie Institute of Washington, 1916.

Vitoria, Francisco de. *Political Writings.* Edited by Anthony Pagden and Jeremy Lawrance. Cambridge: Cambridge University Press, 1991.

第十章

Armitage, David. *The Declaration of Independence: A Global History*, Cambridge, MA: Harvard University Press, 2007.

Bailyn, Bernard. *The Ideological Origins of the American Revolution*, Cambridge, MA: Belknap Press of Harvard University Press, 1967.

————. "Political Experience and Enlightenment Ideas in Eighteenth – Century America", *American Historical Review* 67, no. 2 (1962): 339 – 351.

Bailyn, Bernard, and Philip D. Morgan, eds. *Strangers within the Realm: Cultural Margins of the First British Empire*, Chapel Hill: University of North Carolina Press, 1991.

Benton, Lauren, and Kathryn Walker. "Law for Empire: The Common Law in Colonial America and the Problem of Legal Diversity", *Chicago - Kent Law Review* 89, no. 3 (2014): 937 -956.

Bilder, Mary Sarah. *The Transatlantic Constitution: Colonial Legal Culture and the Empire*, Cambridge, MA: Harvard University Press, 2004.

Billias, George A. *American Constitutionalism Heard around the World*, 1776 - 1989: *A Global Perspective*, New York: NYU Press, 2009.

Billings, Warren M. "The Transfer of English Law to Virginia, 1606 - 50", In *The Westward Enterprise: English Activities in Ireland, the Atlantic, and America*, 1480 - 1650, edited by K. R. Andrews, N. P. Canny, and P. E. H. Hair, 215 - 244. Liverpool: Liverpool University Press, 1978.

Brown, Elizabeth G. "The Views of a Michigan Territorial Jurist on the Common Law", *American Journal of Legal History* 15, no. 4 (1971): 307 -316.

Clark, David S., "Comparative Law in Colonial British America", *American Journal of Comparative Law* 59, no. 3 (2011): 637 - 674.

Dinan, John J. *Keeping the People's Liberties: Legislators, Citizens, and Judges as Guardians of Rights*. Lawrence: University of Kansas Press, 1998.

Dunham, William Huse. "A Transatlantic View of the British Constitution 1760 - 1776", In *Legal History Studies 1972: Papers Presented to the Legal History Conference*, Aberystwyth 18 - 21 July 1972, edited by Dafydd Jenkins, 50 - 63, Cardiff: University of Wales Press, 1975.

Golove, David M., and Daniel J. Hulsebosch. "A Civilized Nation: The Early American Constitution, the Law of Nations, and the Pursuit of International Recognition", *NYU Law Review* 85, no. 4 (2010): 932 - 1066.

Grafton, John, ed. *The Declaration of Independence and Other Great Documents of American History*, 1775 - 1865. Mineola, NY: Dover, 2000.

Greene, Jack P., ed. *Exclusionary Empire: English Liberty Overseas*, 1600 - 1900, Cambridge: Cambridge University Press, 2010.

Hart, James S., and Richard J. Ross. "The Ancient Constitution in the Old World and the New", In *The World of John Winthrop: Essays on England and New England*, 1588 - 1649, edited by Francis J. Bremer and Lynn A. Botelho, 237 - 289. Boston: Massachusetts Historical Society, 2005.

Hulsebosch, Daniel J. "The Ancient Constitution and the Expanding Empire: Sir Edward Coke's British Jurisprudence", *Law and History Review* 21, no. 3 (2003): 439 - 482.

———. *Constituting Empire: New York and the Transformation of Constitutionalism in the Atlantic World*, 1664 - 1830, Chapel Hill: University of North Carolina Press, 2005.

———. "The Revolutionary Portfolio: Constitution - Making and the Wider World in the American Revolution", *Suffolk University Law Review* 47 (2014): 759 - 822.

Ibbetson, D. J. "Natural Law and Common Law", *Edinburgh Law Review* 5, no. 1 (2001): 4 - 20.

Konig, David Thomas. "Regionalism in Early American Law", In *The Cambridge History of Law in America*, edited by Michael Grossberg and Christopher Tomlins, 144 - 177, Cambridge: Cambridge University Press, 2008.

Nelson, William E. *The Common Law in*

Colonial America. 3 vols, Oxford: Oxford University Press, 2008 – 2016.

Rakove, Jack N. , ed. Annotated U. S. Constitution and Declaration of Independence, Cambridge, MA: Belknap Press of Harvard University Press, 2009.

————. Declaring Rights: A Brief history with Documents, Boston: Bedford Books, 1998.

————. Original Meanings: Politics and Ideas in the Making of the Constitution, New York: Knopf, 1996.

Reid, John Phillip. The Ancient Constitution and the Origins of Anglo – American Liberty, DeKalb: Northern Illinois University Press, 2005.

Roeber, A. G. Palatines, Liberty, and Property: German Lutherans in Colonial British America, Baltimore: Johns Hopkins University Press, 1993.

Tomlins, Christopher L. Freedom Bound: Law, Labor and Civic Identity in Colonizing Early America, 1580 – 1865, Cambridge: Cambridge University Press, 2010.

Tomlins, Christopher L. , and Bruce H. Mann, eds. The Many Legalities of Early America. Chapel Hill: University of North Carolina Press, 2001.

Whitman, James Q. "Why Did the Revolutionary Lawyers Confuse Custom and Reason?", University of Chicago Law Review 58, no. 4 (1991): 1321 – 1368.

Wood, Gordon S. The Creation of the American Republic, 1776 – 1787, Chapel Hill: University of North Carolina Press, 1969.

第十一章

Aucoin, Louis M. "Judicial Review in France: Access of the Individual under French and European Community Law in the Aftermath of France's Rejection of Bicentennial Reform",

Boston College International and Comparative Law Review 15, no. 2: 443 – 469.

Blaufarb, Rafe. The Great Demarcation: The French Revolution and the Invention of Modern Property, New York: Oxford University Press, 2016.

Censer, Jack R. , and Lynn Hunt. Liberty, Equality, Fraternity: Exploring the French Revolution, University Park: Pennsylvania State University Press, 2001.

Cole, John R. Between the Queen and the Cabby: Olympe de Gouges's Rights of Women. Montreal: McGill – Queen's University Press, 2011.

Cox, Marvin R. , ed. The Place of the French Revolution in History, Boston: Houghton Mifflin, 1998.

Edelstein, Dan. The Terror of Natural Right: Republicanism, the Cult of Nature, and the French Revolution, Chicago: University of Chicago Press, 2009.

Hancock, Ralph C. , and L. Gary Lambert, eds. The Legacy of the French Revolution. Lanham, MD: Rowman and Littlefield, 1996.

Hardman, John, ed. The French Revolution Sourcebook, London: Arnold, 1999.

Hulsebosch, Daniel, J. "The Revolutionary Portfolio: Constitution – Making and the Wider World in the American Revolution", Suffolk University Law Review 47 (2014): 759 – 822.

Hunt, Lynn, ed. and trans. The French Revolution and Human Rights: A Brief Documentary History, Boston: Bedford Books, 1996.

Jones, Colin. The Great Nation: France from Louis XV to Napoleon, 1715 – 1799, New York: Columbia University Press, 2002.

Polasky, Janet. "The Legacy of the French Revolution", In The Transformation of Modern France: Essays in Honor of Gordon

Wright, edited by William B. Cohen, Boston: Houghton Mifflin, 1997.

Rousseau, Jean – Jacques. *The Social Contract or Principles of Political Right*, 1762. Translated by H. J. Tozer, Hertfordshire, UK: Wordsworth Editions, 1998.

Royer, Jean – Pierre, et al. *Histoire de la justice en France du XVIIIe siècle à nos jours*, Paris: Presses Universitaires de France, 1995.

Schama, Simon. *Citizens: A Chronicle of the French Revolution*, New York: Alfred A. Knopf, 1989.

Seligmann, Edmond. *La justice en France pendant la Révolution* (1789 – 92), Paris: Plon – Nourrit, 1901.

Sewell, William H. *A Rhetoric of Bourgeois Revolution: The Abbé Sieyes and What Is the Third Estate?* Durham, NC: Duke University Press, 1994.

Stewart, John Hall. *A Documentary Survey of the French Revolution.* New York: Macmillan, 1951.

Van Kley, Dale, ed. *The French Idea of Freedom: The Old Regime and the Declaration of Rights of* 1789, Stanford, CA: Stanford University Press, 1994.

Woloch, Isser. *The New Regime: Transformations of the French Civic Order*, 1789 – 1820's, New York: W. W. Norton, 1994.

第十二章

Bellomo, Manlio. *The Common Legal Past of Europe* 1000 – 1800. Washington, DC: Catholic University of America Press, 1995.

Blaufarb, Rafe. *Napoleon, Symbol for an Age: A Brief History with Documents*, Boston: Bedford Press of St. Martins Press, 2008.

Code Napoléon or the French Civil Code, London: William Benning, 1827.

Dilcher, Gerhard. "The Germanists and the Historical School of Law: German Legal Science between Romanticism, Realism, and Rationalization", *Rechtsgeschichte—Legal History* 24 (2016): 20 – 72.

Foster, Nigel, and Satish Sule. *German Legal System and Laws*, 4th ed. Oxford: Oxford University Press, 2010.

Freund, Ernst. "The New German Civil Code", *Harvard Law Review* 13, no. 8 (1900): 627 – 637.

German Civil Code, English – language edition provided by Langenscheidt Translation Service. http://www.gesetze – im – internet.de/englischbgb/englischbgb.html.

Gordley, James. "Myths of the French Civil Code", *American Journal of Comparative Law* 42, no. 3 (1994): 459 – 505.

Halpérin, Jean – Louis. "Le droit privé de la Révolution: Héritage législatif et héritage idéologique", *Annales historiques de la Révolution française* 328 (2002): 135 – 151.

John, Michael. *Politics and the Law in Late Nineteenth – Century Germany: The Origins of the Civil Code.* Oxford: Clarendon Press, 1989.

Kozolchyk, Boris. *Comparative Commercial Contracts: Law, Culture and Economic Development*, St. Paul, MN: West Academic, 2014.

Kroppenberg, Inge, and Nicolaus Linder. "Coding the Nation: Codification History from a (Post –) Global Perspective", In *Entanglements in Legal History: Conceptual Approaches*, edited by Thomas Duve, 67 – 99, Frankfurt: Max Planck Institute for European Legal History.

Levasseur, Alain A. "Code Napoleon or Code Portalis?", *Tulane Law Review* 43, no. 4 (1969): 762 – 774.

Martin, Xavier. *Mythologie du Code Napoléon: Aux soubassements de la France moderne*, Bouère, France: éditions Dominique

Martin Morin, 2003.

Schwartz, Bernard, ed. *The Code Napoleon and the Common – Law World: The Sesquicentennial Lectures Delivered at the Law Center of New York University, December 13 – 15, 1954*, New York: NYU Press, 1956.

Smithers, William W. "The German Civil Code (*Das Bürgerliche Gesetzbuch*): Sources—Preparation—Adoption", *American Law Register* 50 no. 12 (1902): 685 – 717.

Vanderlinden, Jacques. *Le Concept de code en Europe occidentale du XIIIe au XIXe siècle: Essais de définition*, Brussels: Université Libre de Bruxelles, 1967.

von Savigny, Friedrich Karl. *Of the Vocation of Our Age for Legislation and Jurisprudence*, 1814, Translated by Abraham Hayward. London: Littlewood, 1831.

Whitman, James Q. *The Legacy of Roman Law in the German Romantic Era: Historical Vision and Legal Change*, Princeton, NJ: Princeton University Press, 1990.

Wieacker, Franz. *A History of Private Law in Europe with Particular Reference to Germany*, 1952, Translated by Tony Weir. Oxford: Clarendon Press, 1995.

第十三章

Banner, Stuart. "Written Law and Unwritten Norms in Colonial St. Louis", *Law and History Review* 14, no. 1 (1996): 33 – 40.

Batiza, Rodolfo. "The Louisiana Civil Code of 1808: Its Actual Sources and Present Relevance", *Tulane Law Review* 46, no. 4 (1971).

Billings, Warren M. "The Transfer of English Law to Virginia, 1606 – 50", In *The Westward Enterprise: English Activities in Ireland, the Atlantic, and America, 1480 – 1650*, edited by K. R. Andrews, N. P. Canny, and P. E. H. Hair, 215 – 244, Liverpool: Liverpool University Press, 1978.

Brown, Elizabeth Gaspar. "Legal Systems in Conflict: Orleans Territory, 1804 – 1812", *American Journal of Legal History* 1, no. 1 (1957): 35 – 75.

Cook, Charles M. *The American Codification Movement: A Study of Antebellum Legal Reform*. Westport, CT: Greenwood Press, 1981.

Curtis, Christopher M. "Codification in Virginia: Conway Robinson, John Mercer Patton, and the Politics of Law Reform", *Virginia Magazine of History and Biography* 117, no. 2 (2009): 140 – 180.

Evans, Beverly D. "The Code Napoleon", *Georgia Historical Quarterly* 6, no. 1 (1922): 28 – 34.

Farmer, Lindsay. "Reconstructing the English Codification Debate: The Criminal Law Commissioners, 1833 – 45", *Law and History Review* 18, no. 2 (2000): 397 – 426.

Fisch, William B. "The Dakota Civil Code: More Notes for an Uncelebrated Centennial", *North Dakota Law Review* 45 (1968): 9 – 55.

Herman, Shael. "The Fate and the Future of Codification in America", *American Journal of Legal History* 40, no. 4 (1996): 407 – 437.

Kilbourne, Richard Holcombe. *A History of the Louisiana Civil Code: The Formative Years, 1803 – 1839*, Baton Rouge: Louisiana State University, 1987.

Kolsky, Elizabeth. "Codification and the Rule of Colonial Difference: Criminal Procedure in British India", *Law and History Review* 23, no. 3 (2005): 631 – 683.

Langum, David J. *Law and Community on the Mexican California Frontier: Anglo – American Expatriates and the Clash of Legal Traditions, 1821 – 1846*, Norman: University of Oklahoma Press, 1987.

Masferrer, Aniceto. "Defense of the Common Law against Postbellum American Codification: Reasonable and Fallacious Argumentation", *American Journal of Legal History* 50, no. 4 (2008 – 2010): 355 – 430.

McKnight. Joseph W. "The Spanish Legacy to Texas Law", *American Journal of Legal History* 3, no. 3 – 4 (1959): 222 – 241, 299 – 323.

Miller, Perry. "The Common Law and Codification in Jacksonian America", *Proceedings of the American Philosophical Society* 103, no. 3 (1959): 463 – 468.

Morriss, Andrew. "Codification and Right Answers", *Chicago – Kent Law Review* 74, no. 2 (1999): 355 – 391.

Morrow, Clarence J. "Louisiana Blueprint: Civilian Codification and Legal Method for State and Nation", *Tulane Law Review* 17, no. 3 (1943): 351 – 415.

Palmer, Vernon Valentine. "The French Connection and the Spanish Perception: Historical Debates and Contemporary Evaluation of French Influence on Louisiana Civil Law", *Louisiana Law Review* 63, no. 4 (2003): 1067 – 1126.

Parise, Agustín. "Codification of the Law in Louisiana: Early Nineteenth – Century Oscillation between Continental European and Common Law Systems", *Tulane European and Civil Law Forum* 27 (2012): 133 – 164.

Reinmann, Mathias. "The Historical School against Codification: Savigny, Carter, and the Defeat of the New York Civil Code", *American Journal of Comparative Law* 37, no. 1 (1989): 95 – 119.

Ross, William E. "History of Virginia Codification", *Virginia Law Register* 11, no. 2 (1905): 79 – 101.

Schwartz, Bernard, ed. *The Code Napoleon and the Common Law World: The Sesquicentennial Lectures Delivered at the Law Center of New York University, December* 13 – 15, 1954, New York: NYU Press, 1956.

Weiss, Gunther A. "The Enchantment of Codification in the Common Law World", *Yale Journal of International Law* 25, no. 2 (2000): 435 – 532.

Wheeler, Charles B. "The Code Napoleon and Its Framers", *American Bar Association Journal* 10, no. 3 (1924): 202 – 206.

Witt, John Fabian. "The King and the Dean: Melvin Belli, Roscoe Pound and the Common Law Nation", In *Patriots and Cosmopolitans: Hidden Histories of American Law*, 211 – 278, Cambridge MA: Harvard University Press, 2007.

Young, Edwin W. "The Adoption of the Common Law in California", *American Journal of Legal History* 4, no. 4 (1960): 355 – 363.

尾声

Alter, Karen J. *Establishing the Supremacy of European Law: The Making of an International Rule of Law in Europe*, Oxford: Oxford University Press, 2003.

Borchardt, Klaus – Dieter. *The ABC of European Union Law*, Luxembourg: Publications Office of the European Union, 2010.

Cappelleti, Mauro. "Is the European Court of Justice 'Running Wild'?", *European Law Review* 12, no. 1 (1987): 3 – 17.

Claes, Monica. *The National Court's Mandate in the European Constitution*. Oxford: Hart, 2006.

Davies, Bill. *Resisting the European Court of Justice: West Germany's Confrontation with European Law*, 1949 – 1979, Cambridge: Cambridge University Press, 2012.

Davies, Bill, and Morten Rasmussen.

415

"Towards a New History of European Law", *Contemporary European History* 21, no. 3 (2012): 305 – 318.

Duve, Thomas. "Global Legal History: A Methodological Approach", *Max Planck Institute for European Legal History: Research Paper Series*, no. 2016 – 04 (May 20, 2016), http://ssrn.com/abstract = 2781104. European Convention.

"Draft Treaty Establishing a Constitution for Europe", July 18, 2003, http://eur – lex.europa.eu/legal – content/EN/TXT/? uri = CELEX: 52003XX0718 (01).

European Market, Community, Union treaties, legislation, directives and case – law can be consulted online at https://europa.eu/european – union/lawen.

Freda, Dolores. "'Law Reporting' in Europe in the Early – Modern Period: Two Experiences in Comparison", *Journal of Legal History* 30, no. 3 (2009): 263 – 278.

Grossi, Paolo. "Il messaggio giuridico dell'Europa e la sua vitalità: Ieri, oggi, domani", *Contratto e impresa / Europa* 2 (2013): 681 – 695.

Hartkamp, Arthur, et al., eds. *Towards a European Civil Code.* 4th ed., Nijmegen, The Netherlands: Kluwer Law International, 2010.

Hyland, Richard. "Codification and the American Discussion about How Judges Decide Cases", In *Codifying Contract Law: International and Consumer Law Perspectives*, edited by Mary Keyes and Therese Wilson, 205 – 218, Farnham, UK: Ashgate, 2014.

Koch, Henning, et al., eds. *Europe: The New Legal Realism: Essays in Honour of Hjalte Rasmussen*, Copenhagen: Dj? f, 2010.

Koopmans, Thijmen. "Towards a New 'Ius Commune'", In *The Common Law of Europe and the Future of Legal Education*, edited by Bruno de Witte and Caroline Forder, 43 – 51, Deventer, The Netherlands: Kluwer Law International, 1992.

Legrand, Pierre. "Against a European Civil Code", *Modern Law Review* 60, no. 1 (1997): 44 – 63.

Lundmark, Thomas. *Charting the Divide between Common and Civil Law*, Oxford: Oxford University Press, 2012.

Mamadouh, Virginie. "Establishing a Constitution for Europe during European Union Enlargement? Visions of 'Europe' in the Referenda Campaigns in France and the Netherlands", *Journal of Cultural Geography* 26, no. 3 (2009): 305 – 326.

Mashaw, Jerry L. *Creating the Administrative Constitution: The Lost One Hundred Years of American Administrative Law*, New Haven, CT: Yale University Press, 2012.

Mattei, Ugo, and Luca G. Pes. "Civil Law and Common Law: Toward Convergence?", In *The Oxford Handbook of Law and Politics*, edited by Keith E. Whittington, R. Daniel Kelemen, and Gregory A. Caldeira, 267 – 280, Oxford: Oxford University Press, 2008.

Mattli, Walter, and Anne – Marie Slaughter. "Law and Politics in the European Union: A Reply to Garett", *International Organization* 49, no. 1 (1995): 183 – 190.

Palmowski, Jan. "The Europeanization of the Nation State", *Journal of Contemporary History* 46, no. 3 (2011): 631 – 657.

Pescatore, Pierre. *The Law of Integration: Emergence of a New Phenomenon in International Relations Based on the Experience of the European Communities*, Leiden: A. W. Sijthoff, 1974.

Rasmussen, Hjalte. "Between Self – Restraint and Activism: A Judicial Policy for the European Court", *European Law Review* 13, no. 1 (1988): 28 – 38.

————. On Law and Policy in the European Court of Justice: A Comparative Study in Judicial Policymaking, Dordrecht: Martinus Nijhoff, 1986.

Stein, Eric. "Lawyers, Judges, and the Making of a Transnational Constitution", American Journal of International Law 75, no. 1 (1981): 1 – 27.

Sweet, Alec Stone. Governing with Judges: Constitutional Politics in Europe, Oxford: Oxford University Press, 2000.

————. The Judicial Construction of Europe, Oxford: Oxford University Press, 2004.

Töller, Annette Elisabeth. "Measuring and Comparing the Europeanization of National Legislation: A Research Note", Journal of Common Market Studies 48, no. 2 (2010): 417 – 444.

Ugland, Trygve. "'Designer' Europeanization: Lessons from Jean Monnet", European Legacy 14, no. 2 (2009): 149 – 161.

Vanke, Jeffrey. "The Treaty of Rome and Europeanism", Journal of the Historical Society 7, no. 4 (2007): 443 – 474.

Vauchez, Antoine. L'union par le droit: L'invention d'un programme institutionnel pour l'Europe, Paris: Presses de la Fondation nationale des sciences politiques, 2013.

Weiler, J. H. H. "Community, Member States and European Integration: Is the Law Relevant?", Journal of Common Market Studies 21, no. 1 (1982): 39 – 56.

————. "The Community System: the Dual Character of Supranationalism", Yearbook of European Law 1, no. 1 (1981): 267 – 306.

————. "The Reformation of European Constitutionalism", Journal of Common Market Studies 35, no. 1 (1997): 97 – 131.

————. "The Transformation of Europe", Yale Law Journal 100, no. 8 (1991): 2403 – 2483.

Zimmermann, Reinhard. Roman Law, Contemporary Law, European Law: The Civilian Tradition Today, Oxford: Oxford University Press, 2001.

致 谢

　　我深知，与我此前写过的任何一本书相比，这本书都更多地受惠于无数人慷慨的支持、友情的帮助和共同的奉献。他们耐心、细致地阅读了书中的每一个章节，并且给我提出极具智慧的、充满建设性的、详尽无遗的意见和建议。如果没有他们的无私帮助，我便绝无胆量将此书付梓。我衷心感谢克利福德·安多（Clifford Ando），大卫·贝尔（David Bell），查尔斯·多纳休（Charles Donahue），安德鲁·菲茨莫里斯（Andrew Fitzmaurice），鲁比·格罗帕斯（Ruby Gropas），丹尼尔·赫尔斯博施（Daniel Hulsebosch），理查德·海兰（Richard Hyland），伊丽莎白·卡玛里（Elizabeth Kamali），丹尼斯·P. 基欧（Dennis P. Kehoe），阿玛利娅·凯斯勒（Amalia Kessler），布鲁斯·曼（Bruce Mann），汤姆·麦金（Tom McGinn），米格尔·穆拉·席尔瓦（Miguel Moura e Silva），弗拉德·佩尔朱（Vlad Perju），杰克·N. 拉科夫（Jack N. Rakove），理查德·J. 罗斯（Richard J. Ross），西蒙·托伊舍（Simon Teuscher），荣誉属于他们每一个人。我要特别感谢大卫·J. 赛普（David J. Seipp），他不仅阅读了这本书，还不厌其烦地回答了我很多的问题。特别需要感谢的人还有叶士朋（António Manuel Hespanha），自从我在巴黎读研究生直到现在已有 25 个年头，在这期间，他一直是我的非正式导师和真正的朋友。Hespanha 的学识一直不停地启发和引导着我，对我的学术产生了至关重要的影响。本书便是例证之一。我还要感谢哈佛大学拉德克利夫高级研究所，它给了我必要的时间和资源，使我能够完成这本书的写作。最后需要特别感谢的人是尤瓦尔·埃利希（Yuval Erlich），这么多年来，他把我的生活变成了一场精彩纷呈的冒险。在过去的三十年里，尤瓦尔不仅是我的丈夫和挚友，也是与我最亲密的、最细心的读者，他总是耐心地听我讲述那些过去的事情，然后微笑着鼓励我克服眼前的困难。每次当我动手写一本书，我都向他保证这将是最后一本。也许这一回我会兑现这个承诺。

索 引

81 – 83

429

《雅理译丛》编后记

面前的这套《雅理译丛》，最初名为"耶鲁译丛"。两年前，我们决定在《阿克曼文集》的基础上再前进一步，启动一套以耶鲁法学为题的新译丛，重点收入耶鲁法学院教授以"非法学"的理论进路和学科资源去讨论"法学"问题的论著。

耶鲁法学院的师生向来以 Yale ABL 来"戏称"他们的学术家园，ABL 是 anything but law 的缩写，说的就是，美国这家最好也最理论化的法学院——除了不教法律，别的什么都教。熟悉美国现代法律思想历程的读者都会知道，耶鲁法学虽然是"ABL"的先锋，但却不是独行。整个 20 世纪，从发端于耶鲁的法律现实主义，到大兴于哈佛的批判法学运动，再到以芝加哥大学为基地的法经济学帝国，法学著述的形态早已转变为我们常说的"law and"的结构。当然，也是在这种百花齐放的格局下，法学教育取得了它在现代研究型大学中的一席之地，因此，我们没有理由将书目限于耶鲁一家之言，《雅理译丛》由此应运而生。

雅理，一取"耶鲁"旧译"雅礼"之音，意在记录这套丛书的出版缘起；二取其理正，其言雅之意，意在表达以至雅之言呈现至正之理的学术以及出版理念。

作为编者，我们由法学出发，希望通过我们的工作进一步引入法学研究的新资源，打开法学研究的新视野，开拓法学研究的新前沿。与此同时，我们也深知，现有的学科划分格局并非从来如此，其本身就是一种具体的历史文化产物（不要忘记法律现实主义的教诲"to classify is to disturb"），因此，我们还将"超越法律"，收入更多的直面问题本身的跨学科作品，关注那些闪耀着智慧火花的交叉学科作品。在此标准之下，我们提倡友好的阅读界面，欢迎有着生动活泼形式的严肃认真作品，以弘扬学术，服务大众。《雅理译丛》旨在也志在做成有理有据、有益有趣的学术译丛。

第一批的书稿即将付梓，在此，我们要对受邀担任丛书编委的老师和朋友表示感谢，向担起翻译工作的学者表示感谢。正是他们仍"在路上"的辛勤工作，才成就了我们丛书的"未来"。而读者的回应则是检验我们工作的唯一标准，我们只有脚踏实地地积累经验——让下一本书变得更好，让学术翱翔在更广阔的天空，将闪亮的思想不断传播出去，这永远是我们最想做的事。

六部书坊
《雅理译丛》主编 田雷
2014 年 5 月

《雅理译丛》已出书目

民主、专业知识与学术自由
——现代国家的第一修正案理论
[美] 罗伯特·C.波斯特 著
左亦鲁 译

林肯守则：美国战争法史
[美] 约翰·法比安·维特 著
胡晓进 李丹 译

兴邦之难：
改变美国的那场大火
[美] 大卫·冯·德莱尔 著
刘怀昭 译

司法和国家权力的多种面孔
——比较视野中的法律程序
[美] 米尔伊安·R.达玛什卡 著
郑戈 译

摆正自由主义的位置
[美] 保罗·卡恩 著
田力 译 刘晗 校

战争之谕
胜利之法与现代战争形态的形成
[美] 詹姆斯·Q.惠特曼 著
赖骏楠 译

创设行政宪制：
被遗忘的美国行政法
百年史（1787—1887）
[美] 杰里·L.马肖 著
宋华琳 张力 译

事故共和国
——残疾的工人、贫穷的
寡妇与美国法的重构（修订版）
[美] 约翰·法比安·维特 著
田雷 译

数字民主的迷思
[美] 马修·辛德曼 著
唐杰 译

同意的道德性
[美] 亚历山大·M.毕克尔 著
徐斌 译

林肯传
[美] 詹姆斯·麦克弗森 著
田雷 译

罗斯福宪法：
第二权利法案的历史与未来
[美] 凯斯·R.桑斯坦 著
毕竞悦 高瞰 译

社会因何要异见
[美] 凯斯·R.桑斯坦 著
支振锋 译

法律东方主义
——中国、美国与现代法
[美] 络德睦（Teemu Ruskola）著
魏磊杰 译

无需法律的秩序
——相邻者如何解决纠纷
[美] 罗伯特·C.埃里克森 著
苏力 译

美丽新世界
《世界人权宣言》诞生记
[美] 玛丽·安·葛兰顿 著
刘轶圣 译

大屠杀：
巴黎公社生与死
[美] 约翰·梅里曼 著
刘怀昭 译

自由之路
"地下铁路"秘史
[美] 埃里克·方纳 著
焦姣 译

黄河之水：
蜿蜒中的现代中国
[美] 戴维·艾伦·佩兹 著
姜智芹 译

我们的孩子
[美] 罗伯特·帕特南 著
田雷 宋昕 译

起火的世界
[美] 蔡美儿 著
刘怀昭 译

军人与国家：
军政关系的理论与政治
[美] 塞缪尔·亨廷顿 著
李晟 译

林肯：在内战中
（1861-1865）
[美] 丹尼尔·法伯 著
邹奕 译

正义与差异政治
[美] 艾丽斯·M.杨 著
李诚予 刘靖子 译

星球大战的世界
[美] 凯斯·R.桑斯坦 著
张力 译

财产故事
[美] 斯图尔特·班纳 著
陈贤凯 许可 译

乌托邦之概念
[美] 鲁思·列维塔斯 著
李广益 范轶伦 译

法律的文化研究
[美] 保罗·卡恩 著
康向宇 译

鲍勃·迪伦与美国时代
[美] 肖恩·威伦茨 著
刘怀昭 译

独自打保龄
[美] 罗伯特·D.帕特南 著
刘波 祝乃娟 张孜异
林挺进 郑寰 译

孟德斯鸠
[美] 朱迪·斯克拉 著
李连江 译

**为什么速度越快，
时间越少**
从马丁·路德到大数据时代的
速度、金钱与生命
[美] 马克·泰勒 著
文晗 译

法和经济学的未来

[美] 圭多·卡拉布雷西 著

郑 戈 译